서양초등 교육사

권동택 · 이주영 · 장진희 · 정지선 · 홍신기 공저

학지사

서문

　역사는 미래의 예견보다는 과거의 성찰에 가깝다. 과거의 반성적 고찰은 현재 교육의 개선을 가져오며, 현재의 개선 노력은 미래 교육의 밑바탕이 된다. 따라서 있는 그대로의 역사적 사실을 어떻게 해석하고 받아들이느냐가 중요하다.

　교육의 역사에 관한 기존 연구에서 초등(학교)교육이나 아동인식에 대한 연구는 일반 교육에 대한 연구보다 상대적으로 미흡했던 것이 사실이다. 이를 고려하여 저자들은 거시적 차원의 교육사 중에서도 아동기 교육 내지 초등교육에 초점을 두고 이 책을 집필하였으며, 내용의 전체적 구성에 있어서는 특히 교원양성대학에서 교육학을 공부하는 예비교사를 염두에 두었다. 특히 성인 사회(문화)에서의 아동인식 문제를 별도의 내용으로 다루고자 노력했다. 사실 이러한 의도는 교육사적 내용의 심화를 일정 부분 제한하게 된 결과를 가져왔지만, 초등교육과 아동 인식의 역사에 대한 기초적인 이해를 필요로 하는 초등교육학 입문자에게는 오히려 적절할 수 있다고 생각한다.

　이 책은 내용 전개상 다음 전제하에 구성되었다. 첫째, 교육사의 시대는 원시 시대, 고대, 중세, 16세기, 17세기, 18세기, 19세기, 근대 그리고 현대로 구분하였으며, 고대 부분에서는 그리스 및 로마 사회를 다루고 중세 이후는 세기 단위로 구분하였다. 물론 이러한 시대 구분은 편의상의 구분일 뿐이므로 어떤 사관을 갖느냐에 따라 달라질 수 있다. 둘째, 교육 역사의 기원과 발달과정은 동양과 서양이 다를 수 있으므로 이에 대한 균형이 필요하지만, 이 책에서는 초등교육의 역사를 기술하는 데 있어 서양의 관점에서 접근하였다. 셋째, 역사적 관점에서의 아동기 개념 형성의 요소는 아동인식의 관점에 어떻게 접근하느냐에 따라 달라질 수 있으나, 이 책에서는 서양의 교육사 속에서 아동기 개념이 형성되는 과정을 몇 가지 거시적 차원의 요소로 설명하였다. 넷째, 서양교육의 역사를 제한된 지면에 설명하기에는 너무나 많은 문명과 지역(국가)이 있기에, 주요 문명과 지역을 중심으로 역사적 사건과 사실을 설명하였다.

　이러한 내용 구성의 제한이 있지만 이 책에서는 다음의 내용을 다루려 노력하였다. 첫째, 서양교육사의 일반적인 흐름 속에서 주요 내용과 관련된 사진이나 그림 등의 다양한 자료를 가급적 많이 제시하여 내용을 쉽게 이해할 수 있도록 하였다. 둘째, 다양한 초등교육의 교육사적 접근 방법을 통하여 아동인식에 대한 보다 심도 있는 논의의 기반을 마련함으로써 교육의 역사 속에서 아동의 본질적 이해의 근거들을 추출하고자 하였다. 이러한 점에서 아동교육을 포함하는 초등교육의 역사적 흐름을 고대 사회에서부터 각 시대별로 제시하되, 초등학교교육의 관점에서 내용을 보완하여 정리하였으며 당시의 아동인식에 관한 내용을 별도로 제시함으로써 차별화하였다. 셋째, 근대 이후의 초등교육은 이전의 시기와는 발달의 양상이나 전개 과정이 다르다. 그러므로 이 책의 마지막 장에서는 근대 초등교육의 태동과 발전에 대해 설명하고, 아동인식에 대한 최근의 논쟁과 연구 동향을 간단히 제시하였다.

　출간을 앞두게 되니 초등교육의 역사적 이해와 관련하여 몇 가지 아쉬움이 남는다. 이 책에서는 서양 중에서도 유럽과 미주의 교육사를 중심으로 기술하였으며, 교육사상가들의 구체적인 이론이나 사상을 각 시기별 내용의 마지막에 참고 자료로만 제시하였다. 또한 20세기 이후 교육사는 현대의 역사라는 점에서 아직 공유된 인식이 부족하다는 전제하에 과감히 배제하였다. 이런 문제는 저자들로 하여금 추후 연구의 필요를 절실히 느끼게 했다.

역사는 사실적 단서(facts)에 기인해야 한다. 따라서 일부 사실적 정보의 오류는 전적으로 저자들의 책임이며, 또한 역사적 해석의 오류 혹은 기본 문장의 편집상 문제 역시 전적으로 저자들에게 책임이 있다. 끝으로 이 책의 출간에 큰 도움을 주신 학지사 김진환 대표께 감사를 드리며 원고 교정으로 수고한 박사과정 최연희 대학원생에게도 고마움을 전한다.

2014년 7월

한국교원대학교 연구실에서

著者 識

차례

제6장 중세의 초등교육 ········· 133

제7장 16세기의 초등교육 ········· 187

제1장

초등교육사 이해의 기초

역사는 역사가와 사실의 끊임없는 상호작용의 과정이요, 현재와 과거의 끊임없는 대화이다.

– E. H. Carr

1. 역사 이해의 의의

역사 속에는 과거와 현재 그리고 미래라는 개념이 모두 녹아 있다. 우리는 과거와 미래를 항상 먼 것이라고 생각하는 경향이 있다. 그러나 현재는 곧 과거가 되며, 우리가 공유하고 있는 문화라는 것은 엄밀히 말해서 현재 시점이 아닌 과거 시점이라는 점에서 현재는 곧 과거일 수도 있다. 또한 우리에게 있어서 미래는 바로 현재일 수도 있다. 미래의 일이 바로 현실의 문제로 너무나도 빠르게 다가오고 있기 때문이다.

따라서 과거의 역사를 살피고 분석함으로써 현재를 더 잘 이해할 수 있으며, 앞으로 우리에게 다가오는 미래에 대해 통찰적으로 예측함으로써 우리는 삶의 과정에서 보다 현명하게 선택하고 결정할 수 있게 된다. 결국 역사는 현재를 올바로 이해하고 미래를 보다 희망적으로 설계하고 준비하기 위한 원자료를 우리에게 제공해 준다는 점에서 그 중요성이 있다. 이러한 의미에서 역사는 매우 실천적이며 생동감 넘치는 학문이다.

한자어인 역사(歷史)라는 단어에 대해 중국에서는 춘추(春秋)로, 우리나라에서는 통감(通鑑)으로 표현하고 있다. 춘추의 의미는 의심스러운 것은 의심스러운 대로 전하고, 진실한 것은 진실한 대로 전한다는 것이다. 이는 사실을 있는 그대로 정확하게 기록한다는 의미이고, 사건에 대한 사실적인 기록의 역사인 것이다. 반면, 통감은 사실을 거울을 통해 반사시켜 본다는 의미로, 거울이란 곧 현재의 시각을 의미하며 과거의 사건을 현재라는 거울을 통해 해석하는 것이 역사라는 의미이다.

따라서 과거에 관한 단순한 사실을 역사적 사실로 바꾸는 과정에서 역사가들의 해석은 불가피하다. 따라서 역사란 과거의 사실 그 자체에 대한 기록이면서, 동시에 그 사실을 어떠한 기준에 입각해서 새롭게 해석하여 현실과 미래에 적용하는 행위로, 역사의 이해에 있어서 여러 가지 '해석의 입장', 즉 사관(史觀)의 문제는 더욱 중요하게 된다(차하순 편, 1986). 결국 역사 연구에서 보다 중요한 것은 과거에 대한 해석의 문제로, 있는 그대로의 사실뿐만 아니라 그 사실을 인간이 이해하고 해석하는 것 모두 포괄하는 것이기 때문에 역사적 사건 혹은 사실은 과거와 현재 모두에 중요한 의미를 부여한다.

2. 교육사 연구의 목적과 방법

교육사 연구의 목적

교육사란 무엇인가? 교육사는 문명사의 일종으로, 특히 교육에 관한 역사적 기술이다. 즉, 교육사는 교육의 일반적 사실뿐만 아니라, 교육이라는 현상을 어떤 관점이나 어떤 주제에 입각해서 재해석하여 기술한 것이다. 따라서 교육사는 교육의 이론과 실제에 관한 변천의 서술사라고 할 수 있다. 이러한 교육사의 범위는 교육의 이념·목적·내용·방법·정책·제도·운영 등, 교육 내지 교육학의 전 분야에 관한 역사적 고찰이 될 수 있다(정재철, 1996).

그러나 교육의 역사는 학교제도의 역사 그 이상이며, 교육사상의 아이디어를 우리가 안다는 것은 그 아이디어가 도입되었던 역사적 맥락하에서 이해한다는 것이다(Sharpes, 2002). 따라서 교육사는 단순히 학교교육의 역사만이 아니라 인간의 일상적인 삶 속에 녹아 있는 다양한 교육적 현상을 분석하고 해석하며 그 결과를 기록하는 일로, 교육사는 교육의 학문적 기초를 마련하는 데 중요한 원천을 제공해 준다. 정재철(1996) 역시 교육의 역사를 단순히 연대적으로 서술하는 데 그치지 않고 교육의 역사 속에 흐르고 있는 논리와 법칙을 규명하려는 것이 교육사라고 강조하고 있다. 즉, 과거의 교육사상이나 교육사실을 규명하여 교육사상을 관통하고 있는 진보나 발전의 제 법칙을 찾음으로써 현실의 교육과제를 해결해 주고, 나아가 교육이 지향할 바 그리고 그 방향에 유익한 시사를 주려는 것이 교육사라는 것이다.

이러한 교육사 연구의 목적은 다음과 같다(한기언, 1980).

첫째, 교육적인 예지(지혜)를 얻기 위함이다. 교육사는 인류가 오랜 세월에 걸쳐 겪어 온 교육 경험 및 사상을 역사적 관점에서 정리한 교육적 지혜의 결정으로, 수많은 시행착오를 거쳐 축적해 놓은 삶의 경험과 교육 경험을 매개로 하여 과거와 현재 그리고 현재와 미래와의 대화가 가능하다. 그러한 대화를 통하여 현재의 교육적 문제를 해결하고, 미래를 조망할 수 있는 지혜를 얻을 수 있다.

둘째, 교육현실에 대한 본질적인 이해를 도모하기 위함이다. 현재는 다른 시대와 무관한 독립적인 시점이 아니다. 자세히 관찰해 보면 수많은 교육문제 중 그 어느 한 가지도 오늘에 와서 갑자기 발생하는 것이 아니라, 과거의 어떤 원인에 의해 발생한 것임을 알 수 있다.

셋째, 현대 문화에 대한 비판과 미래 사회의 발전을 위한 지침을 얻기 위함이다. 교육은 그 성격상 현실에 만족하지 않고 보다 나은 사회를 추구하는 것으로, 항상 현대 문화에 대한 비판과 미래 사회의 교육적 발전을 위한 기준과 준거를 마련하는 일에 많은 주의를 기울여야 한다.

따라서 교육사 연구는 그 기준과 준거를 마련하기 위한 자료를 과거의 교육적 사건과 사실로부터 발견하여 활용하고자 하는 데 그 목적이 있다. 결국 역사적 인식에 바탕을 두지 않은 교육이론이나 교육실제에 관한 이해는 내용이 결여된 '단순한 이해'에 불과하고, 교육의 역사를 제외하고 교육 내지 교육학을 파악하는 것은 '생명 없는 추상적 이해'에 그칠 수 있기 때문에, 교육사 연구의 의의는 매우 중요하다(정재철, 1996).

교육사 연구의 방법

교육이라는 현상을 어떤 관점에 입각해서 재해석하여 기술할 것인가는 접

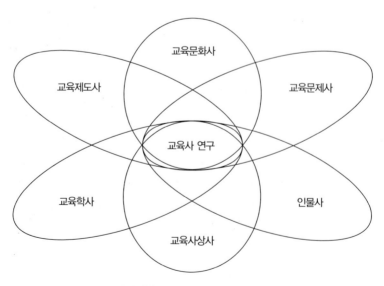

그림 1-1 교육사 연구의 제 접근

근하는 관점에 따라 다양하게 논의될 수 있다. 물론 교육이라는 현상을 역사적 접근을 통하여 연구할 경우, 다양한 방법이 활용될 수 있지만, 교육사 연구의 접근 방법을 간단히 제시하면 다음과 같다.

교육문화사적 접근

인류의 역사를 본질적으로 문화의 역사라고 보고, 교육을 문화와 관련시켜 파악하고자 하는 접근 방식으로, 교육의 문제는 곧 문화의 문제라고 본다. 이는 교육사의 임무를 당시의 문화를 성찰하고 비판하는 일이라고 보는 접근 방식이다.

교육문제사적 접근

현대교육의 문제해결에 도움이 되기 위해서는 문제 중심의 교육사 연구가 필요하다고 보는 입장으로, 이 입장에서는 교육사를 교육목적의 변천사, 교육과정의 개편사, 교육방법의 발달사, 교사양성제도의 발달사, 초등교육사, 중등교육사 등과 같이 주제 중심으로 서술하고자 한다.

인물사적 접근

역사가 위대한 당시의 위대한 인물에 의해 형성된다고 보고, 교육사란 당대의 위대한 인물, 특히 위대한 교육가의 사상과 활동을 연구하는 일이라고 보는 입장이다.

교육사상사적 접근

교육사상의 흐름을 교육사상가 중심이나 교육사조의 흐름을 중심으로 서술하고자 하는 입장으로, 자연주의 교육사, 진보주의 발달사 등과 같은 역사 서술이 이에 해당한다.

교육학사적 접근

교육학 연구의 중심 주제와 경향 및 성과가 어떻게 변천되었는가를 서술하려고 하는 입장이다.

교육제도사적 접근

일반적으로 형식교육을 규정하는 모든 규정과 법제 및 학교제도, 교원양성제도, 교육행정제도 등을 대상으로 연구하는 접근 방식이다.

한편, 교육사 연구방법에는 거시적 분석과 미시적 분석이 있다. 거시적 분석에 의한 교육사 서술은 주로 교육에 관한 제도들이 어떻게 변화되어 왔는지를 다루기 때문에 역사를 이루는 큰 틀과 힘을 알고자 한다. 반면, 미시적 분석에 의한 교육사 연구는 주어진 제도나 상황에서 실제로 활동했던 개인이나 집단을 주로 다루고 있다는 점에서 거시적 분석을 숲에 비유한다면 미시적 분석은 숲 속에 있는 나무와 같다. 일반적으로 교육사 연구의 접근은 이념, 행정제도 등의 거시적 분석이 주를 이루고 있는 반면, 학교 현장의 모습이나 삶의 생생한 모습을 담아내는 미시적 접근은 상대적으로 미흡하다(안건훈, 1999).

3. 초등교육사 이해의 기본 전제

사실 서양 교육의 역사 속에서 현재 우리가 사용하고 있는 '초등교육(Elementary Education 혹은 Primary Education)'이라는 단어의 흔적은 교육사의 광대한 역사만큼 그리 오래된 것은 아니다. 그 이유는 사회 체제의 한 교육제도로서의 초등교육과 아동기 대상의 양육 혹은 아동교육 사이에 역사적 해석과 그 접근이 다를 수 있기 때문이다. 따라서 아동을 대상으로 하는 교육의 역사 속에서 초등교육의 역사적 단초를 찾는 노력이 요구된다. 또한 서양 교육의 역사 속에서 초등교육의 역사는 아동이 성인들로부터 어떻게 인식되어 왔고 아동기 교육이 어떻게 이루어져 왔는가를 연구하는 아동인식의 역사와 분리될 수 없다.

이러한 점에서 적어도 서양교육사를 통한 현대 초등교육의 역사 논의에 있어서 몇 가지 고려할 전제를 제시하면 다음과 같다(Parker, 1970).

첫째, 초등교육의 대상 학령기의 문제이다. 현대 학교급별 교육에 있어서 대상 학령기의 연령은 중요한 기준이 된다. 예를 들어, 초등학령기 아동의 연령을 어떻게 규정하느냐에 따라 현대 초등교육사의 논의를 달리 접근할 수 있다. 고대국가의 경우 기초 도야 단계는 지금의 중학교 과정도 포함하는 연령에 해당하며, 적어도 후기 아테네부터 서양교육사에 있어서 현대 초등학령기의 시기는 가정교육이 끝나는 6, 7세부터 중등학교에서 문법을 배우기 전까지의 시기를 의미한다. 또한 중세 및 르네상스기 유럽의 라틴어학교에서는 6세에 라틴어 공부를 시작했다는 점에서, 초등라틴어학교와 초등모국어학교는 구분되어야 한다. 즉, 대상 아동의 연령을 기준으로 단순히 초등교육사의 범주를 규정할 수는 없다. 따라서 현대 초등교육의 역사는 아동기의 연령 구분과 함께 논의되어야 한다.

둘째, 초등학교 명칭의 문제이다. 초등학교에 대한 명칭은 시대에 따라 다양하게 명명되었다. 특히 유럽의 초등학교교육의 형성과정에 있어서 초등학교의 명칭은 시기에 따라 다양한 용어로 사용되었으며, 일반적으로 당시 초등학교에서 주로 가르치는 교육과정이나 내용 요소에 따라 명명되었다. 예를 들어, 음악학교는 중세 교육 예배 시 찬송할 수 있는 노래를 제한된 아동들에게 교육시키는 학교였으며, 쓰기학교는 상업도시 발달 시 일차적으로 아동에게 쓰기 훈련을 실시한 곳이었다. 또한 독일어학교는 일반 라틴어학교와 달리 독일에서 아동에게 모국어를 교육했으며, 모국어학교는 17세기 코메니우스가 라틴어학교와 구별하기 위해 사용한 단어이다.

셋째, 초등교육 대상의 문제이다. 초등교육의 역사적 논의에서 보통교육으로서의 현대 초등학교의 대상을 기준으로 접근하는 것은 한계가 있다. 왜냐하면 교육은 역사적으로 일반인이 아닌 특권층의 전유물이었기 때문이다. 독일의 경우 초등학교는 비전문적이고 가난한 계층의 아동을 대상으로 했으며, 영국의 보통학교(common school)의 경우도 보통 사람 혹은 일반인을 위한 제도였다는 점에서 현대 초등교육의 단초를 찾을 수 있다. 또한 미국의 경우 보통학교는 민주주의 이념하에서 모든 계층에게 공통적으로 해당되는 학교로 인식되고 있다. 따라서 서양교육사에 있어서 현재 초등학령기 아동들을 대상으로 하는 교육을 초등교육으로 그대로 접근하는 것은 한계가 있다. 왜냐하면 서양 현대 초등교육의 역사는 근대 공교육의 역사와 함께 그 궤를 같이하여 발전해 왔기 때문에(이병진, 1999), 과거 아동들을 대상으로 하는 교육과 현대 초등교육의 관점에서 접근하는 교육은 그 성격이 다를 수 있기 때문이다.

넷째, 초등교육의 역사와 초등학교교육의 역사는 구별되어야 한다. 교육의 역사와 학교교육의 역사가 다르듯, 초등교육의 역사와 초등학교교육의 역사는 구분해서 접근되어야 한다. 초등교육의 역사와 달리 초등교육의 목적과 내용의 범위를 어떻게 전제하고 접근하느냐에 따라 초등학교교육의 역사는 달라질 수 있다. 이러한 점에서 현대 초등교육의 역사는 다분히 초등학교교육의 역사라고 해도 과언이 아닐 정도로 제도적 측면이 강하다.

이상과 같이 서양교육사를 통해 현대 초등교육의 형성 과정을 단순히 지금의 학령기 연령대나 초등학교라는 명칭, 학령기 대상 아동의 사회적 신분 혹은 초보적 내용 요소 등을 중심으로 개별적으로 접근하는 것은 한계가 있다.

따라서 현재의 초등학령기의 연령 구분, 공적 학교교육의 등장, 기초적 내용 요소의 의미 그리고 초등교육과 초등학교교육의 관계 등을 함께 고려하면서 현대 초등교육의 형성 배경을 논의해야 한다. 결국 현대 초등교육의 역사적 논의는 그 당시의 초등교육의 형성 배경뿐만 아니라, 초등학교의 사회적 역할이나 기능 그리고 초등교육의 본질적 성격과 함께 이루어져야 하며, 특히 그 당시의 다학문적 배경하의 아동기 인식 역시 중요하게 논의되어야 한다.

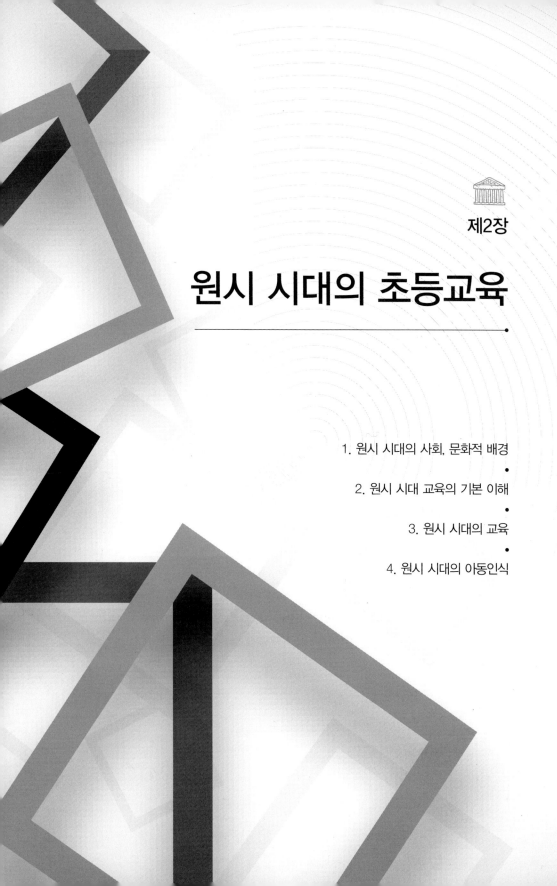

원시 시대의 초등교육

교육은 미성숙한 아동을 성숙된 삶의 형식 안으로 입문시키는 성년식과
같다.

– R. S. Peters

1. 원시 시대의 사회, 문화적 배경

인류의 문화는 인간 삶의 과정 속에서 지속적으로 생성되어 왔다. 인류는
오랫동안 떠돌아다니며 생존을 위한 수렵 및 농경 생활을 거쳐 정착 생활을
하게 되면서 많은 변화를 겪게 된다. 정착 생활을 통해 생존으로부터의 자유
를 얻은 인류는 과거에 비해 문화를 창조할 수 있는 기회가 많아졌으며, 삶의
필요에 의하여 문화가 축적되고, 축적된 문화는 기성세대를 통해 계속적으로
다음 세대로 이어져 왔다.

이러한 관점에서 교육은 인류의 시작과 함께 시작되었으며, 인류의 삶의
과정에서 교육은 자연스럽게 필연적인 과정으로 발달되어 왔다(Power, 1962).
따라서 어떤 제도나 방법의 문제 이전에 이미 다음 세대에게 전달하고자 하
는 그 어떤 내용이 있음으로 인해 무의도적이든 의도적이든 적절한 방법이
필요했다. 그러한 필요로 인해 교육은 인류의 삶이 시작되면서 함께 시작되었
다고 보는 것이 타당할 것이다. 결국 원시 시대의 사회나 문화를 이해하는 데
있어서 교육을 제외하거나 다른 차원에서 별도로 설명하는 것은 적절치 않다.

원시사회는 자연의 만물이 다 영혼을 가지고 있다고 믿는 애니미즘 (animism)과 샤머니즘(shamanism)을 바탕으로 환경을 해석하고 그에 맞게 행동했다. 모든 자연의 구성체는 자기 자신과 비슷한 하나의 영혼을 가지고 있다고 생각했다. 이러한 자연에 대한 신적 의미의 부여는 자연과 신 그리고 종교가 분리될 수 없는 하나의 신념 체제로 사회 형성의 원천이 되었다(Wilds & Lottich, 1942). 따라서 원시 시대에는 자연이 곧 신이요, 종교였다. 자연을 섬기는 것이 신을 섬기는 것이며, 이것이 곧 종교의 의례로 발달하게 된다. 결국 종교 의례를 관장하는 자가 곧 권력자인 것이다.

권력자는 다양한 기호 체계(sign system)를 갖고 종교를 통하여 신과 소통하며, 자연을 섬기려 했다. 결국 상징적 기호 체계를 가진 자가 권력을 행사할 수 있었으며, 다양한 상징적 기호를 통하여 다음 세대에게 문화를 전달하였다. 축적된 문화는 문자 등과 같은 보다 발달된 기호 체계를 사용하게 되었으며, 이는 자연스럽게 일정한 장소에서 문화를 전달하게 되는 초기 형태 교육의 시작이었다.

2. 원시 시대 교육의 기본 이해

인류가 문화를 축적하는 과정 속에서 교육이 어떻게 시작되었는지, 원시 시대의 교육이 어떠했는지에 대해서 아는 사람은 아무도 없다. 그러나 원시 시대에도 그 사회의 성숙자와 미성숙자가 있었으며, 성숙자들이 나름대로 축적한 문화를 가지고 있었기 때문에, 성숙자가 미성숙자에게 그 어떤 문화를 의도적이든 비의도적이든 전했다는 점은 부정할 수 없다. 물론 원시 시대에도 오늘날과 같은 교육의 형태가 존재했는지 확실치 않기 때문에, 우리가 일상적으로 사용하고 있는 '교육'이라는 단어를 가지고 원시 시대의 교육을 그대로 이해하는 것 자체가 무리일 수 있다.

따라서 교육의 본질적 성격을 통하여 원시 시대에도 교육이라는 보편적 현상이 있었을 것이라는 전제하에 원시 시대의 교육을 살펴보면 다음과 같다.

원시 시대의 교육에 관한 가정

　원시 시대는 문자에 의하여 기록된 역사보다 훨씬 오랜 역사를 갖지만, 문자에 의한 기록이 없으므로 정확하게 원시사회와 그 교육에 대해 밝히기 어렵다. 따라서 원시 시대 교육에 관해서는 오직 가정이 있을 뿐이며, 추측해 볼 뿐이다. 원시 시대에도 오늘날 보편적으로 사용하는 '교육'이라는 단어를 사용했는지는 불분명하지만, 오늘날 우리가 사용하는 교육이라는 용어로 그들의 생활을 재구성하여 원시 시대의 교육의 특징을 이해하고 있다고 봐야 한다. 원시 시대의 교육에 관한 기본 가정은 다음과 같다.

　첫째, 원시 시대의 교육은 원시인들이 자연재해를 피해 동굴을 찾아다니고 바람막이를 만드는 등 인간의 생존과 직접 관련된 안전에 목적을 두고 있었을 것이다.

　둘째, 부자(父子)가 함께 사나운 짐승과 싸우고, 먹을 것을 구하러 다니는 등 생활 그 자체가 교육의 장소이며, 교육의 내용이었을 것이다.

　셋째, 원시 시대의 교육은 부족(씨족) 또는 집단이나 국가의 형태를 존속, 유지시키려는 수단이었을 것이다.

　넷째, 원시 시대의 교육은 생리적 필요 충족을 내용으로 하는 관습, 금기, 규칙에 관한 것이었을 것이다.

다섯째, 원시사회는 일차적 사회집단이므로 교육기관이 없었을 것이고, 교육 자체도 비형식적인 형태의 교육이었을 것이다.

원시 시대 교육의 특징

Monroe(1907)는 원시 시대 교육의 특징을 비진보성과 모방성으로 보고, 원시인들은 있는 그대로의 환경에 순응하며 실질적인 생활의 필요에 따라 무의식적인 모방에 의존하다가 점차 의식적 모방의 단계를 거쳐 종교적 의식과 주문, 수렵, 전쟁, 부족의 신화와 전설 등에 관한 이론적 교육으로 이행해 갔다고 한다. 또한 Wilds와 Lottich(1942)는 원시인들의 교육은 세 부분으로 구성된다고 보고, 신체적 욕구를 만족시켜 줄 수 있는 훈련, 신에게 부응하는 의식 훈련, 그리고 집단에 소속하여 관습과 규율을 지킬 수 있도록 하는 훈련을 강조했을 것으로 보고 있다. 특히 신체적 단련을 위한 훈련은 원시인들에게서 시작된 것으로 적과 맹수로부터 자신과 가족을 보호하는 것은 그들에게 있어서 가장 큰 문제였기 때문에 신체를 단련시키는 것은 원시 시대 교육의 가장 중요하고 필수적인 부분이라고 볼 수 있다.

원시 시대 교육의 기존 가정을 전제로 원시 시대 교육의 특징을 살펴보면 다음과 같다.

첫째, 원시 시대 교육의 본질은 생존과 직접 관련된 안전(안정)에 있었고, 그 형태는 비형식적 교육이었다(Power, 1962). 실제 체험적인 교육을 통하여 물질적 안정을 추구하고자 했을 것이며, 불, 폭풍, 천둥, 죽음 등이 원시인의 마음에 공포의 감정을 일으키고, 이것이 그들로 하여금 특정 행동을 하게 하고 삶의 유지에 유용한 행동을 하도록 했을 것이다(Wilds & Lottich, 1942). 따라서 토템 숭배, 종교적 의식, 성년식 등과 같은 일련의 종교적 교육을 통하여 정신적 안정을 추구했을 것이다.

둘째, 원시 시대의 교육은 생활과 직결된 교육이었고, 생활의 장면이 곧 교육의 장소였으며, 생활 그 자체가 교육의 대상이자 내용이었다. 특히 생리적 필요 충족을 위한 교육이었으며, 영적 세력들을 달래기 위한 제사와 의식을 위한 교육이었다. 또한 같은 부족들이 조화롭게 살기 위한 관습, 금기, 규칙들에 관한 단체 교육이 주된 내용이었을 것이다. 특히 원시 시대에 있어서 단결은 안정 못지않게 중요한 교육의 목적이었을 것이다. 따라서 원시 시대 교육은 부족의 안정을 위하여 단체 성격을 자녀에게 강제하는 교육이었을 것이며, 원시적인 교육의 근본적 원리는 너무 명백하기 때문에 어떠한 교육이론의 정당화도 필요로 하지 않았을 것이다(Power, 1962).

셋째, 별도의 교육기관은 없었고 일차적 사회집단인 가족이 교육의 주된 책임을 졌고, 제사와 예식에 관한 교육은 부족집단의 지도자들이 맡았다. 즉, 교육의 공식적 기관과 교사들의 수업이 없이, 삶의 모든 것이 학교이고, 사회의 모든 구성원이 교사이며, 교육과 훈련은 사회 구성원들의 삶 속에서 우연히 일어났다(Power, 1962). 따라서 주로 비형식적 교육이 강했으며, 점차 의식, 무용 등을 통한 의도적인 교육의 형태로 발전했을 것이다.

넷째, 행동의 대부분은 본능적 충동의 범주에서 벗어나지 못했기 때문에, 필요한 지식과 기술은 모방을 통해 자녀들에게 전달되었으며 무의식적 모방에 의한 교육방법이 주를 이루었다(Power, 1962). 원시 시대 교육의 기본 목적 자체가 무의식적이었으며 대부분의 행동은 본능에 의한 것이었다(Wilds & Lottich, 1942). 이러한 무의도적 모방을 통한 문화의 전수는 점차 사회 발전에 따라 의도적인 모방의 행위로 발전해 갔을 것이다.

이처럼 원시 시대 교육은 조직적이고 형식적인 교육제도를 통해서 행해진 것이 아니라, 그 나름대로의 교육적 의식을 통해 행해졌다. 이러한 원시 시대

교육에 대한 우리의 이해는 오히려 우리가 그들의 생활을 오늘날의 개념(교육목적, 교육방법, 교육과정 등)으로 재구성하고 있다고 봐야 할 것이다. 원시 시대 교육의 기본 성격을 오늘날의 교육학적 의미로 재해석하여 그 시사점을 살펴보면 다음과 같다.

첫째, 생존이라는 절실한 필요에서 이루어진 교육이었으므로 무엇인가 전달하고자 하는 뚜렷한 목적의식이 있었고, 생활에 필요한 것이 교육내용이 되었으므로 일상생활에 대한 교육내용의 타당성이 높았다.

둘째, 새로운 지식이나 기술을 배우는 것이 곧 생존과 관계되는 것이었기에 기성세대로부터 배우고자 하는 학습동기도 높았다.

셋째, 극히 제한된 방식으로 교육이 이루어졌으며 삶의 여가 문화가 발달하지 못했기 때문에 교육에서 낭비와 결손이 없는 학습이 이루어졌다.

넷째, 일상생활 속에서의 필요에 의해 학습이 시작되고 필요에 따라서 학습시간이 자유자재로 길어질 수도, 짧아질 수도 있었다.

다섯째, 공부시간과 휴식시간을 구분할 필요성이 크지 않았기 때문에, 가르치고자 하는 혹은 배우고자 하는 학습의욕이 지속되는 동안에는 학습이 이루어짐으로써 학습 밀도와 효과가 높아질 수 있었다.

물론 원시 시대 교육은 오늘날의 교육의 관점에서 비교될 수는 없지만, 교육의 이론과 현상을 연구하고 이해하는 우리에게 또 하나의 분명한 정보를 제공해 줄 수 있으며, 그 나름대로의 가치가 있다. 특히 자식이 잘되기를 바라는 부모의 마음, 곧 다음 세대가 기성세대보다 잘되는 것이 교육의 목적이었기에, 교육의 출발은 곧 원시 시대 교육부터라고 말할 수 있으며, 이에 대한 반성적 고찰은 중요한 의미를 갖는다.

3. 원시 시대의 교육

Krieck는 문화 민족들의 도야제도와 관련하여, 원시 시대 교육의 두 가지 관점을 기저적(基底的) 교육과 성년식(成年式, initiation)으로 제시하고 있다. 기저적 교육은 강제나 의도적인 계획 없이 성인들의 생활을 보거나 흉내 내는 가운데 자연스럽게 성인 사회의 생활기술, 관습, 질서, 규범, 도덕 등에 동화되어 가는 일종의 기능적 교육을 말한다. 또한 성년식은 주술적인 성격이 강하며 계획적이고 강제적으로 인간 존재방식을 한 번에 변혁시킬 목적으로 하는 교육을 말한다. 따라서 이들 행위는 실제적인 성격뿐 아니라, 종교적인 성격을 갖고 있으며, 이러한 성년식의 활동들은 모두 일정한 정해진 의식과 절차에 따라 행해졌다는 점에서 상당히 의도적인 성격을 가지고 있었다(Power, 1962).

이러한 방식으로 원시 시대의 아동들은 활과 화살을 사용하는 법, 그들이 죽인 동물들로 옷을 만들어 입고 요리하고 천을 짜고 도기를 만드는 것 등을 배웠다. 결국 원시 시대 아동들은 지속적인 모방과 시련, 시행착오 등의 방법들을 통해 소유한 기술이 무엇이든지 다음 세대에게 전달하게 된다.

한편 원시 시대에 있어서 성년식은 일종의 교육적 행사로, 한 종족의 아동 혹은 아동들을 성인이나 성인집단으로 변화시키기 위한 제도이다. 따라서 성년식은 인류의 자녀들이 부모들이 구성하고 있는 공적 집단조직에 의해, 그리고 그 족장의 권위에 의해 공적으로 행하는 제도로서 계획적으로 교육된 최초의 사례이다(김정환, 심성보 역, 1990). 특히 성인 사회에 대한 순응은 원시 시대 교육의 중요한 목적으로 안전의 필요 조건이었기 때문에 개인들은 자신의 안전과 집단의 안전을 위해 집단에 순응해야 했으며, 개인의 의식보다 집단의 의식이 강조되었다(Wilds & Lottich, 1942).

이러한 성년식은 동서양을 막론하고 대부분의 부족에게 있었던 의식으로, 극심한 고통이 수반되는 여러 가지 행사를 통하여 하나의 성인이 되는 통과의례이다. 고통스러운 시련의 경험을 통해 사고방식, 행동방식 등이 이전과 전혀 다르게 되고 완전히 성장한 한 인간이 되는 과정으로 여겨졌던 성년식은 아동과 성인은 질적으로 다르며, 아동이 성인이 되기 위해서는 어떤 형태로든 비약이 필요하고 명(命)을 바꿀 필요가 있다는 생각에서 비롯하였다.

따라서 원시 시대에서는 성년식을 통해 다시 태어남으로써 비로소 기성 사회의 성인이 된다는 점에서 성년식의 대상은 남자들만의 의식이 아니었으며, 여아를 위한 성년식도 있었지만, 아마도 남아를 대상으로 하는 성년식이 보다 더 많은 사회적 의미를 가졌을 것이다.

성년식은 다양한 종족의 문화에 따라 행해지는 방법에 많은 차이가 있지만, 어느 경우에 있어서나 미성년에서 성년으로의 전환 시점에서 이루어지는 것이 공통된 특징이고 매우 혹독한 성년식을 통해 부족의 성인 사회에 입문함으로써 끝나게 된다. 성년식이 갖고 있는 공통된 가치는 다음과 같다(김정환, 심성보 역, 1990).

- 도덕적 가치: 혹독한 고통에 대한 인내와 연장자들에 대한 복종, 존경의 습득
- 종교적 가치: 토템 의식을 통한 종교적 의미와 의식 및 절차의 습득
- 실제적 가치: 실제 일상생활에 필요한 기술이나 태도의 습득

이상과 같이 성년식은 오늘날 성인 사회에 입문하기 위해 학교교육을 받고 학교를 졸업해야 하는 것과 같이, 극히 평범한 하나의 삶의 과정이자 하나의 교육이었다. 따라서 성년식은 사람들이 사회 속에서 살아가기 위해 공동으로 종족을 유지할 필요성과 부모에게서 자녀를 뺏어내 국가적 권력 밑에 두

고 그 권력으로 강제 교육시킬 필요성으로 인해 생겨난 최초의 의무교육제도
인 것이다(김정환, 심성보 역, 1990).

4. 원시 시대의 아동인식

원시 문화 속 아동인식

원시 시대 아동들은 혈연관계에 있는 성인들로부터 분리되어 있지 않았으
며, 자연과의 끊임없는 접촉하에 성인 활동에의 직접적인 참여를 통해 배웠
다. 그러나 성인과 대등한 관계에서 학습한 것은 아니며, 아동들은 부족의 경
험과 전통에 철저히 순응하는 방식 안에서 행동하는 것을 배웠다. 이는 사회
적이거나 신체적인 환경에서 그렇게 행동하지 않으면 안 된다고 여겨지는 성
인 사회의 아동에 대한 인식이 있었음을 짐작케 한다(Power, 1962).

원시 시대 여아들의 경우 단조로운 작업, 즉 아이를 돌보고 채집하고 음식
을 준비하고 옷을 만드는 등으로 작업이 한정되기 쉬운 반면, 남아들의 경우
는 일의 많은 부분에서 자유로이 돌아다녔고 자신의 경험을 확장시켰기 때문
에, 같은 환경이라도 지배 세력은 남자들이었다. 따라서 남자와 여자 혹은 남
아와 여아의 교육에서의 차별은 자연적인 것이고 피할 수 없는 필연적인 것
이었다(Power, 1962).

성년식 속 아동인식

성년식을 통하여 미성숙자가 성숙자로 변화된다는 점에서 보면, 원시 시대
에서의 성년식은 그 사회에서 매우 중요한 일종의 교육 행사였다. 즉, 성년식
의 중요한 특징은 그것이 아동을 성인으로 변화시키기 위한 매우 의도적이고

계획적인 제도이며, 성년식을 통해 성인으로의 질적인 변화가 이루어진다는 점이다. 이는 아동을 성인과 질적으로 다른 존재로 인식했다는 것을 의미한다.

그러나 성년식에서의 아동에 대한 인식은 독특한 존재로서의 아동이 아닌, 성인이 되기 전의 미완성의 존재로 보는 것이다. 특히 원시 시대에서 아동기와 성인기는 자연스러운 발달의 과정 속에서 이해되는 것이 아니라, 단절된 불연속의 관계로 보며, 성년식이라는 통과 의례를 통해 비로소 성인으로 비약하는 시기라고 본다. 따라서 원시 시대에 있어서 아동기는 성인과는 근본적으로 다른 존재였지만, 성년식이라는 의식을 통과해야만 사회의 한 성인으로서 인간이 되는 존재였던 것이다.

원시 시대의 자녀살해

원시 시대의 자녀살해 풍습은 인류의 역사와 함께했다. Payne(1916)에 따르면 자녀를 살해하는 관습은 원시 시대에서 시작하여 최근까지 진행되어 왔다고 한다. 근대국가에서도 갓난애를 살해하거나 버리는 것을 단속할 정도로 자녀살해는 성인 사회의 은밀한 사건이 아니었다. 특히 역사를 거슬러 올라갈수록 아동에 대한 관심은 낮고 아동들은 내버려지고, 매 맞고, 두려워하고, 또 성적으로 악용당하는 경향이 늘어났으며(deMause, 1974), 자녀들은 성인들의 성적 관계로 인한 불가피한 소산처럼 여겨졌고 영아살해는 대부분의 모든 문화권에서 흔히 행해졌다(이경우 역, 1986).

이러한 자녀살해 풍습의 이유는 여러 가지가 있지만, 몇 가지를 제시하면 다음과 같다(김정환, 심성보 역, 1990).

첫째, 모체의 건강상의 이유에서 자녀살해가 있었다.

둘째, 불의(不義)한 자녀를 매장하는 경우로, 사회적으로 공인되지 않은 남녀 관계에서 비롯된 자녀살해가 있었다.

셋째, 종교적 의례의 경우로, 남태평양 룽가 섬에서는 부모가 병에 걸렸을 때 보통의 방법으로 고칠 수 없다고 판단되면 아이를 목 졸라 죽여 신에게 제물로 바쳤다고 한다.

넷째, 전쟁에서 승리를 기원하기 위한 제물로서 자녀살해가 있었다.

다섯째, 미신적 풍습이나 문화적 풍습으로서 자녀를 살해하는 경우로, 바스트족은 태어날 때 발부터 나온 아이는 살해하는 반면, 본티족은 머리부터 나온 아이는 불운의 자식이라 여겨 살해하였다. 파푸아족은 모친이 2명 이상의 자녀를 기르는 것을 금지하였으며, 라다크족은 3명까지 허용, 4명 이상은 모친이 직접 생매장하도록 했다. 그리고 아룬타족과 페인족은 쌍둥이를 낳으면 2명 모두 혹은 그중 1명을 살해하였으며, 캄차카 지역에서는 불구자나 기형아, 폭풍우가 몰아치는 계절에 태어난 아이는 살해하였고, 마다카스카르 섬에서는 흉일에 태어난 아이는 살해하였다.

여섯째, 경제적 이유로, 산아제한과 인구조절의 목적으로 자녀를 살해하였다. 한 집단 성원의 생존과 생활수준을 유지할 목적으로, 즉 실질적 생활수준의 질을 유지하기 위해 자녀살해를 했다.

이상과 같이 원시 시대의 자녀살해 풍습은 인간의 자유로운 선택이 아닌 인간으로서 불가피한 조치였다는 점에서, 부족 사회에서는 자녀의 양육 가능 여부를 판단하여 사전에 계획된 방식대로 자녀살해를 했다는 것을 의미한다.

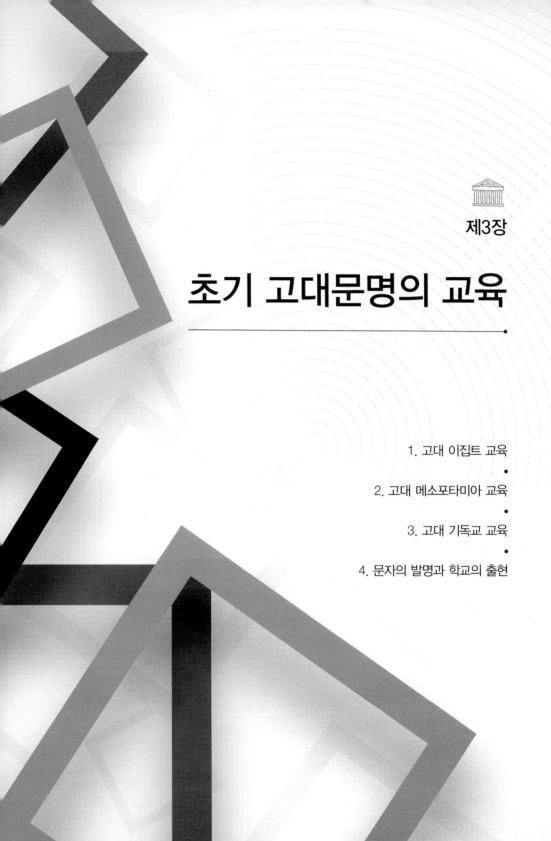

제3장

초기 고대문명의 교육

역사는 수메르에서 시작된다.

– S. N. Kramer

고대 문명이 먼저 발달한 곳은 티그리스와 유프라테스 강 유역인 메소포타미아, 나일 강 유역의 이집트, 인도의 인더스 강 유역, 그리고 중국의 황하 유역이다. 이들 지역에서 고대 문명이 먼저 생기게 된 가장 중요한 이유는 바로 기름진 땅과 충분한 물이 있었다는 점이다. 초기 농사를 짓기 위해서는 많은 노동력이 필요했는데, 농업을 통한 식량의 확보는 많은 사람들이 일정한 장소에서 모여 살 수 있도록 했으며, 이는 자연스럽게 사회를 구성하는 기반이 되었다.

1. 고대 이집트 교육

기원전 약 3000년경의 초기 이집트 사회 역시 사회적, 정치적, 경제적 삶에서 비교적 복잡했던 생존 양식으로부터 진보하기 시작했으며, 다른 고대국가와 마찬가지로 이집트에서 교육의 주요한 기능은 삶을 준비하는 것이었다(Power, 1962). 나일 강 주변의 농업 발달로 인해 노동자들에게 땅을 경작하고, 씨를 뿌리고, 수확하도록 했던 지주들에게 있어서 점차 계산과 쓰기를 해야 할 필요성이 생겼으며, 관개수로의 관리는 자연스럽게 다양한 분야의 발달로 이어졌다. 자연을 제어할 필요가 있었던 이집트인들은 점차 문자를 통한 기록 문화를 발달시켜 나갔다. 고대 이집트의 선조들이 이룬 성과는 구두와 문자를 통해 후대에 전달되었으며, 학교의 사회적 필요성은 더욱 높아졌다(Power, 1962).

고대 이집트인들의 교육

이집트에서 공식적인 교육은 기원전 3000년에서 2000년 사이로 매우 빨리 확립되었다. 당시 공식적인 교육은 가장 기본이 되는 학교의 형태로 시작되었는데, 당시 학교는 일반 대중들보다는 특별한 계층에게 교육을 제공하기 위한 조직이었다. 특히 고대 이집트의 모든 직위에 있는 사람들에게 읽고 쓸 수 있는 능력이 필수적이었기 때문에, 전문 직종을 선택하려는 사람의 우선적인 필수 과제는 학교교육을 받는 것이었다(Aldred, 1998). 이러한 학교들은 왕실, 재무성 및 군대와 같은 대규모 정부 기관에 부속되어 있거나 필사 업무를 담당한 큰 사원에 있는 '생명의 길'이라는 기록실에 부속되어 있었다.

고대 이집트의 귀족 계층은 장인이나 상인, 농부들에게는 교육이나 훈련이 필요 없다고 생각했기 때문에 그들과 전혀 다른 교육을 받은 반면, 혜택받지 못한 자들, 하위 계층들은 형식적이고 공식적인 교육이 전혀 필요하지 않았다(Power, 1962). 반면, 각 계층에 적합한 교육을 달리한 이집트에는 경제를 발전시키고 정치적인 제도를 성장시키기 위한 서기, 필경사, 계산자, 조사자의 역할이 사회적으로 필요했다. 따라서 당시 일반적인 교육은 기본적인 형태의 의사소통 기술을 가르친 것으로 이것은 대장장이의 망치나 석공의 조각칼과 같이 간주되었으며, 가난한 남아들은 주로 손으로 하는 직업적 성격의 훈련을 받았다.

일반적으로 쓰기는 모든 사제 및 성직자들의 중요한 기술이었으며, 모든 사람에게는 아닐지라도 대부분의 계층에 필수적인 시기가 되었기 때문에, 쓰기 기술은 사회 계급제도에서 성직자 계층이라는 지위를 유지하는 도구로 활용되었다(Power, 1962). 쓰기 교육은 상형문자를 암기하고 고전의 내용을 계속 베껴 쓰며 숙달하도록 했다. 이러한 계급화된 교육은 왕실과 귀족의 아이들에게는 통치하고 지도하는 것을 준비하고, 군인 지도자의 아들에게는 아버지의 경력을 따르는 것을 준비할 수 있도록 했다.

고대 이집트인들의 초등교육

고대국가의 학교교육과정에 대한 내용을 구체적으로 알 수는 없지만, 서기관 교육은 아주 어린 시기에 시작되어 성년에 이르렀을 때까지 지속되었다(Aldred, 1998). 공식적이든 비공식적이든 고대 이집트의 초등교육은 대략 4세 정도의 어린 나이에 시작했으며, 우선적으로 철자를 배운 다음 단어를 배웠고 쓰기는 수백 가지의 다른 상형문자와 함께 배웠기 때문에 매우 어려웠다. 특히 고대 이집트 사회에서 쓰기는 일반적인 기술이 아니라 매우 특별한 기술이었기 때문에 하나의 직업적인 훈련을 받도록 했으며, 남아가 14세가 될 때쯤엔 삶에 필요한 직업을 준비하도록 했다(Power, 1962).

왕가의 아동들은 고귀한 집안의 유모들 속에 길러졌으며 노련한 퇴역 군인들로부터 무예를 배웠고, 군대 문관들에게는 읽기와 글쓰기를 배웠으며, 왕녀들 역시 글쓰기와 그림 등을 배웠다(Aldred, 1998). Aldred는 고대 이집트 사회에서는 누가 왕위를 계승할 운명인지 알 수 없었기 때문에, 모든 왕자들이 예비 파라오 교육을 받았을 것으로 추정하고 있다.

공식적인 교육을 받을 수 있는 기회를 가진 운 좋은 남아들은 삶이 더 좋아지도록 실제적 교육을 배운 반면, 초등학교에 다니지 못한 남아들은 그들의 부모로부터 필요하다고 생각되는 교육이나 훈련을 받았다. 그러나 도제 형식의 서기 훈련을 제외한 경우에는 읽기, 쓰기, 셈하기 등의 교육방법에는 큰 관심을 갖지 않았다(Power, 1962). 아동들은 돌, 질그릇 조각 혹은 쓰기 판 위에 갈대와 잉크를 가지고 글자를 모방하면서 수년간 반복하는 것으로 시간을 보냈으며, 파피루스(papyrus)는 매우 비쌌기 때문에, 충분히 연습하고 잘 훈련된 이후에만 사용할 수 있었다(Colón & Colón, 2001).

고대의 다른 국가들처럼 고대 이집트의 여아들 역시 학교에 보내지지 않았으며, 단순한 집안일 이상의 그 어떤 것을 배울 기회조차도 없었지만, 다른 고대 국가의 여성들과는 달리 계층의 높고 낮음에 관계없이 많은 권리와 책임 그리고 특권을 가지고 있었다(김훈 역, 2004). 고대 이집트 여성들은 집에서나 시장에서나 작업장에서나 일상적으로 남자들과 똑같이 삶의 책임을 공유했으며 가정에서의 모든 일을 담당했다. 반면, 남아들은 정부에 의해 규정된 노래를 부르고 배울 기회가 있었으며, 오락적인 가치를 지닌 춤도 배웠는데, 이는 종교적인 신앙심 또는 운동의 형태로 종종 받아들여졌다(Power, 1962).

한편, 교사들은 이러한 학교를 위해 어디에서 양성되었는지, 그들이 누구였는지, 이집트의 초등교육을 위해 무엇을 준비했는지 구체적인 내용을 알 수는 없지만, 당시 교사들이 주어진 엄격한 훈련을 통해 고용되었다는 것은 확실하다(Power, 1962). 특히 당시 필사를 업으로 했던 서기관들은 보다 우수한 학생들을 확보하는 데 관심이 많았으며, 이집트 교육이 주로 장인이나 도제제도로 이루어졌다는 점에서, 서기관들에 의한 교육은 아들이나 친인척이 우선 대상이었을 가능성이 있다(Aldred, 1998).

이집트인들 역시 다른 고대 국가와 마찬가지로 체벌의 효과에 대한 높은 신뢰를 가지고 있었기 때문에 학생이 게을리하면 호되게 체벌을 했다. 또한 당시 서기관이라는 직업이 다른 천한 직업과 비교해 안락하고 보수가 많은 직업이라고 함으로써 학생들의 학업을 독려했다고 한다(Aldred, 1998).

고대 이집트인들의 아동인식

고대 이집트인들에게 있어서 무덤은 현세에서 내세로의 죽은 자의 여정에 대한 정거장으로 여겨졌기 때문에, 성직자, 예술가 그리고 장인들은 일상생활의 벽화와 축소 모형을 망자가 사용했던 친숙한 물건과 함께 통합하며 망자를 위한 계속성을 제공하는 친숙한 환경을 무덤 안에 조성했다. 따라서 무덤은 마치 가정인 것처럼 가구, 장난감, 신성물, 개인적 장식, 오락용품, 필수품, 그리고 기도를 위한 일상의 비품들을 내장하고 있었다. 벽과 천장은 꽃줄로 화려하게 꾸며졌으며, 무덤으로 가는 통로로서 망자의 생활 사건, 나라의 주요 사건, 그리고 궁정에서의 삶이 묘사되었다(Colón & Colón, 2001). 이러한 무덤 안의 생활 모습은 너무 다양하고 상세하게 되어 있어, 고대 이집트 생활의 생생한 이미지뿐만 아니라 부모와 아동들의 관계를 알 수 있는 단서를 제공한다.

고대 이집트 문명에서는 행복하고 생산적인 삶을 함께 공유하고자 열망한 가족들의 희망과 꿈을 알 수 있는데, 아이들을 건강하게 기르고 가족과 친구들의 안락함과 즐거움을 추구하는 등 안정적이고 풍요로운 사회의 조성을 엿볼 수 있다.

고대 이집트에서 아기의 탄생은 큰 기쁨을 안겨 주는 것이었으며, 부모들은 흔히 본인들이 아기에게 느끼는 애정을 아기에게 별명을 지어 줌으로써 표현했는데, 여아에게 가장 흔한 별명은 '새끼 고양이'의 울음소리를 뜻하는 의성어인 '뮤'였다(김훈 역, 2004). 이집트 아이들은 3세까지 젖을 먹으면서 어머니와 깊은 관계를 유지했으며, 신들이 아기를 보호해 주도록 아기의 목에 부적이나 펜던트를 걸어 주기도 했다. 특히 아동의 복지와 관련된 사본이 발견되지는 않았지만, 합법적이든 비합법적이든 아동들을 보호한 법의 흔적을 볼 수 있으며, 범죄로 비난을 받는 임신한 여자는 아기를 안전하게 낳을 때까지 그 죄에 대한 처벌을 받지 않았다. 무덤 안에 축소되어 표현된 생활 모습을 통해, 확실히 이집트에 있는 모든 계층의 아동들은 적어도 잘사는 사람과 못사는 사람의 운명이 갈리는 학령기 이전까지는 거의 비슷하게 취급되었음을 알 수 있다(Colón & Colón, 2001).

Colón과 Colón(2001)에 의하면, 고대 이집트인들은 하마신인 토우에리스(Thoueris)에게 다산을 보장하고 안전한 분만을 가져오도록 기도를 했으며, 남아가 선호되었지만 모든 아이들이 기쁨으로 받아들여졌다. 또한 가족 단위의 결속이 강해 영아살해는 상대적으로 드물었다. 비록 아동 유기가 발생한 것으로 알려졌지만, 그것 또한 다른 고대 국가보다는 드문 현상으로 이집트인들은 다른 이웃 문화에서 버려진 영아들을 희생시킨 것으로 알려져 있다.

많은 무덤의 그림에는 애완동물, 특히 개, 고양이, 새 그리고 원숭이를 가지고 놀고 있는 아동들이 묘사되어 있으며 도자기, 인형, 인공적 장난감, 놀이 장식, 공 그리고 보드 게임 등이 놀이를 위해 이용되었다는 증거들이 있다. 고대 이집트 아동들이 즐겼던 놀이는 등 짚고 넘기, 레슬링, 다른 아이를 등에 태우고 균형을 잡는 당나귀 놀이 등이 있었으며, 상류 계층의 아동들은 전사나 통치자가 될 자세를 갖추기 위해 활쏘기나 승마도 즐겼다(김훈 역, 2004).

2. 고대 메소포타미아 교육

고대 수메르인들의 교육

고대 이집트가 나일 강 유역에서 문명을 꽃피울 무렵, 유프라테스 강 유역과 티그리스 강 유역에도 위대한 문명인 메소포타미아 문명이 발생하였다. 고대 메소포타미아 지역의 수메르인들은 지금으로부터 약 5000년 전인 기원전 3000년경부터 점토에 쐐기 모양의 기호를 새김으로써 최초의 문자를 발명하기도 했다. 고대 메소포타미아 지역에서는 5000년 전의 것으로 보이는 고대 슈루파크(Shuruppak)의 지하에서 학교 건물 유적이 발굴될 정도로, 기원전 2500년경 수메르 전역에 걸쳐 상당수의 학교에서 문자를 공식적으로 가르쳤다(Kramer, 1956). 특히 수메르인들은 점토판 학교(tablet school)라는 의미로 학교를 'edubba'라고 불렀다(Colón & Colón, 2001).

수메르인들의 교육의 기본적인 목적은 흔히 말하는 전문 직업인(professio-nal)을 양성하는 데 있으며, 경제적이고 행정적인 필요에 의해 우선적으로 왕실과 신전 운영 기록을 담당하는 서기를 양성할 목적으로 교육을 시행했으며, 사회가 점차 발전하면서 다양한 상거래를 기록하고 학생을 가르치기 위해서도 교육받은 사람이 필요했다(Kramer, 1956). 이러한 수메르인들의 학교 기능은 수메르 문명과 함께 발전했으며, 점차 학교는 문화와 학문의 중요한 장소가 되었다. 마치 신전과 같은 분위기의 수메르인들의 학교에서는 읽기, 쓰기는 물론 수학, 신학, 지리학, 동ㆍ식물학과 음악과 미술을 가르치고 신화나 서사시, 신을 찬양하는 찬가와 애가(哀歌)도 배웠으며, 고등교육으로 고전작품을 복사하고 연구하는 과정도 있었다(Kramer, 1956).

수메르인들의 학교에서는 교장을 학교의 아버지(school father)란 뜻으로 '움미아(ummia)'로 불렀으며, 보조 교사를 큰형(big brother), 학생들을 학교의 아들(school son)로 불렀다(Kramer, 1956). Kramer(1956)에 의하면, 당시 교사의 역할은 학생들이 베낄 수 있도록 점토판에 글을 쓰게 하고 학생들이 암송한 것을 듣고 확인하는 것이었다. 수메르인들의 구체적인 교육방법은 잘 알려져 있지 않지만, 관련된 단어나 구절들을 익숙해질 때까지 수메르어로 계속 베끼고 암기하도록 하는 방식이었을 것이라고 추정된다. 따라서 학교의 교사들은 상당수의 교육용 점토판을 가지고 있었을 것으로 추정된다.

한편, 수메르인들의 학교에서는 규율의 문제가 중요한 훈육의 대상이었으며, 칭찬과 함께 학생들의 잘못과 결함에 대해서는 체벌에 전적으로 의존했기 때문에 매일매일의 학교생활에서 매질을 피할 수는 없었다(Kramer, 1956).

고대 수메르인들의 초등교육

수메르 지역에서 발견된 많은 점토판은 공식적 교육의 구조와 어린 학생들에 대해서 상당한 정보를 제공해 주지만, 수메르인들의 학교는 보편적이지도 의무적이지도 않았다. 학교에 다니는 학생들 대부분은 부유한 가정의 학생들이었고 가난한 학생들은 학교에 다닐 만큼 여유롭지 않았는데, 특히 특사, 세금원, 기록보관인, 회계원, 교사 등과 관련하여 여성이 언급되지 않았다. 수메르인들의 학교에 여아들이 다녔다는 흔적은 찾아볼 수 없으므로 학교에 다니는 학생들은 오직 남아들뿐이었다고 추측할 수 있다(Colón & Colón, 2001; Kramer, 1956).

Kramer(1956)에 의하면, 아침에 학교에 오면 자신들이 전날 준비한 점토판을 가지고 공부를 했으며, 보조 교사는 새롭게 베끼고 배울 점토판을 준비했으며, 보조 교사와 교장은 학생들이 만든 점토판을 점검하고 교정해 주었다.

당시 학교의 교사에는 수메르어나 그림을 담당하는 교사뿐 아니라 회초리를 담당하는(훈육을 담당하는) 교사도 있었다는 점에서, 초등학교에서 아동들은 심하게 매를 맞았던 것 같다(Colón & Colón, 2001). Kramer(1956)에 의하면, 당시 한 학생이 학교에서 수시로 매를 맞아 견디지 못하고 아버지에게 "교장 선생님께 좀 더 많은 급료를 주세요. 그러면 나에게도 친절하게 해 줄 거예요."라고 부탁했으며, 아버지는 즉시 교장을 초대하여 향유를 뿌리고 새 옷을 입히고 손에 반지를 끼워 주며 급료를 올려 주었고, 그 결과 학생은 교장에게 크게 칭찬을 받고 그 장래를 축복받았다고 한다.

고대 수메르인들의 아동인식

수메르인의 사회는 아동들에 대한 아버지의 책임에 대해 명확한 인식을 가지고 있었다. 만약 혼인 후 아내가 그 아동들을 낳지 못하고 공공 광장의 매춘부가 그 아동들을 낳는다면, 그는 그 매춘부를 위해 곡식, 기름 그리고 옷을 제공해야 했다. 즉, 매춘부가 낳은 아동도 그의 상속인이 될 수 있었다(Cottrell, 1965). 또한 노예와 관련된 법에 따르면 아동들이 노예의 아들 혹은 딸인 경우, 아동들 혹은 그들의 어머니가 전쟁 포로인 경우, 또는 아동들이 빚

청산을 위해 노예로 팔려 가는 경우 아동들은 노예로 간주되었다. 당시 함무라비(Hammurabi) 법전에 있는 282여 개의 절 중에서 16개가 직접적으로 아동들을 언급할 정도로 아동에 대한 수메르인들의 절대적 권한을 알 수 있다(Colón & Colón, 2001). 함무라비 법전에 있는 아동들과 관련된 조항들을 보면 다음과 같다(Harper, 1904).

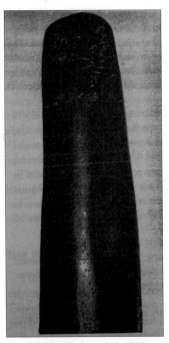

그림 3-1 함무라비 법전

- 14. 만약 한 남자가 다른 남자의 미성년 아들을 훔치면, 그는 죽음에 처해야 한다.
- 28. 왕의 요새에 있는 장교나 성주가 포획되었을 때, 그의 아들이 사업을 수행할 수 있다면, 그에게 들과 정원을 주어 아버지의 사업을 수행할 수 있도록 해야 한다.
- 135. 만약 한 남자가 포획되어 그의 가정을 유지할 수 없다면, 그의 아내는 다른 집에 들어가서 아동들을 기른다. 만약 이후 그녀의 남편이 돌아와 그의 도시에 도착하면, 그 여자는 그의 남편에게 돌아가야 하며, 아동들도 그들의 아버지에게 가야 한다.
- 137. 만약 한 남자가 그에게 아동들을 낳아 줬던 첩이나 아내를 멀리한다면, 그는 그 여자에게 그녀의 혼인 지참금을 돌려주어야 하고, 들, 정원 그리고 상품의 수입도 주어야 하며, 그녀는 그녀의 아동들을 길러야 한다.
- 162. 만약 한 남자가 아내를 얻고 그녀가 아동들을 낳고 죽는다면, 그녀의 아버지는 그녀의 혼인 지참금에 대한 주장을 할 수 없다. 그녀의 혼인 지참

금은 그녀의 아동들에 속한다.

- 168. 만약 한 남자가 자신의 아들과 의절하고 재판관에게 '나는 나의 아들과 의절할 것이다'라고 말한다면 재판관은 그의 조상들을 조사하여야 하고, 만약 아들이 자식된 신분으로 그와 의절할 만큼 충분히 범죄를 저지르지 않았다면 아버지는 그의 아들을 자식된 신분에서 박탈할 수 없다.
- 185. 만약 한 남자가 어린 아동을 자신의 아들로 이름을 올리려 하고 그를 기르려 한다면, 누구도 그 입양된 아들에 대한 주장을 취하지 못한다.
- 195. 만약 아들이 그의 아버지를 때리면, 손가락을 잘라야 한다.

이와 같이 모든 아동들은 엄격하게 강요된 일련의 법에 의해 규제되었을 뿐만 아니라 보호받았으며, 아버지는 가족 단위의 최고의 우두머리로 인정되었다. 특히 아버지에 대한 적절한 명예와 존경을 보이지 않는 아동에게는 불행한 일이 일어날 수 있었는데, 아들은 위반의 정도에 따라 혀, 눈 혹은 손가락을 잃기도 하였으며, 아버지의 절대적 권위는 자녀를 채무 변제를 위한 담보로 사용할 권리로까지 확대되었다(Colón & Colón, 2001).

3. 고대 기독교 교육

히브리(Hebrews)의 사상은 서양사상에 크게 영향을 주었으며 서양 교육에도 깊이 스며들어 있다. 히브리인들은 4000여 년 전에 아라비아 사막에서 오아시스를 찾아 유랑하던 유목민으로서 셈족에 속하는데, 그들의 역사는 유일신 여호와와의 관계 속에서 전개되었으며 종교는 유대인의 삶에 많은 상징적 의미를 주었다. 그중에서도 가장 중요한 것은 일신교에 대한 강한 신념이다(Power, 1962). 또한 원죄를 회개하고 하나님의 명령에 순종함으로써 그들이 불

순종으로 인해 잃었던 하나님과의 관계를 회복하는 것이 그들의 삶의 이상이었으며, 히브리인들은 신앙을 기초로 문화적 및 시민적 의식을 형성해 나갔다.

　히브리인들은 다른 고대 국가들과는 달리 모든 사람들이 차별 없이 교육받을 것과 자녀들의 교육을 위한 부모의 책임을 강조한 민족이었다(Wilds & Lottich, 1942). 즉, 히브리인들이 가진 교육은 각 개인을 위한 것으로 다른 고대 문명과는 달리 계층적 지위를 기반으로 이루어지는 교육은 아니었다. 따라서 히브리인들의 교육은 모든 사람이 신 앞에는 평등하다는 것이었으며 법률은 각자에 평등하게 부과되었고, 의식과 성례도 마찬가지였다.

고대 히브리인들의 교육

히브리인들의 교육목적

　초기 기독교인들의 교육은 외적 권위에 대한 순종(여호와에 대한 순종)을 강조하였으며, 하나님에 대한 의무에 속하는 여러 가지 율법을 중심으로 인격적이고 신에 대해서 충실하며 순종적인 인간을 만드는 데 목적이 있었다. 따라서 히브리인들의 교육은 하나님을 아는 교육과 하나님의 백성으로서 민족 정체성을 갖도록 하는 교육이었으며, 종교적이고 도덕적이며 시민적인 성격을 겸하고 있었다(Power, 1962). 이러한 고대 기독교인들의 교육은 종교와 도덕적 이념에 기초를 둔 교육제도를 엄격히 준수함으로써 히브리 민족의 정체성과 민족성을 보존하려는 데 목적이 있는 것이다.

히브리인들의 교육내용

　히브리인들은 자신들의 정체성 상실을 막고 종교의 존속을 위한 가장 중요한 통로로 교육을 강조했으며 모든 사람이 교육을 받아야 한다고 생각했다(Wilds & Lottich, 1942). 그들은 히브리의 역사, 기록된 문서(여러 절기의 종교적 행사와 제사들에 대한 설명, 율법, 시편, 잠언 등), 그리고 여호와를 섬기는 생활 그 자체를 중요한 교육내용으로 강조하였다.

후에 학자에 의한 법률을 설명하고 해석한 탈무드(Talmud)를 만들었으며, 히브리인들의 규정인 법전과 의례상의 규칙은 모든 이들의 교육과정이라고 볼 수 있다. 특히 히브리인들에 있어서 음악(찬미가)은 교육의 필수였으며, 몇

그림 3-2 탈무드

가지 종류의 악기 연주법을 배웠고 소녀들은 무용도 배웠다(Wilds & Lottich, 1942). 한편, 가정에서 자녀를 교육할 때 어머니는 종교상의 예법과 실생활에 대한 초보적인 내용을 자녀들에게 가르쳤으며, 성경에 나타난 여호와의 말씀을 어린 시기부터 철저히 따르도록 가르침으로써 여호와께 순종하는 삶을 살게 하였다(Power, 1962).

히브리인들의 교육방법

히브리인들은 부모들뿐 아니라 지역의 어른들도 아동 교육을 맡았으며 자녀들의 행동을 조절 및 통제했으며, 각 가족의 장자가 후계자로서 종교적 예식과 의례를 위한 특별 교육을 받기도 했다. 특히 부모들은 자녀들에게 직업교육을 실시했는데, 직업교육은 가장 중요한 것으로 아버지의 의무였기 때문에 수공의 노동력을 존중했다(Wilds & Lottich, 1942). 히브리인들의 교육방법은 보통 구어적 언어 수업이었으며, 쓰기를 배울 때에는 초를 입힌 서판과 첨필이 사용되었다. 다른 고대 교육과 마찬가지로 암기의 방법이 주로 사용되었다. 고등교육에 있어서의 교육방법은 일반적으로 스승이 주석을 한 뒤에 학생이 질문과 토론을 하는 것이었다.

히브리인들의 교육기관

초기 히브리인들의 교육에 있어서 가정은 유일한 교육기관으로 아버지는

가족의 지도자이며, 목사이자 교사였으며, 어머니 또한 교육에서 숭요한 역할을 담당했을 정도로 부모 모두 자녀교육에 헌신했다(Wilds & Lottich, 1942). 왜냐하면 신앙과 도덕으로 아이들을 가르치는 것과는 별도로 부모들은 아이들에게 세상에서 살기 위한 준비를 시키고, 다양한 요구를 해결하기 위한 기술을 전수해야만 했기 때문이다(Power, 1962). 당시 유대인의 가정에서는 4세 정도가 되면 토라(Torah)의 지식과 도덕적 훈계, 생활 법칙 등을 가르쳤지만, 유대인의 가정교육에 있어서 읽고 쓰는 것이 꼭 필요한 것은 아니었다(Power, 1962). 따라서 부모가 아동의 학습 모델이 됨과 동시에 가장 중요한 생활 현장이 곧 교육의 장이라는 것에서 아동의 학습효과 증진에 큰 도움이 될 수 있을 것이다.

히브리인들에게 가정 이외의 교육기관으로는 기원전 586년 예루살렘이 함락된 후 사제들과 선지자들의 가르침을 받고 토라를 가르치고 예배하던 교회당이 있었는데, 교회당은 유대인 생활의 중심이었으며 보편적인 교육기관이었다(Power, 1962). 특히 교회당 안에는 '책의 집'이라는 초등학교 형태의 기관이 있었는데, 이곳에서 가르친 내용은 미크라(Mikra) 성경, 특히 모세 5경(Pentateuch)을 읽고 이해하는 것이었다. 또한 '책의 집'인 초등학교 이후, '연구의 집' 혹은 '설명의 집'이라는 중등 및 고등 교육기관이 있었는데, 이곳에서는 미슈나(Mishna)와 구전 토라를 배우는 것이 목적이었다.

고대 히브리인들의 초등교육

베드 하세퍼(Beth Hassepher)라고 알려진 히브리인들의 초등교육의 시작은 기원전 75년~64년에 이루어졌으며, '책의 집'이라고 알려진 초등학교의 기본 목적은 토라를 읽는 것이었다. 기원 후 64년에는 모든 유대 남자아이들이 초등학교에 가도록 법령으로 정해졌으며, 초등교육을 위한 학교가 보편화되었다(Power, 1962). 특히 6세의 남자아이부터 입학하게 되어 있었고, 아침

일찍부터 오후 늦게까지 교육이 진행되었다. 아침부터 정오의 휴식시간을 제외하고는 저녁에 이르기까지 학습을 계속하였으며, 성경 암기 등 주로 암기식 교육이었다.

초등학교의 과정은 3단계로 구성되어 6~10세, 10~15세 그리고 15세 이상의 아동을 위한 것으로 구성되었다. 6세부터 10세까지의 아동에게는 구약성서의 모세 5경이 주요 교재였으며, 10세부터 15세까지의 아동에게는 탈무드의 일부분을 가르쳤다. 15세 이후에는 탈무드의 제2편을 집중적으로 공부하였다. 특히 처음의 두 단계는 모든 남아에게 의무적으로 실시되었고, 부자나 가난한 사람이나 모두 한곳에서 수학하였다(Wilds & Lottich, 1942).

초등학교에서의 교육방법은 암기를 위주로 하는 구두적인 성격의 학습을 하는 것이었으며, 아동들은 마룻바닥이나 의자에 앉아서 교사와 서로 대면하였는데, 그 수는 대개 25명을 넘지 않았다(Wilds & Lottich, 1942). 학생들은 암기를 잘할 수 있도록 똑바르고 큰 음성으로 글 읽기를 반복하였고 교사는 학생들이 완전히 이해하고 유창하게 암송할 때까지 계속 반복시켰다.

히브리인들의 초등교육 역시 신의 뜻에 근거한 종교적, 도덕적 생활을 하도록 하려는 목적하에 민족 보존을 위한 하나님의 백성으로서의 정체성을 유지하는 것을 목표로 히브리 민족의 삶 전 영역에 영향을 미칠 수 있도록 하기 위한 교육이었다. 이는 하나님 앞에서의 평등한 교육기회를 의미하였다. 역사상 처음으로 국민 전체의 교육을 강조하였다는 점에서 특기할 만하며, 민족의 동질성을 유지하고자 한다는 점에서 현대 초등교육의 의의를 엿볼 수 있다. 특히 히브리인들의 모든 교육활동은 부모, 사제, 예언자 그리고 교사 등 모든 이들이 함께 노력했다는 데 의의를 가지고 있다.

고대 히브리인들의 아동인식

히브리인들은 남아들뿐만 아니라 여아들 역시 종교적인 삶의 규약을 암기하고 그것을 지키며 마음과 영혼에 새기게 했는데, 가정이나 학교교육에 있어서 구원의 문제에서는 남아와 여아의 차별이 없었다(Power, 1962). 특히 히브리인들의 여아에 대한 훈련과 교육에 있어서 여아들은 보호받았고, 가사 훈련을 받았으며, 몇몇 가정에서는 읽기나 쓰기를 배우기도 했다.

또한 히브리인들은 아동들이 스스로 모든 지식을 정리하고, 스스로 알 때까지 기다려야 한다고 믿었다. 당시 아동들은 야생의 성격을 갖고 있는 존재로 아동의 자연적 야생성에 완벽히 순종하거나 자기 단련을 결코 성취할 수 없다고 생각했기 때문에, 부모와 교사가 매우 주의 깊고 엄격하게 종교적 삶의 방식을 가르쳐야만 했다(Power, 1962). 따라서 아동들을 위한 성인의 사랑은 종교적 의무감에서 나온 것으로 볼 수 있다.

그러나 양육이나 교육에 있어서 다양한 종류의 처벌은 아동들의 나태함을 자극하기에 충분했으며, 상과 칭찬은 교육과정의 내용에 몰두하는 과업에 열중한 아동들에게 힘을 북돋아 주는 데 사용되었지만, 극단적으로 반항하는 아동들에게 죽음의 처벌을 내릴 수도 있었다(Wilds & Lottich, 1942). 물론 히브리인들에게 있어서 교육을 북돋기 위한 가혹한 조치 또는 엄격한 훈련은 도덕적인 전략을 먼저 시도한 후 사용되었으며, 처벌이나 체벌보다는 꾸지람과 훈계를 우선적으로 사용하였다(Power, 1962).

4. 문자의 발명과 학교의 출현

문자의 발명

고대 문명이 발생한 도시국가의 경우 강력한 왕권을 중심으로 정치와 종교 그리고 문자를 소유하는 특권층들이 큰 권력을 가지고 있었으며, 대부분의 농민들은 사회적으로 자유롭지 못했고 문자를 읽을 수 없었던 약자였다.

인류의 역사에 있어서 문자의 기원은 기원전 50000년경 돌이나 뼈에 일정한 간격으로 새긴 조각에서 찾을 수 있다. 이후 기원전 10000년경에는 선사 인류 문명에서 흔히 사용하던 그림문자가 있었다. 초기 그림문자는 간단한 기억의 회상을 돕는 수단에 불과했지만 전달과 내용 저장의 수단으로 기록하는 기능이 있었기 때문에, 문자 발명 이후 비로소 인류의 생활상이 기록되어 후세에 체계적으로 전해지기 시작했다.

문자가 문화의 보급 내지 오늘날 의사소통의 중요한 수단으로 사용된 것은 현재의 티그리스와 유프라테스 두 강으로 형성된 메소포타미아 지방에 기원전 5000년경부터 농경민이 정착하여 농사를 짓기 시작하면서부터이다. 인류 최초의 문명이자 최고의 문명 중의 하나인 수메르 문명을 탄생시킨 수메르인들은 기원전 3000년경 최초로 설형문자(Cuneiform script)를 만들어 사용했는데, 수메르인들은 주변에서 구하기 쉬운 진흙으로 평편한 판을 만들고 그 위에 금속이나 갈대로 쐐기 모양의 글자를 썼다고 해서 쐐기문자라고도 한다.

이후 고대 문명에서 사용된 문자로는 이집트의 상형문자(Hieroglyph) 그리고 중국의 갑골문자(甲骨文字) 등을 들 수 있다. 상형문자는 동물이나 식물 그

그림 3-3 **수메르인의 설형문자**

그림 3-4 **이집트인의 상형문자**

리고 사람 몸의 모습을 그림으로 표현한 문자로, 이집트인들은 이러한 상형문
자를 통해 일상생활은 물론 당시 사회의 중요한 사건을 기록해 놓았다. 이러
한 고대 문명에서 나타난 문자는 교육을 받은 소수 특권층들만이 사용할 수
있었으며, 오랫동안 교육을 받아야 읽고 쓸 수 있었다.

파피루스, 양피지의 발달

종이가 발명되기 전, 문자를 적어 보다 편리하게 보관할 수 있도록 만들어
진 것이 파피루스(papyrus)이다. 기원전 3000년 전후에 만들어진 파피루스는
이집트 나일 강의 습지에서 자라는 일종의 갈대와 비슷한 파피루스 풀을 재
료로 한다. 각각의 줄기를 30cm 정도의 길이로 자른 후 줄기를 얇게 저미듯
펼쳐서 물에 담가 수분을 유지하면서 하나씩 나란히 옆으로 붙여 놓아 사각
형을 만든다. 그 위에 직각 방향으로 또 다른 한 겹을 펴 놓고 딱딱한 받침 위
에 올려놓은 다음, 나무망치로 두들겨서 줄기에서 나오는 진액으로 서로 붙도
록 한 후 건조시키는 과정을 통해 파피루스가 만들어진다.

고대 이집트인들은 이러한 파피루스에 갈대로 만든 펜으로 문자나 그림을
그렸다고 한다. 각각의 파피루스를 몇십 장씩 나란히 붙이고 두루마리처럼 말
아서 사용하였기 때문에, '비블로스' 혹은 '비블리온'으로도 불렀다. 이후 돌이
나 점토판보다 훨씬 실용적이었던 파피루스는 지중해 연안의 지역으로 전해
졌으며, 특히 그리스나 로마에서 많이 사용했다고 한다.

그러나 파피루스 풀은 이집트의 나일 강 주변에서 많이 자랐기 때문에, 파
피루스를 사용하는 지역이 점차 늘어 감에 따라 이집트는 파피루스를 중요한
수입원으로 관리하였다.

이에 이집트 주변 지역에서는 기원전 190년경, 페르가몬 왕 에우메네스
2세가 파피루스를 대신하여 '양피지(parchment, 羊皮紙)'를 개발하여 사용하
였다. 양피지는 당시 프톨레마이오스 왕조의 이집트가 페르가몬에 대하여 파

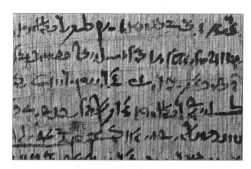

그림 3-5 파피루스

그림 3-6 양피지 만드는 과정

피루스의 수출을 금지하자 이에 대항하기 위한 수단으로 개발되었는데, 그 후 8세기 초엽에는 양피지가 파피루스보다 많이 사용되었다.

　이 양피지는 양이나 염소 그리고 송아지 등의 동물의 가죽을 석회수에 담 갔다가 기름을 제거하고 말린 것으로, 파피루스보다는 만드는 시간이 길었고 부피가 크고 무거우며 가격이 비쌌지만, 훨씬 부드럽고 질겼기 때문에 파피루스보다 오랫동안 보관할 수 있었다. 이후 양피지는 파피루스보다 더 많이 사용되었으며, 종이가 일반화되기까지 유럽 지역에서 널리 사용되었다.

학교의 기원

　초기 고대 사회에서 문자를 보다 체계적으로 가르치고, 기성세대의 문화를 다음 세대에 전달하고자 일정한 장소에서 교육시킬 수 있는 학교가 필요하게 되었으며, 문자의 소유는 특권층의 권리였기 때문에, 학교교육의 대상은 자연스럽게 특권층의 자제들이었다. 물론 인류 역사에 있어서 특정 지식, 태도, 기능 그리고 문화에 대한 전달 과정인 교육은 오랫동안 인류 경험의 일부분으로 함께해 왔지만, 학교는 그러한 문화가 문자를 통해 형식적으로 가르쳐지던 장소였다. 그러나 학교라는 일정한 장소에서의 교육은 형식적이고 제도화된 수업의 과정으로, 공적이면서 사적인 교육내용을 교육과정에 포함하여 전달하고자 했던 것은 인류 역사 속에서 비교적 최근의 현상이다(Sharpes, 2002).

이와 같이 문자를 통해 문화를 전달하던 학교교육의 기원은 대략 기원전 4000년 전후, 즉 문자의 발명 이후로 보고 있다. 왜냐하면 문자를 발명함으로써 인간은 글자를 통해 의사전달을 하게 되었을 것이기 때문에, 학교라는 형식적 교육기관은 문자의 사용 이후에 시작되었을 것이다. 특히 Monroe(1907)의 학교의 발달과정에 의하면, 1단계는 성인들의 생활을 자연적으로 모방하는, 즉 생활양식 등을 수동적으로 받아들이는 단계이며, 2단계는 성인들의 생활에 필요한 기술 등을 적극적 · 능동적 · 의도적으로 모방하는 단계, 그리고 3단계는 성인들의 경험을 체계화한 것을 문자를 통하여 일정한 장소에서 의도적으로 배우게 되는 단계로, 비의도적이든 의도적이든 모방의 단계에서 일정한 장소에서의 의도적 단계로의 이행은 바로 학교의 출현 이후임을 알 수 있다.

고대 그리스의 초등교육

무지를 아는 것이 곧 앎의 시작이다.

– Socrates

1. 고대 그리스의 사회, 문화적 배경

호메로스

그리스 문화, 즉 희랍 문화에서 강조되는 정신은 휴머니즘(humanism)이다. 휴머니즘은 인간이 인간적임을 자각하는 인간주의 사상으로 그리스 신화(神話)나 호메로스(Homeros)의 작품들 속에서 잘 드러난다. 신화 속에 등장하는 신은 중세의 절대적 신이 아닌 인간과 함께 사랑하고 증오하는 마음을 공유하는 인간 형상의 신이다. 다만 인간과 달리 초인적인 능력을 지닌 것으로 표현될 뿐 인간과 신은 그 존재 의미에 있어서 동격이었다.

이러한 고대 그리스 사상은 기본적으로 인문주의와 심미주의 관점하에, 세계를 하나의 아름다운 조화의 실체로 보고 있으며, 폴리스(Polis)라는 도시국가로서 자유민주주의적 공동체를 형성하여 민주정치를 토대로 발전하였으며, 고대 그리스만의 자주적이고 독창적인 문화를 만들어 갔다. 또한 그리스의 과학은 순수한 진리 탐구로서 초자연적으로 해석하지 않고 자연적인 설명을 구하였으며, 문학과 예술이 발달하여 그리스의 예술가들을 흔히 과학자로 부르기도 했다.

이러한 그리스의 사회, 문화적 배경은 서양 교육의 기본 틀을 형성했으며, 특히 이후 그리스 영향을 받은 교육사조는 르네상스, 19세기 신인문주의, 그리고 20세기 진보주의라고 할 수 있다.

도시국가 사회의 발전

기원전 1200년경 그리스인의 조상인 아리안(Aryan)족이 흑해의 북방 초원지대로부터 남쪽 발칸반도에 이주해 온 후 희랍 문화가 형성되었다. 고대 그리스 사람들이 다른 지역과 달리 독창적인 문화를 꽃피울 수 있었던 것은 그리스의 지리적 환경과 밀접한 관계가 있다. 이 지역은 산이 많아서 상호 교류가 어려웠기 때문에 각기 작은 도시국가(polis)를 이루고 살았으며, 중부 유럽에서부터 발칸 반도의 남단으로 이주해 정착하기 시작한 그리스인들은 아테네(Athenae), 스파르타(Sparta), 코린트(Corinth), 테베(Thebaes), 밀레투스(Miletus) 등 100개 이상의 도시국가를 건설하여 선진적인 문화를 이루며 일찍부터 작은 정치집단으로 나뉘어 비슷한 생활양식으로 발전해 나갔다. 이들 도시국가들은 공통적으로 강한 국가에 헌신하는 시민을 양성하는 데에 공통된 관심을 가지고 있었다.

그리스 도시국가들은 크게 농업을 기반으로 보수적 과두제 국가인 도리아(Doria)계의 라코니아(Laconia) 유형과 상공업 위주의 민주적 국가인 이오니아(Ionia)계의 아티카(Attica) 유형으로 구분하는데, 전자는 스파르타, 후자는 아테네가 대표적인 도시국가이다. 따라서 상공업을 기반으로 하는 해상무역을 통해 발달하기 시작한 아테네는 지리적으로 농업에만 의존해 온 스파르타의 생활양식과 차이가 생기게 되었으며, 국가에 헌신하는 시민 양성이라는 공통의 문화를 가지고 있었음에도 불구하고 스파르타는 군국주의적 국가주의로, 그리고 아테네는 인문주의적 자유주의로 발전하였다.

그리스인의 성격

희랍 문화에서 기인한 헬레니즘이 서구 사상의 토대가 된 것에서 알 수 있듯이, 그리스인들은 탁월한 상상력과 감수성을 가지고 독특한 예술과 문화를 창출하였으며 서양의 사회와 정치 그리고 문화를 최초로 개척한 사람들이었다. 따라서 고대 그리스인들은 전통 유지보다는 새로운 발견과 창조를 중시했다.

그리스인들은 세계를 완전한 조화가 이루어진 코스모스(cosmos)로 파악하고, 폴리스끼리 나누어져 있었어도 같은 언어를 썼고, 같은 신을 믿었다. 또한 고대 그리스 사회에서는 시민이 국가를 위해서 존재한다고 생각했기 때문에, 한 사람의 전제 군주나 제사장이 지배하는 대신에, 그리스인들은 폴리스를 중심으로 정치적으로나 종교적으로 구속받지 않았다. 따라서 그리스인들은 자유롭게 생각하고 발표하고 비판할 수 있었으며, 바로 이러한 것이 찬란한 문화를 꽃피울 수 있게 한 원동력이 된 것이다. 특히 그리스인들은 폴리스의 일원으로서 자신의 생각과 의사를 마음껏 발표할 수 있었으며, 각종 집회에 참여하여 공동체의 문제를 논의할 수 있었다. 결국 공동체적 의식 속에서 개인의 자유를 최대한 보장하려는 이러한 민주적인 분위기는 철학과 예술의 발달을 가져왔다.

2. 고대 그리스 교육의 기본 이해

고대 그리스의 교육은 일반적으로 전기 교육과 후기 교육으로 구분하는데, 전기 교육은 호메로스 시대와 유사 시대의 교육을 말하며, 후기 교육은 소피스트(Sophist)가 활동한 과도기와 그리스가 마케도니아(Macedonia)에게 패망한 헬레니즘 시기의 교육을 말한다. 먼저 그리스 교육의 전통은 신화의 시대였던 호메로스 시대의 교육에서 엿볼 수 있는데, 호메로스 시대에 추구된 두 가지 이상적 인간상은 실천인(the man of action)과 지혜인(the man of wisdom)이었다. 즉, 기원전 800년경 호메로스 시대의 교육을 보면 지혜와 행동이 겸비된 이상인 양성이 목적이었다.

이와 같이 고대 그리스인들이 이상으로 삼았던 교육적 인간상이 잘 나타난 호메로스의 서사시인 『일리아드(Iliad)』와 『오디세이(Odyssey)』에는 그리스 민족의 신화와 초기 그리스인들의 영웅적인 모습이 잘 묘사되어 있다. 특히 트로이전쟁(기원전 13세기 또는 12세기로 추정됨)을 배경으로 전개되는 이 서사시는 당시 중요한 교재이기도 했다. 이 서사시에 등장하는 아킬레우스(Achilleus)와 오디세우스(Odysseus)는 이후 실천인과 지혜인의 전형이 되었으며, 그리스인들이 추구하였던 이상적인 인간상으로서 중요하게 강조되었다(Wilds & Lottich, 1942). 즉, 그리스인들은 아킬레우스에 의한 '실천인'과 오디세우스에 의한 '지혜인'을 이상으로 삼았다.

따라서 고대 그리스인들은 정신적인 앎의 측면과 실천적인 삶의 측면을 조화시키기 위해 노력하였음을 알 수 있다. 이에 이들은 사유와 행위가 결합된 이상적인 인간을 교양인이라고 불렀고, 고대 그리스 교육은 자유교육(liberal education), 즉 교양교육을 강조하였으며, 직업 준비교육은 자유인이 받아야 할 것이 아니라고 생각하였다. 특히 인격의 조화로운 발달과 다방면의 도야를 교육의 요지로 인식하여 품성의 도야를 강조하였다.

이러한 고대 그리스 교육의 실제는 페리클레스(Pericles, BC 495~429) 시대를 중심으로 전기와 후기로 구분할 수 있는데, 유사 시대에 위세를 떨쳤던 스파르타 교육과 과도기 시대에 번성하였던 아테네 교육을 통해 잘 살펴볼 수 있다(Monroe, 1930). 따라서 고대 그리스의 교육은 크게 다음과 같이 네 가지 시대로 구분된다.

- 호메로스 시대(the homeric age): 기원전 10세기경까지인 이 시기는 그리스 공통의 전설로 전해져 오는 시기로 호메로스의 서사시 『일리아드』와 『오디세이』에 나타난 실천인(아킬레우스)과 지혜인(오디세우스)을 이상적인 교육적 인간상으로 강조했던 시기이다.
- 유사 시대(the historic period): 기원전 6세기경 이후, 각 폴리스를 중심으로 그리스 특유의 공동체적인 교육을 실시한 도시국가 시기의 교육을 의미한다.
- 과도기(the transitional period): 페르시아 전쟁 이후, 소피스트가 출현하여 직업적, 전문적 교육을 실시하였던 시기로, 특히 소크라테스, 플라톤, 아리스토텔레스가 활동했던 시기이다.
- 헬레니즘 시기(Hellenism): 기원전 338년 그리스가 마케도니아에게 정복된 후 희랍 문화가 로마 문화에 융합된 시기로, 세계주의 시기의 교육을 의미한다. 특히 이 시기는 그리스 특유의 교육의 모습은 없어지고 개인주의적이고 주지주의적인 인문주의적 교육이 강조되었다.

고대 그리스인들은 유사 시대 이래로 도시국가별로 독특한 생활양식을 유지, 발전시키면서 서로 대립하는 과정에서도 페르시아 전쟁(BC 499~449)에서는 대동단결하여 승리를 거두었으며 올림피아(Olympia) 경기를 개최하여 고유한 민족의식을 유지하였다. 그러나 페르시아 전쟁 이후 과도기에는 전쟁에서 가장 큰 공을 세운 아테네가 스파르타를 물리치면서 그리스의 정치, 문화적 중심지가 되었다. 이후 그리스의 새로운 사상과 교육실천은 아테네를 중심으로 소피스트들에 의해 새롭게 시작되었다.

스파르타 교육의 배경

스파르타는 지정학적 고립과 농업을 기반으로 하는 경제적 낙후로 인하여 끊임없이 영토를 정복하고 수호하기 위하여 전쟁을 하였다. 즉, 스파르타에 있어서 교육, 관습, 의례, 그리고 법은 국가에의 봉사 개념과 국가의 안녕에 헌신하기 위해 마련되었다(Colón & Colón, 2001). 원래 스파르타는 그리스 민족 중의 한 갈래인 도리아족이 기원전 1100년경에 발칸 반도 남단인 펠로폰네소스에 이르러 원주민을 정복한 후 정착하여 세운 나라다. 발칸 반도 남쪽의 비옥한 땅인 라코니아(Laconia) 지방을 정복한 도리아족은 자신들에게 항복했지만 적대감을 갖고 있는 지역 주민들 한가운데 캠프를 치고 생활해야 했으며, 수적으로 열세였던 도리아족은 라코니아에 대한 지배를 더욱 확고히 하기 위해 아동들을 용기와 체력을 갖춘 스파르타 중장보병으로 육성하고자 했다.

스파르타 사회는 계층이 엄격하게 구분되어 소수의 지배계층이 다수의 노예를 통치하는 집단적 사회의 전형을 보여 주는데, 기본적으로 스파르타의 사회조직은 정복자의 지배를 완강히 거부한 원주민들로 구성된 농노들인 헬로트(Helot), 변두리 사람이라는 뜻으로 스파르타의 지배를 수용하고 종속적 지위를 감수한 도시 주변의 반자유민들을 가리키는 페리오이코이(Perioikoi), 그리고 스파르타를 세운 도리아족의 후예들로 시민으로서의 자유를 누린 계층인 스파르티아테스(Spartiates) 등 세 계층으로 구성되어 있었다.

- 헬로트: 스파르타인보다 10배가 많았으며 스파르타 인구의 대다수를 차지하고 있었다. 국유지의 농노로서 생산물의 상당량을 스파르타인에게 바쳤으며, 전쟁 시 일반 병사로 싸우기도 했다.
- 페리오이코이: 도시 주변에 사는 반자유민으로 스파르타인의 3배 정도였으며, 대부분 농업에 종사하고 상공업에도 종사하였으나 스파르타인이 되거나 그들과 결혼할 수가 없었기 때문에, 시민권이나 정치적 권리가 없었다.
- 스파르티아테스: 상류계층의 시민들로서 스파르타 인구의 5~10% 정도

리쿠르고스

였으며, 무장할 수 있는 남자의 수는 1만 명 정도 였다고 한다.

시민권자들은 전체 인구의 5~10%에 불과했 기 때문에 절대 다수를 차지하고 있는 헬로트 또 는 페리오이코이의 반란을 항상 경계하지 않을 수 없었다. 특히 페리오이코이들은 비록 시민권 은 없었지만 농업이나 상공업에 종사하면서 자유 로운 생활을 할 수 있었으며, 그 인구는 시민권자 들의 3배 정도나 되었다. 또한 기원전 900년경에 스파르타의 총 가구 수는 900호 정도였는데 그 주변 국가의 인구가 30배 이 상이나 되었기 때문에, 이들을 지배했던 스파르타 사람들은 주변 사람들의 반 란 가능성과 외적 침입의 위험 속에 있었다. 이에 스파르타 사람들은 입법가 인 리쿠르고스(Lykurgos, BC 820~730?)*에게 법률을 제정케 하고, 그 법에 기 초해서 교육제도를 마련했다. 따라서 시민권자들은 원주민들을 통치하기 위 하여 전체주의적 통치체제를 엄격하게 시행해 나갔으며, 스파르타의 교육은 이러한 통치체제와 밀접하게 관련된다.

헌법에 기초한 리쿠르고스의 군국주의적 국가주의는 이상적 시민을 육성 하기 위해 장기간의 정교한 공교육과 훈련 체제를 창안하였으며, 다른 국가제 도와 관행과는 정반대되는 것을 채택한다는 전제하에 입법되었다. 특히 리쿠 르고스는 스파르타의 전설적인 입법가로 스파르타의 기본 제도를 확립하였으 며, 교육의 내용과 방법을 성문화하여, 신앙적인 성문법으로 중요시되었다.

스파르타 교육제도는 대략 기원전 6세기 중반에 굳어졌는데(심현정 역, 2004: 149-150), 이 시기는 다른 그리스 도시와 마찬가지로 스파르타에서도 이제 막 모습을 드러내기 시작한 민주주의가 귀족계층의 강력한 견제로 인해

---

* 1세기경 플루타르코스(Plutarchos, 46~120)가 쓴 『영웅전』에는 '리쿠르고스傳'이 있다.

갑작스럽게 중단된 시기로 새로운 정부는 리쿠르고스 법을 통해 백성을 철저하게 구속하면서 수 세기 동안 도시의 활동력을 억제하고 관리하였다. 특히 기원전 5세기와 4세기의 스파르타 교육에는 그리스의 전통적인 교육방식이 잘 반영되어 있다. 특히 고대 그리스에서 스파르타의 국가제도와 생활방식이 찬사를 받은 이유는 다음과 같다(허승일, 1998: 19-21).

- 수 세기 동안 그리스에서 군사적 강대국을 유지하고 있다는 점
- 스파르타의 정치적 안정은 그리스 세계에서는 아주 예외적이라는 점
- 하나의 완전한 귀족정치를 실현하고 있었다는 점
- 국가가 시민들을 교육시켜 유일한 덕인 애국심, 용기, 훈련의 미덕을 갖추게 하여 어느 정도 이상 국가에 근접하고 있었다는 점

그러나 스파르타의 교육은 도시국가의 지리적 고립과 사회구조의 불균형, 점령에 의한 많은 예속민을 통제하기 위해 군사적 측면에 지나치게 치중한 점 등으로 점차 쇠퇴하게 되었다.

스파르타의 교육

스파르타의 교육은 기본적으로 극기와 엄한 규율의 생활을 통해서 스파르타에 헌신하는 호전적인 시민으로 훈련시키는 것이었다.

교육목적

스파르타의 교육은 도시국가라는 통제된 사회제도에 의해 그 성격과 조직이 결정되었으며, 도시국가에 충성, 봉사하는 일이 가치 있는 일인 동시에 스파르타 교육의 목적이 되었다. 따라서 스파르타의 교육은 국가가 교육을 통제하는 가장 전형적인 경우였으며 사회 전체가 학교라고 할 정도로 사회기관의

교육적 기능이 크게 강조되었다. 결국 스파르타에서는 기본 생활 자체가 교육의 일부분이었으며, 교육은 군사적 기초 위에서 조직되고 그 목적도 시민이 국가를 위해서 존재한다는 사상에서 나온 것이다(Knight, 1940).

이러한 교육방식은 기원전 9세기경 스파르타의 통치자요 입법자였던 리쿠르고스가 제정한 리쿠르고스 법을 통해 성립되었다(Wilds & Lottich, 1942). 결국 스파르타 교육의 목적은 군국주의 과제를 수행하기 위하여 각 개인이 이상적인 군인이 되는 데 필요한 신체적, 군사적 능력을 기르고 복종을 생활화하여 애국정신이 충만한 무사를 양성, 국가에 충성하고 명령과 법률에 복종하는 습관을 형성하는 데 있다.

교육대상

스파르타 교육의 대상은 지배계층인 스파르티아테스(Spartiates)의 자녀이며, 교육의 대상이 될 수 없었던 신분으로는 참정권이 없고 병역과 납세의 의무만 갖고 있는 평민인 페리오이코이와 제3계층으로서 노예계급인 헬로트가 있었다. 전체주의적 교육방식을 채택한 스파르타인들은 교육의 대상으로서 건강한 유아에게만 양육의 기회를 먼저 제공하였다.

교육내용

스파르타 교육의 내용은 지적인 면보다 신체적이고 도덕적인 면이 강조되었다. 체육과 전투방법(군대식 훈련) 등 신체적인 면이 주를 이루었는데, 지적인 면에서는 호메로스의 시와 리쿠르고스의 법률을 암기하고, 讀, 書, 算(3R's)* 등은 극히 초보적인 것을 다루었다. 아동기에도 읽기, 쓰기는 최소한도의 수

---

* 3R's(讀, 書, 算): 읽기(reading), 쓰기(writing), 셈하기(arithmetic)에서 R자를 따서 3R's라고 한다. 언어와 수량에 관한 능력은 실제 사회생활에서 기본적으로 필요한 것이므로 학교교육에서 가장 기본적인 위치를 차지해 왔다. 즉, 사회생활에 현명하게 참여할 수 있는 최소한의 교양, 최저요구기준이라는 점에서 초등교육의 교육과정에 3R's가 도구교과로서 기초 교과의 성격을 띠고 교과의 중심이 되었다. 그러나 오늘날에 있어서는 실질교과와 유기적으로 통합하여 학습시킬 필요가 있다.

준에서 끝내고 복종, 인내의 수양과 전쟁 훈련의 목적하에 달리기, 뜀뛰기, 검술, 기마, 수영, 던지기, 사냥, 기타 구기 등의 신체적 활동에 의하여 강하고 민첩한 신체를 단련시키는 내용이 강조되었다(Butts, 1955).

특히 스파르타의 음악은 영웅 서사시와 리쿠르고스의 내용을 노래로 불렀으며, 악기로는 7현으로 된 키타라(kithara)를 사용하였다. 음악 속에 언어, 시, 사상, 신화 등이 미분화 상태로 포함되어 있었기 때문에. 이는 정신적 도야와 신체 훈련 병행의 군대 음악임을 알 수 있다(김옥연, 1994: 24). 따라서 스파르타에서는 음악 역시 군대 훈련을 위한 것으로 배웠다.

따라서 스파르타 사회에서는 음악이나 종교적인 춤도 군사적 자질을 육성하기 위한 것이었기 때문에, 체육활동 중에서도 전투적인 레슬링이나 사냥 같은 것들이 중시되었다.

교육방법

개인보다는 국가에 충성하고 봉사하는 시민 양성의 목적을 가진 스파르타의 교육방법은 교육을 국가가 직접 담당하고 통제하여 엄격한 군사교육을 시키는 것이었으며, 이는 후에 히틀러의 나치국가나 일본의 군국주의 교육에 영향을 주었다. 그리스의 역사가인 플루타크(Plutach)가 스파르타의 교육은 명령에 복종하고 노동에 인내하고 싸우고 정복하기 위해 이루어진 것이라고 할 만큼, 스파르타의 교육방법은 개성의 발달은 거의 염두에 두지 않았다(Monroe, 1907). 결국 이상적인 군인이 되는 데 필요한 신체적 완성과 복종심을 생활화하는 데에 교육이 집중되었기 때문에, 지적이고 심미적인 교육보다는 신체적이고 도덕적인 교육을 훨씬 강조하였다.

교육단계

어머니의 아들 시대(가정교육)   출생에서 약 6세까지의 시기로 가정에서 어머니에 의해 양육을 받으며 교육받는다. 스파르타의 가정교육은 건강하고 의지가 강하며 공동체 의식이 풍부한 아이로 키우는 것이 중요했다. 특히 남자 유아의 경우는 레스케(Lesche)라고 하는 국립검사장에서 신체검사를 받았는데, 합격한 아이만 길러지고, 유아의 건강상태가 불량하여 약하게 보이거나, 불구아로 불합격 판정을 받은 아이는 타이게투스(Taygetus)라는 산에 있는 아포테타이(Apothetai) 동굴에 버려졌으며, 경우에 따라 시민권이 없는 외지인이나 공노(公奴) 중 인정 많은 사람이 데려다 키우게 내버려두기도 하였다.

이 시기 동안 어머니의 보호 아래 규칙적이고 엄격한 훈련을 받으면서 자라게 되는데, 이후 건강한 아이는 7세가 되면 가정에서 어머니 품을 떠나 배럭(barracks)이라고 하는 집단 훈련소에 들어가서 국가에서 파견한 감독관을 통해 신체를 단련하고 군인으로서의 정신력을 강화하는 기본적인 훈련을 받게 된다.

국가의 아들 시대 가정을 떠나 집단 훈련소에 들어온 7세 아동들은 국가의 아들로서 국가의 공동교육장에서 교육감독관인 파이도노모스(paidonomos) 밑에서 엄격한 공동 훈련을 받게 된다. 대략 17세까지 교육 수준은 독서와 습자 정도로서 최소의 필요에 그치고 주로 복종과 인내 등의 수양과 전투를 위한 준비 훈련을 받는다. 읽기와 쓰기는 거의 가르쳐지지 않았으며, 셈하기를 위해서는 필요한 암산만 가르쳤다. 특히 신체의 강건성과 동작의 민첩성을 이루기 위해 머리를 짧게 깎고 맨발과 얇은 의복으로 견디며 나체로 놀도록 했다.

18세가 되면 머리나 수염을 기르는 것이 허용되었고, 대략 20세까지 본격적인 군사훈련을 통해 군인으로서의 자질을 키워 가게 된다. 특히 지도력이 뛰어난 자는 배럭으로 다시 보내어 연소자를 지도케 했다. 스파르타 청년들은 19세가 되는 해에는 성년식을 갖게 되는데, 공개적으로 매를 맞는 의식을 통해 장래 시민으로서의 자격을 시험받는 자리였기 때문에 신체적 고통이 따랐다. 하지만 성인으로서 인정받기 위해서는 그러한 고통을 견뎌 내야 했다.

20세가 되면 10년 동안 정식 군인으로 국가에 충성을 서약하고 곧 군무에 종사하여 현역생활을 하였다. 30세 이후에야 성인으로 인정을 받아 결혼생활을 통해 사생활을 누릴 수 있었으며, 비로소 자유 시민으로서의 참정권이 주어져 정치생활도 할 수 있었다. 그러나 스파르타는 결혼도 우생학적인 면에서 국가가 강제적으로 감독하였으며, 30세에 병역이 끝나는 것이 아니라 서열과 질서가 엄격히 유지되면서 사적 생활이 극도로 억제된 남자들만의 집(men's house)에서 함께 살도록 강요되었으며, 50세가 돼서야 비로소 은퇴를 하여 자기 생활을 즐길 수 있었다(Thompson, 1951).

아테네 교육의 배경

호메로스 시대의 이오니아족(Ionians)을 대표하는 아테네는 도리아족을 대표하는 스파르타와는 달리 직접민주주의 체제를 유지하였으며, 비교적 개방적인 국가로서 인문주의적 자유주의와 진보주의를 강조하였다. 그러나 아테네에 있어서 자유주의는 국가주의를 부정하는 단순한 개인주의가 아니라, 개인 간 평등관계를 바탕으로 하는 정의감에서 법치국가와 공리적 이상을 발전시키고자 하는 신조라 할 수 있다(김옥연, 1994: 25).

초기 아테네의 정치형태는 왕정이었지만, 귀족과 평민 간의 갈등이 점차 심화되자 기원전 594년에 집정관이었던 솔론(Solon, BC 639~559)은 평민에게도 참정권을 부여하고 토지 소유를 허용하는 등 공동의 사회 체제를 유지하기 위해 개혁을 단행하였다. 아테네의 정치형태는 직접민주정치였으나 성인 남성에게만 참정권이 한정적으로 주어지는 제한된 직접민주정치였는데, 바로 그리

솔론

스 아테네 교육제도의 주축은 선택된 자유민을 대상으로 하는 음악이나 문화적 교양, 체육이 중심이 되는 교육이었다.

그 이후 아테네의 교육을 비롯한 정치, 경제, 사회, 문화 등은 솔론 법전을 중심으로 발전되었다. 솔론의 뛰어난 통치 능력에 힘입어 아테네의 번영이 시작되었으며, 마침내 아테네는 시민을 뜻하는 데모스(Demos)에 의한 통치(Kratia)가 이루어졌으며, 페리클레스 시대에 이르러서는 아테네의 민주주의가 절정에 달하였다.

특히 아테네의 그리스인들은 단순한 농부와 목축인들이었지만, 그리스의 전통적 생활과 사상의 구속에서 벗어나 자유스러운 분위기, 다른 나라와의 교류를 통한 물질적 풍요와 문화적 자극으로 자유주의적인 정치와 도덕을 형성하였다. 따라서 이오니아인들은 스파르타인들과는 달리 본래 이지적(理智的)이고 사변적(思辨的)이었으며 창작능력이 뛰어나 예술을 사랑했던 민족이었다. 아테네에서 철학과 예술이 발달하고 민주정치가 발달한 것은, 이러한 그들의 민족성에서 비롯된 것이기도 하다.

아테네의 교육은 기본적으로 솔론의 법에 기초하고 있는데, 솔론 법의 교육 관련 내용은 다음과 같다(김옥연, 1994: 25-26).

- 모든 아테네 시민은 자기의 남아에게 체조와 음악을 교육시킬 의무를 가진다. 이 법규를 위반하는 자는 비난을 받는다. 양친은 어린이에게 상당한 교육을 제공하고, 어린이가 성장한 후에는 그의 양친을 부양하게 된다.
- 학교는 해가 뜨기 전에 문을 열어서는 안 된다. 그리고 해가 지면 모든 학교는 문을 닫아야 한다.
- 어린이가 학교에 있는 사이에 그 학교에 들어가서는 안 된다. 이 법규를 위반하는 자는 사형에 처한다(남색을 막기 위해서)(심현정 역, 2004: 161)
- 김나지움(Gymnasium, 체육관)의 책임자는 헤르메스(Hermes) 神, 또는

뮤즈(Muse) 神의 제일(祭日)에는 성인의 입장을 금한다.

- 노예는 소년의 체육관에 있을 수 없다. 그리고 체조하는 것을 금한다.
- 100드라크마(drachma, 화폐 단위) 이상의 가치가 있는 것을 학교에서 절도하는 자는 사형에 처한다.

아테네에서는 스파르타와는 달리 국가가 국민교육에 간섭하지 않는 것을 원칙으로 했기 때문에, 국민교육에 대한 적극적인 규범을 설정하지 못하고, 단지 학교의 풍기단속에 관한 소극적인 성격을 보인다. 이는 건강한 시민생활은 그 자체가 건강한 교육적 관습을 형성하여 교육적 기능을 수행할 수 있다고 믿었기 때문이다(김옥연, 1994).

아테네는 기원전 6세기까지만 해도 귀족들에게 의해 정치가 이루어졌으나, 페르시아와의 전쟁에서 대승을 거둔 직후 정권을 잡은 페리클레스에 의해서 민주주의 정치제도가 확립되었다. 페르시아 전쟁 이후의 아테네는 그리스의 정치와 경제의 중심이 되었다. 그러나 황금 시대의 아테네 문화를 통일한 페리클레스 시대는 완전한 민주주의의 낙원이었지만, 페리클레스의 사망 이후 아테네의 민주정치는 방종과 무절제한 정치로 타락하여 향락을 추구하고, 조국에 대한 사랑과 단결심을 상실하였다.

아테네의 교육

아테네 교육은 이오니아족의 온화한 기질과 자연환경의 영향으로 행동인보다는 지혜인을 중시하여 개인 자유를 허용하고 신체와 정신을 조화롭게 결합시켜 교양인을 양성해 갔다(Wilds & Lottich, 1942). 학교(school)의 어원인 스콜레(schole: 여가)라는 단어를 통해서도 알 수 있듯이 아테네 교육의 대상은 시간적 여유를 가진 자유 시민들이었으며, 지적이고 심미적인 삶과 앎의 의미를 찾고자 자유학문(liberal arts)을 가르치고 배웠을 것이다. 즉, 아테네인들은 시민의 자격을 얻기 위하여 가장 필요한 것은 개인의 교양이라고 믿고 교양인으로서의 시민으로 자기 책임을 완수할 수 있는 인간을 만드는 데 중점을 두었다.

따라서 아테네 교육은 기본적으로 원만하고 조화로운 도야를 이상으로 하였고, 시민과 인간으로서의 고상하고 우아한 교양을 몸에 지니려고 노력하였으며, 아름답고 균형 잡힌 육체에 총명한 정신적 교양을 함양하려 하였다. 특히 아테네 교육은 스파르타와는 달리 인간의 능력이 다방면에서 조화로운 발전을 이루는 것을 이상으로 하였으며, 개인의 자각과 자유에 의한 교육이었고, 이후 인문주의, 자연주의, 진보주의 등에 영향을 주었다.

아테네가 페르시아 전쟁을 계기로 전 · 후기로 구분됨에 따라, 아테네 교육도 그 성격 면에서 전기와 후기가 다르다. 아테네를 항상 위협한 페르시아는 육지에서의 공격이 원활치 않자 바다를 통해 침략하게 된다. 사회적으로 매우 낮은 계층에 있던 수병(水兵)의 힘에 의해 페르시아 해군을 물리치자, 이들에 대한 사회적 인식이 달라지고 누구나 동등한 입장에서 발언권을 갖게 되었다. 이는 종래의 귀족 중심의 정치를 점차 민주정치로 바뀌게 했으며, 이러한 정치적 변화뿐 아니라 페르시아 전쟁 이후 아테네 교육을 전기와 후기로 구분할 정도로 교육에도 영향을 미쳤다. 결국 페르시아 전쟁은 아테네 교육의 목적을 개인적 발전에 대한 준비로 바뀌게 했으며, 사회적 봉사와 공공의 복리를 강조했던 초기의 목적은 점차 개인주의화되어 개인적 진보와 정치적 출세에 유용한 능력을 강조하는 것으로 바뀌게 했다.

특히 아테네 초기는 다른 도시국가들과 마찬가지로 군주국가로서 시민적이고 군사적인 이상을 가지고 있었기 때문에, 원만한 사회문화 및 경제적 발달과 상업 및 산업 발달로 민주정치가 실행되어 전인, 조화인, 심미인의 교육 이상이 추구되었으나, 후기에는 점진적이고 평화적인 방식으로 이주하였으므로 피정복민을 통치할 필요가 없었기 때문에 언어적 훈련, 수사적 능력 중심, 주지주의적 교육이 강조되었다.

아테네 전기 교육

교육목적 아테네 전기 교육의 목적은 신체적, 지적, 미적으로 조화된 인간을 양성하는 것으로 개인의 탁월성을 강조하였다. 지·정·의의 조화로운 발달을 통하여 인간성, 인간존엄성을 강조하였으며, 행동인보다 지혜인, 실천인을 강조하였다. 스파르타가 힘과 참을성을 목적으로 한 반면, 아테네인들은 몸과 마음과 정신의 미와 우아함을 추구하였다(Wilds & Lottich, 1942).

특히 교육을 국가를 보호하는 수단으로 보고, 시민의 자격요건은 항상 도덕의 전통적 이상을 보호하고 엄격한 공적 이익을 가지고 국가의 종교적, 사회적, 정치적 그리고 군사적 행동을 고려하여 개인의 개성을 발전시키는 데 있다고 생각했다(Wilds & Lottich, 1942). 따라서 아테네인들은 모든 면에서 공공복지에 유용한 개인적 성품을 발달시키는 것을 목적으로 하였으며, 아테네 전기 교육은 국가에 봉사할 수 있는 유능한 시민을 양성하는 데 교육의 목적이 있었다.

교육내용 아테네 전기 교육은 먼저 읽기를 배운 후에 밀랍판과 철침을 이용하여 쓰기를 배웠다. 특히 호메로스, 헤시오도스, 솔론, 이솝의 글 중에 선택하여 받아쓰기나 읽기, 노래하기 방법이 사용되었으며, 신화를 들려주어 종교적 동경심을 키웠다. 특히 남아들은 신체적 훈련을 받았으며, 스포츠와 게임으로 변화를 주기도 하였고, 훈련과 게임은 다양하고 흥미로웠지만, 이기는 것은 거의 중요하게 생각지 않았다(Wilds & Lottich, 1942). 뛰기, 달리기, 점프, 레슬링, 창던지기, 고리 던지기 등 모두가 이에 속하며, 특히 수영에 관심을 가졌다. 이러한 신체적 훈련은 시민의 덕을 쌓고, 자유 시민으로서의 역할을 수행하는 데 필수적인 것으로 인식되었다.

교육방법 아테네 전기 교육의 방법은 모방, 훈련, 반복 등 기계적, 형식적 암송 위주였다. 아테네인들은 모방과 살아 있는 모델의 본보기를 통하여 많은 것을 배웠는데, 쓰기를 배울 때 스승을 모방하였고, 음악적 훈련과 신체적 훈련에 있어서도 대부분이 교사를 모방하는 것이었다(Wilds & Lottich, 1942). 따라서 스파르타에서와 같이 교육방법은 교수보다는 주로 훈련이 주였으며, 교육의 대부분은 생활의 활동들에 실제로 참여해 보도록 하는 것이었다.

특히 훈련은 매우 엄했는데, 신체적 체벌이 널리 행해졌고 심지어 권한을 가진 교사는 그의 책임하에 교육시킬 수 있다. 학교 안의 학급이 소규모였음에도 불구하고 경쟁은 종종 학습을 위한 동기부여로 사용되었기 때문에, 교사와 학생 간에 애정의 결속은 높지 않았으며, 평가는 지식을 시험하기 위한 것이 아니라 신체적 그리고 시민적 능력과 기술을 시험하기 위한 것이었다(Wilds & Lottich, 1942).

교육단계　출생 후 7세까지는 자유로운 가정교육을 통하여 신체적인 도야를 했다. 일반적으로 어린 시기에는 어머니 또는 유모에 의하여 집에서 양육되었다. 그러나 스파르타보다는 부드러운 양육을 받았기 때문에 요람에 넣어 기르고 자장가를 불러 주거나 흔들며 재우기도 했다. 또한 장난감을 가지고 즐겁게 놀게 하기도 했다. 그러나 모친에 의해 도덕적 훈육을 강조하기도 했다.

아테네의 학교교육은 7, 8세부터 시작되는데 대략 16세까지는 노예인 교복(Paidagogos, 敎僕)을 동반하고 문법학교, 체육학교, 음악학교 등을 다니면서 사적 초등교육을 받았다. 교복은 아동의 책, 학용품, 악기 등을 갖고 아동의 뒤를 따라다녔으며, 아동이 좋은 친구를 사귀고 있는지, 혹은 옳은 예절을 배우고 있는지 감시하기도 했다.

아테네에서 장차 시민이 될 남아들은 2개의 교육기관에서 교육을 받게 되는데, 7세가 되면 디다스칼레이온(Didaskaleion)이라는 곳에서 문학, 작문, 시가, 음악, 산술 등을 배우고 사설 체육관인 팔라이스트라(Palaistra)에서 짐나스틱(Gymnasic)이라는 신체교육을 받았다. 7세에서 12세까지 팔라이스트라에서 간단한 무용과 스포츠 게임 등을 배웠으며, 12세에서 13세까지는 높이

뛰기, 달리기, 레슬링, 창던지기 그리고 원반던지기 등 보다 힘든 신체 훈련을 받았다(Bell, 2006; 이원호 역, 1998). 특히 아테네의 학교교육은 체육과 음악을 중요시했는데, 체육을 통해서는 신체적 단련을 통해 인간의 외적인 형식을 기르고 음악을 통해서는 정신을 함양하여 인간의 내적인 형식을 길러 내외의 화합을 통해 조화로운 인간을 양성시키고자 했다. 음악학교에서는 창가, 칠현금 연주 이외에 읽기와 쓰기도 했으며, 시 낭송과 암송을 통해 영혼과 도덕적 발달을 위한 조화로운 교육을 했다. 체육학교에서는 5종 경기(높이뛰기, 원반던지기, 창던지기, 씨름, 달리기) 외에 권투, 수영 등을 통해 신체 단련을 위한 교육을 받았다.

아테네인들은 17~18세의 청소년들에게 시민적 자질을 길러 주기 위해 김나지움이라는 공설체육관 형태의 시민학교를 마련해 주어 높은 수준의 신체 훈련을 받게 했다. 김나지움은 공립학교로서 시민이 되기 위한 준비교육으로 특히 운동경기와 군사 훈련을 받던 곳이다. 또한 아테네에서는 마술, 경마, 마상사술, 전차경주 등의 체육 활동뿐만 아니라 지적 훈련을 위해 수학, 산술, 천문학, 물리학, 문학, 수사학, 웅변술 등의 교육을 했고, 스파르타와는 달리 자유롭게 선배와 교제하고 체육시합도 했으며, 수련된 능력들을 검열받도록 여러 번 기회를 주어 발표하도록 했다. 또한 2년 동안 정치, 사회 등의 토론 프로그램에 참여하여 아테네 시민으로서의 자질을 키워 나갔으며, 아테네의 모든 국가 축제에 있어서는 시민의 꽃으로 뚜렷한 역할을 맡도록 하여 청년들이 행사의 주인공이 되도록 했다.

18세가 되면 시민으로 등록하고 아킬레우스 신전에 가서 청년단에 가입하여 다음과 같은 에페베 선서(Ephebe Oath)를 한 후 2년간 군사 훈련을 하며 군 복무에 들어간다.

- 나는 신성한 군대를 비난하지 않고 전우를 결코 버리지 않을 것이며, 우리의 신전과 법률을 위하여 혼자 혹은 다른 사람과 함께 싸울 것이다.

- 나는 국가가 번영하는 것을 보고 떠날 것이다.
- 나는 항상 심판과 법률에 자발적으로 복종할 것이며, 그것을 침해하거나 위반하는 일에 동의하지 않을 것이다.
- 나는 우리의 종교적인 신앙을 가질 것이며, 신이 나의 증인이 될 것이다.

선서 이후 병영생활을 하며 무기조작 등을 배우고 그 후 1년 동안은 향토 지리와 풍토 등을 배운다. 20세까지 군 복무를 마치면 정식으로 시민권을 획득하여 참정권을 지니게 되었으며, 공공의 체육시설에서 계속 심신을 연마하며, 자유로운 생활을 영위할 수 있었다(Wilds & Lottich, 1942). 그러나 군에서 제대한 후라도 60세까지는 긴급상황이 발생했을 때 즉시 소집에 응해야만 했다(신현승 역, 2004).

아테네 후기 교육

아테네 후기에는 변화로 인해 새로운 기준을 찾고자 했다. 공공의 이익에 헌신한다는 오래된 시민적 이상이 점차 사라지고 모든 면에서 종교적이고 도덕적인 이상 역시 약화된 반면, 부와 명예, 개인적인 만족감이 사회를 더욱 지배함에 따라 교육에도 새로운 요구가 생겨났다. 이러한 새로운 시대의 교육목적은 국가주의에서 개인주의로 바뀌었다(Wilds & Lottich, 1942).

특히 페르시아 전쟁 승리 이후 경제의 풍요로 도덕적 해이가 조장되고 구조적 토대가 약화된 반면, 개인적 여가와 사회활동이 증대되고, 인간과 사회에 대한 탐구가 더욱 강화되었다. 결국 아테네 사회의 안정과 세계주의적 성격은 공리를 위한 봉사보다 개인적 발전과 관심으로 강조되었다.

교육목적   아테네 후기 교육의 목적은 세계주의적 상황에서 성공 가능한 개인을 준비시키는 데에 있었고, 이는 개인주의적, 실용주의적 소피스트의 출현에 의해서도 지지되었다. 특히 국가에 충성하기보다 개인적 교양 및 출세에 더 치중하였고, 청년들은 공적인 사회봉사보다 개인의 우수성을 과시했으며, 개인의 사상과 행동에 큰 자유가 제공되었다. 개인발전을 위한 지식과 기능을 습득하였으며, 개인주의와 이기주의가 만연함에 따라 개인의 발전과 정치적 출세를 강조하였다.

이러한 새로운 변화는 당시 소피스트들의 영향을 많이 받은 결과로, 그들은 오래된 전통이라는 외부의 권위(가족, 계급, 신 또는 국가)를 대체할 인간의 행동을 위해 새로운 규정을 만들었으며 새로운 권위는 바로 개인, 자기 자신을 강조하였다(Wilds & Lottich, 1942).

교육내용　아테네 후기의 교육내용은 페르시아 전쟁 이후 새로운 교육적 인간상에 맞는 새로운 교육내용을 요구하게 되었다. 전기 교육과는 달리 신체적·군사적 훈련으로서의 체육과 음악의 중요성이 감소되고, 점차 문자교육(3R's)이 기초 도야 시기에 중요해졌다.

상급학교로 나아감에 따라 군사 훈련보다는 사회과학, 철학, 문법, 수사학 등의 다양한 인문교과들을 통한 지적이고 문화적인 훈련에 필요한 내용이 강조되었으며, 개인의 입신양명을 위해 수사학이 발전했다. 특히 소피스트들은 인간의 본성과 행동의 실제적인 규칙의 연구와 함께 문법, 수사학, 낭독법 그리고 논증법을 도입하였다(Wilds & Lottich, 1942). 이와 같이 아테네 후기 교육은 아테네 전기 교육과는 달리 신체적이고 군사적인 훈련이 학교교육에서 점차 배제되기 시작했다.

교육방법　아테네 후기 교육의 방법은 개인의 자유의지를 바탕으로 하는 자유주의 교육으로 개인발달을 위한 지식과 기능 위주였다. 기초 도야기의 방법은 아테네 전기 교육과 거의 유사하지만, 소피스트들은 좀 더 상위의 교육에 새로운 방법을 도입하였는데, 그 새로운 교육방법은 강의였다. 강의법은 개인적인 사고보다 수용하는 습관을 발달시키는 데 최상의 방법으로 생각되었다(Wilds & Lottich, 1942).

특히 소피스트들의 훈련은 피상적인 정보의 획득과 다양한 주제에 관한 화법을 암기하는 것으로 이러한 강의법은 철학과 수사학에서 효과가 있는 방법으로 강조되었다. 이와 같이 아테네 후기의 교육방법은 교실에서의 구두 강의 중심으로 아테네 전기 교육에서의 활동 중심 방법과는 다른 방식이었다.

교육단계   아테네 후기 교육은 전기와 마찬가지로 출생에서 7세까지는 가정교육을 받았지만, 8세에서 13세까지의 사설 초등학교교육 시기에는 전기교육과는 달리 체육과 음악의 중요성이 감소되고 문자교육(3R's) 위주로 교육을 했다. 문법교사, 음악교사, 체육교사 등의 초등교사가 있었으며, 교복을 따라 교사의 집으로 가서 교육을 받았다. 음악학교와 체육학교는 전기 교육에서의 조화로운 통합교육적 효과와는 달리 개인적 쾌락의 효과에 치중하는 것으로 변질되어 체육학교의 경우는 직업선수들이 독점하기도 했으며, 음악학교의 경우 형식적이고 빠르고 감미로운 음율 위주였다.

14~16세까지의 시기는 중등문법학교에서 문법, 수사학 등을 통해 지적이고 문화적인 훈련에 치중했으며, 17세 이후부터는 자유교육기로 수사학교, 철학학교 등의 고등교육기관에서 변증법, 수사학, 법률, 정치, 경제, 역사 등을 배웠다.

아테네에는 흔히 철학파라고 불리는 대학 수준의 고등교육기관이 여러 개 있었는데, 주로 상류 귀족계층들이 수학했던 플라톤의 아카데미아(Academyia)와 중인 계층들이 수학했던 아리스토텔레스의 리시움(Lyceum)이 대표적이며, 그 외에도 제노(Zeno)의 스토아학파(Stoics), 에피큐로스(Epicurus)의 에피큐로스학파(Epicurian), 이소크라테스(Isocrates)의 수사학교(the Rhetoric School) 등의 고등교육기관이 있었다.

소피스트

소피스트는 희랍 후기의 지자(知者)를 뜻하는 말로 후기 아테네의 직업적인 교사로서, 주관주의, 주지주의, 개인주의 입장에서 입신양명에 필요한 지식과 사회적 유용성을 위한 웅변과 수사학을 가르치는 교육자 또는 철학자들을 총칭하는 말이다.

소피스트들에게 있어서 가치의 기준은 개인의 복리와 영달에 있었으며, 지식은 감각을 통하여 획득되는 것으로서 지식은 곧 덕이고, 덕이 곧 지식이라 믿었다. 따라서 소피스트들의 교육목적은 개인적인 진보와 정치적 입신양면에 필요한 지식 및 수사웅변술의 습득에 있었으며, 문법, 수사, 변론, 웅변술의 훈련 등을 교육내용으로 하였다.

소피스트들은 개인주의, 주관주의의 인생관을 가지고 학문의 진리성보다는 사회적 유용성에 관심을 갖고 자기의 이익을 도모하며 단체주의나 국가주의를 반대하였다. 결국 이들은 궤변을 일삼아 비판을 받았으며, 아테네 후기에는 극단적인 개인주의와 이기주의 사상을 시민들에게 교육하여 아테네 몰락 원인의 하나가 되었다.

이러한 소피스트들의 활동은 고대 그리스 학문과 예술의 보급에 기여했지만, 교육에 대해 소피스트가 미친 영향으로는 교육의 개인주의화, 교육의 정치적 수단화, 수사학 및 웅변술 중심의 교육 강화 그리고 교육의 직업적 수단화 등이 있다.

3. 고대 그리스의 초등교육

스파르타는 리쿠르고스 법 제정 이후 교육제도가 지나칠 정도로 엄격해지고 젊은 부부의 애정문제에까지 개입하게 되었으며, 이를 통해 튼튼한 아이를 얻기 위하여 우생학적 결혼제도를 강력히 유지하였다. 따라서 스파르타의 아동교육은 엄격한 단련주의의 입장에서, 국가적 관심하에 건강하고 의지가 강하며 연대 의식이 풍부한 아이로 키우는 것이 기본 방향이었다.

반면, 아테네에서는 아이를 교육시킬 책임이 전적으로 가장에게 주어졌기 때문에, 아이가 18세가 될 때까지는 가정에서 직접 가르치거나 다른 사람에게 교육을 맡겼으며, 아이가 18세가 되면 어른으로 사회적 신분이 바뀌고 군대생활을 통해 시민으로서 활동할 수 있었다.

그러나 고대 그리스는 전반적으로 남성 중심의 사회였으며, 스파르타나 아테네 역시 정치 참여에 있어서 시민의 권리는 남자들에게만 있었기 때문에, 여자들은 공식적 교육에서 제외되었다.

스파르타의 초등교육

유아기(출생~7세) 교육

스파르타에서 7세 이전의 아동은 일차적으로 가정에서 유모와 시녀 그리고 어머니에게서 교육을 받게 된다. 그러나 국가에서 임명한 10명의 원로 장로의 심사를 거쳐 건강한 아동만이 미래의 스파르타 시민의 일원으로 양육되었는데, 이는 스파르타 사회의 엄격한 단련주의의 입장을 반영하는 것이었다. 따라서 엄격한 단련주의식 스파르타 교육에 대비하여 철저히 의도된 아동양육이 이루어졌다.

일단 아기가 태어나면 레스케(Lesche)라는 신체검사장으로 데리고 가서 원로들이 검사를 하는데, 장차 스파르타인이 될 신체상 및 다른 자격요건 등을 구비하고 있는지 검증하여 아기의 태생에 대한 조사도 병행하였다(Marrou, 1956). 만약 튼튼한 아이일 경우 아이에게 9,000개의 토지 몫 중 하나인 클레로스(kleros)를 할당하여 토지를 통하여 장차 아버지를 부양케 했다. 이것은 장자상속제 채택으로 장자에게만 해당되었지만, 이후 스파르타 인구의 감소로 차자 이하의 아들들도 입양과 결혼을 통해 클레로스를 배당받을 수 있었다. 그러나 만일 허약할 경우 아기 자신과 도시 모두를 위해 타이게투스라는 산속의 아포테타이 동굴에 유기하거나 시민권이 없는 외지인이나 노예의 가족에게 맡겨 양육시켰다(Colón & Colón, 2001).

그리스 사람들은 살인을 범하는 것을 원치 않았기 때문에 태어난 남자아이가 기형이거나 허약할 경우, 아기를 산속에 버리는 것은 일반적인 관행이었다(허승일, 1998). 또한 아버지가 자신의 아이를 허가 없이 유기하는 것 역시 가능했기 때문에, 기형이거나 명백히 허약할 경우 원로회의의 결정 없이 유기했을 것으로 추정할 수 있다(허승일, 1998). 따라서 검사를 받지 않은 아이는 당연히 부족 성원에서 제외되어 스파르타 시민의 자격을 상실하게 된다. 이러한 이유로 아기를 포도주 속에 넣어 체질을 검사하는 방법을 통해 집에서 자가 검사를 하는 경우도 있었는데, 만약 허약할 경우 포도주 속에 넣으면 놀라고 졸아드는 데 반해 건강한 아이는 오히려 더 튼튼해진다고 믿기까지 했다(Colón & Colón, 2001).

사실 스파르타에서는 아버지가 아닌 국가가 아기의 삶의 자격을 부여했기 때문에, 아기를 유기할 것인가의 결정은 경제적 이유보다는 훌륭한 전사로 성장할 수 있는가의 여부가 중요했다.

스파르타에서 신체검사를 받은 아기는 7세가 될 때까지 부모나 유모가 양육하고, 만약 유모가 양육할 경우 부모는 유모를 감시하여 음식을 달라는 대로 주지 못하게 하였다. 또한 유아에게 알코올 성분을 지닌 음식물을 금하고 우유로 만든 제품을 권장하였으며, 호사스러운 음식은 유아의 심신을 손상시키는 것이라고 하여 간소한 식사를 위주로 했다. 특히 아기가 마음 놓고 놀 수 있게 새 옷을 자주 갈아입히지 못하게 하고, 옷을 얇게 입히고 대부분 상반신은 나체로 하였으며, 손발의 자연스러운 발육을 위해 기저귀를 사용하지 않았다. 온수로 목욕하는 것은 금하였고 냉수로 목욕하는 것이 권장되었다. 또한 아이가 어둠에 무서워하지 않고, 혼자 내버려둬도 겁내지 않으며, 울고 보채지 않게 기르게 함으로써 그곳에서 편안하게 깊이 잠드는 습관을 형성하도록 하였다. 우는 유아는 혼을 낸다든지 아니면 계속 울도록 방치하여 혼자 울다 가 잠들게 하였다.

반면, 아테네의 경우 아기가 말을 알아듣는 그 순간부터 노예를 교사로 삼아 이들에게 맡기고, 아이에게 신을 신겨 발을 부드럽게 하고, 옷을 자주 갈아 입힘은 물론, 음식도 마음대로 먹게 해 유약한 아이가 많았다고 한다. 고대 그 리스에서는 상대적으로 스파르타 유모들이 잘 훈련받은 숙련된 여자들로 인 식되었기 때문에, 아테네의 귀족 가정에서도 자녀 양육을 위해 유모를 구할 경우 스파르타로 사람을 보냈을 정도였다. 그리스의 다른 폴리스에서도 스파 르타 출신의 유모가 매우 인기가 좋았다는 사실은 스파르타의 아동교육이 주 변 다른 폴리스로부터 인정받았다는 의미이기도 하다(허승일, 1998).

소년기(7~11세) 교육

스파르타에서 아동은 부모의 사유재산이 아니라 도시의 공유재산으로 인 식되었기 때문에, 이들의 교육은 비단 부모나 연고자 혹은 특정한 교사에게만 한정되지 않았으며, 폴리스의 운명을 짊어진 아이라는 의식에서 공동으로 교 육시켰다. 따라서 스파르타에서는 태어나면서부터 만나는 부모가 아니더라도 스파르타인이면 누구나 경우에 따라 소년들을 가르치고 훈육할 수 있었다. 결 국 스파르타 소년들의 교육은 스파르타 전 시민이 담당했다고 볼 수 있다.

7세 이후 스파르타 남아들은 아고게(Agoge)로 들어가 공적 제도하에 집단 공동생활을 하지만, 여아에게는 입소 규정이 별도로 없었고 가정에서 통학하 는 것이 보통이었다(송준식, 사재명, 2006). 왕의 후계자들은 그러한 집단생활 에서는 제외되었지만, 아게실라우스(Agesilaus)의 경우는 어렸을 때 후계자로 지목되지 않았기 때문에 아고게에서 훈련받은 유일한 왕이라고 한다. 이러한 아고게에 입학한 학생의 수는 기원전 4세기 이전의 경우에 천 명을 넘을 것으 로 추정되고 있다.

스파르타에서의 집단적인 공동생활은 교육과 훈련의 최대 효과를 노려 아고게의 교육기간은 초등반은 7, 8~11세, 중등반은 12~13세, 고등반은 14~18세 그리고 종합반의 경우는 19~20세로 구성되었는데, 일반적으로 중등반까지는 적정 규모로, 고등반 이후는 다음과 같이 연령별로 별도의 단위로 구분되어 교육받았다. 특히 14세부터 본격적으로 받는데, 19~20세에는 실전을 방불케 하는 훈련을 받았다(박재욱, 2003).

- 14세: 로비다스(rhobidas)
- 15세: 프로코미조메노스(prokomizomenos)
- 16세: 미키좀노스(mikizomnos)
- 17세: 프로파이스(propais)
- 18세: 파이스(pais)
- 19세: 멜레이렌(melleiren)
- 20세: 에이렌(eiren)

아고게에서의 교육을 책임진 유일한 훈련관인 파이도노모스(paidonomos)는 고위 관직에 있는 자 중 가장 현명하고 용감한 사람으로 선발되었으며, 학생들을 통솔하고 상벌을 줄 수 있는 절대적 권한이 법적으로 보장되었다. 아고게에서 최고 학년이라고 할 수 있는 20세의 에이렌들 중 용감하고 현명한 자를 조교 겸 부대장으로 임명하여 소년들의 교육과 훈련에 중요한 역할을 하도록 했다. 이들은 소년들의 숙박에서 식사 그리고 일상생활의 모든 것을 감독했다(Marrou, 1956).

특히 아고게에서는 용감하고 현명한 아이로 하여금 반장을 하고 반원들은 반장에 절대 복종하게 했는데, 이러한 복종의 미덕은 이후 시민으로서 통치자의 법에 절대 복종하게 하고 정무관들에게는 항상 최대의 경의를 표하며, 전쟁 시 소집령이 떨어지면 언제든지 참여할 수 있도록 했다.

아고게에서의 소년들의 훈육은 한마디로 야수처럼 길들이는 훈련이었다. 기본적으로 훈련은 아이들의 머리를 빡빡 밀고 옷도 입지 않은 상태에서 맨발로 함께 놀고 먹고 배우도록 하는 데서 출발했다. 이는 맨발로 생활함으로써 발이 강해져서 산을 잘 타게 하고, 나체로 1년 내내 더위와 추위를 잘 견디도록 하며 음식은 과식이나 절식을 절대로 못하게 함으로써 신체의 강건과 동작의 민첩성을 이루기 위한 것이었다. 식사는 모두 공동으로 하였는데 아주 형편없는 음식을 주었으며 양마저 충분하게 주지 않았다(심현정 역, 2004: 153). 따라서 스파르타의 한 소년이 새끼 여우를 훔쳐 자기 망토 아래 숨겨 놓고 있던 중, 도둑질이 발각되는 것이 두려워 여우가 자기 배를 갈기갈기 찢도록 내버려 둔 채 고통을 참다가 결국 죽었을 정도로, 소년들은 식량을 훔치려고 애쓰는 과정을 통해 대담성과 전략을 실생활에서 훈련했다. 이를 통해 먹을 것이 떨어진 어떠한 극한 상황에서도 극기를 할 수 있음을 물론 극도로 허기가 져 자기의 임무를 망각하고 먹는 것만 생각하는 일이 없게 했다.

아고게에서의 소년들은 몸을 단련하는 시간으로 하루의 대부분을 보냈다. 항상 싸움과 힘겨루기 대회를 열게 했고 체벌 담당자는 잘못이 있으면 즉시 채찍질을 했으며, 고통을 참고 견디는 습관을 기르기 위해 해마다 특정 일에는 매질 행사가 행해졌고 아동은 피가 흐르도록 맞았다.

아고게에서의 소년들은 생활의 기본으로 읽기와 쓰기도 일부 학습했으나 최소한의 것만 배웠으며, 무엇보다도 음악과 무용은 군사적 용도로 중요하게 강조되었다.

스파르타 여아의 훈육

스파르타 남아와는 달리, 스파르타에서 여아가 태어날 경우 아이를 기를 것인지의 여부는 부모가 결정한 것으로 추정된다. 스파르타의 여성은 건강한 병사 보급의 기계로서 중시되었으며, 스파르타의 어머니는 아버지 못지않은 신체적 교육을 받았고, 아내로서, 어머니로서, 국가의 성원으로서 자녀의 교육자 역할을 하였다. 스파르타의 여성은 자신의 아이가 국가의 재산이라는 사실을 받아들여 전쟁터에 나가 희생되는 것을 자랑스럽게 여겼다. 따라서 스파르타 여아들은 장차 스파르타에서 건강한 신체를 통하여 튼튼한 어린이를 출산하기 위한 것, 아름다운 정조를 지키는 것, 나라를 사랑하고 의무를 수행하며 법을 준수하는 것 그리고 집안에서 노예를 잘 다루는 것 등 여러 역할을 할 것으로 기대받았다(심현정 역, 2004).

스파르타 어머니들은 좋은 의복보다는 아름답고 건강한 육체를 자랑하였으며, 건강한 자녀를 낳고 기른다는 국가적 필요성으로 남자에 대하여 비굴함이 없이 고매한 태도를 가졌다. 아테네 여아처럼 옷을 만드는 등의 궂은일은 모두 노예가 맡아 했으며, 영양가 있는 음식을 충분히 섭취한 후 남자들처럼 엄격한 훈련과 교육은 아니지만 집에 살면서 아기를 낳기에 적합한 육체를 만들기 위해 항상 각종 운동을 했는데, 심지어 여아들은 레슬링, 원반던지기, 전쟁무기 중 하나인 투창 등의 신체 단련을 통해 담대한 정신을 키워 산고를 견디

그림 4-1 **스파르타의 젊은 남녀**

게 하였다(Marrou, 1956). 또한 스파르타에서는 집안에서만 행해지는 너무 나약한 교육을 지양하면서 소심함이나 두려움을 포함하여 여자답다고 보이는 모든 태도나 마음을 버리게 하였다. 이에 여아들 역시 남아들처럼 거의 나체로 도로행렬에 참석하고, 종교의식이 있을 경우 스파르타 소년들이 보는 앞에서 춤추고 노래 부르는 데 익숙했다고 한다(심현정 역, 2004).

스파르타 여아들은 남아의 경우와 같이 6세까지는 가정에서 교육을 받았으며, 7세 이후부터는 특히 여아들도 일정한 인원 수에 따라 여러 반(packs)으로 나누어 국가의 감독하에 유희와 신체 단련을 받았다. 이때 소년이나 소녀들 모두 공동으로 체육을 하기도 했으며, 심지어 나체로 운동을 하기도 했다. 물론 여아들은 비록 스파르타 전사가 될 수 없었지만, 다음 세대의 전사가 될 남아를 낳는 것이 중요한 역할이었기 때문에 여아들도 남아와 비슷한 신체 운동을 했다(김복희, 2002). 또한 스파르타의 여성들이 남편과 아들을 전쟁에 보낼 때에는 "방패를 놓지 말고 당당히 싸워서 돌아오든지, 방패 위에 누워서 돌아오라."고 권고하는 말에서 알 수 있듯이 국가관 역시 남자들 못지않았다(Good & Teller, 1969).

따라서 스파르타 여성은 아테네 여성보다 상대적으로 똑똑했고, 지위도 비교적 높았다고 한다. 그러나 이러한 교육의 목적은 여성의 사회적 지위 향상을 위한 것이라기보다는 튼튼한 어린이를 출산하고 양육함으로써 국가 발전에 기여해야 한다는 의무감에서 비롯된 것이라고 할 수 있다(Butts, 1955).

아테네의 초등교육

아동기 이전

아테네의 아이들은 태어나면서 당시의 민주적인 문화 속에서 자연스럽게 아테네의 시민으로 성장했으며, 풍부한 예술적 그리고 문화적 혜택을 받으며 어린 시절을 보낼 수 있었다(Marrou, 1956). 아테네 사회는 가정을 소중하게 여겼으며, 교육의 책임 역시 가정에게 있었다. 따라서 아테네 교육은 스파르타 교육보다 훨씬 부드러웠다.

솔론 법에 의하면, 결혼이란 정신적으로는 사랑에 의해서, 육체적으로는 좋은 자식을 얻을 수 있다는 조건에서 이루어져야 하며, 재산을 목적으로 하는 결혼이나 사랑이 없는 결혼 등을 막기 위해 신부의 지참물을 의복 몇 벌과 약간의 가구로 제한했다. 또한 정식결혼 이외의 출생자이거나 부친에게서 기능을 배우지 않은 경우에는 자식이 부친을 부양하지 않아도 되지만, 자식이 부모를 학대하거나 부양 의무를 소홀히 하였을 때에는 시민권을 박탈할 수 있도록 했다(송준식, 사재명, 2006).

먼저 아기가 태어나면 집안의 신인 헤스티아(Hestia, 부뚜막의 여신) 신에게 제를 지냈으며, 제7일 혹은 제10일에 명명식을 행하고 아버지로부터 정당한 자식이라고 확인받았다. 유아의 양육은 어머니 스스로가 맡지만 부유층에서는 유모가 맡는 경우가 많았다. 그러한 경우 유모는 주로 노예였으나, 가정 형편이 아주 어려운 자유 신분의 여자도 있었다.

대부분의 아이를 포대기로 둘둘 말아 키웠는데 몸에 딱 맞게 감쌌기 때문에 팔다리를 움직이기가 쉽지 않았다. 일반적으로 버들가지로 만든 바구니나 목재 구유가 요람으로 사용되었으며, 대부분의 어머니는 아이를 직접 키우기 위해 집 1층에 있는 아이 방에서 지내고 아버지는 원래 여자들의 거처인 2층에서 생활(심현정 역, 2004: 155)하게 하였다.

1년 또는 1년 반 정도 지나면 유모의 손에 있다가 다음 양육을 맡는 시녀에게 넘어가고, 부드러운 음식으로 양육하였다. 엄마와 유모는 아이에게 자장가와 동요를 불러 주었으며 아이가 어느 정도 말을 하기 시작하면 구전동화를 들려주곤 하였다. 이것이 아테네 시대에 아이가 받은 최초의 교육일 수 있으며, 이후 아이가 성장하면 신화나 전설을 들려주었다. 아이들은 전래 이야기를 통해 신이나 영웅을 만남으로써 풍부한 상상력을 기르고 스스로의 행동을 통제하는 법을 배웠다. 이와 관련하여 소크라테스는 나이가 들어서까지 이솝

우화를 외우고 있었으며 감옥에서 죽음을 맞이하기 직전까지 우화를 시로 만드는 작업을 했다고 한다. 이와 같이 아테네인은 어린 시절부터 가문의 명예나 향토의 자랑, 국가의 영웅에 대한 찬가나 우화를 일상적으로 듣고 자랄 수 있었기 때문에, 인간 본성에 기인한 가족애, 향토애, 조국애 그리고 인류애를 통해 아주 자연스럽게 아테네인이 되었다. 따라서 이들이 추구했던 그리스의 소위 '아름답고 선한 인간'이라는 이상은 그들의 순수하고 행복했던 유년 시절의 좋은 환경을 토대로 해서 싹터 가고 있었다(팽영일, 1993).

특히 어머니와 유모의 협력으로 완구를 가지고 즐겁게 놀게 했으며, 어린 시절의 기쁨을 통하여 이후 명랑한 성격을 갖도록 하였다. 당시 완구로는 점토에 색칠한 인형이 많았으며, 남아의 경우는 오리, 백조, 타조 등을 주었으며, 놀이로는 눈 감기, 공 던지기, 죽마, 그네 등이 있었다. 또한 플라톤은 아이들이 6세가 될 때까지 마음껏 놀 수 있도록 해 주라고 충고하면서 아이들이 하는 놀이가 장차 아이가 선택하게 될 직업과 부합될 수 있는 방향으로 유도할 것을 당부하였다. 그러나 아이들이 제멋대로 행동하는 것은 철저하게 금지했기 때문에, 그릇된 행동에 대해 체벌이 가해지는 경우도 있었다.

아동기 이후

아테네에서 부모가 아이를 학교에 보내는 것이 법으로 정해져 있었는지는 확실치 않다. 그러나 성문법은 없었을지라도 법 못지않은 구속력을 지니는 관습과 전통은 학교교육을 의무화했던 것으로 보인다(심현정 역, 2004: 163). 이러한 경우 아이 교육비는 부모가 지불했는데, 가난한 집 아들들은 더 일찍 학업을 중단했으며 대부분 아주 기초적인 것, 즉 읽기와 쓰기, 셈하기만 배우고 중단하는 경우가 많았다.

아테네의 기초교육을 담당했던 교사로는 기초문자교사인 그람마티스테스(grammatistes), 음악교사인 키타리스테스(kitharistes), 그리고 체육교사인 파이도트리베스(paidotribes)가 있었다. 그람마티스테스는 아동들이 읽는 법을

알게 되면 바로 위대한 고전주의 시인들의 다양한 시구를 큰 소리로 낭독하
도록 하고 이어 전부 암송하도록 했으며, 키타리스테스는 아동들이 어느 정도
악기를 연주할 줄 알면 다른 멋진 작품, 특히 서정시인의 작품을 소개해 주었
다. 또한 얼마 후 아동들을 파이도트리베스의 집으로 보냈다.

따라서 아테네의 아동기 교육은 나름대로 일정한 순서로 학교에 다녔는데,
그람마티스테스 교육, 키타리스테스 교육 그리고 파이도트리베스 교육의 순
으로 개인 교사 집에 다닌 것으로 보인다. 또한 어느 과목이건 간에 교사는 국
가가 비용을 부담해서 세운 공공건물이 아닌 자신의 집에서 아이들을 가르쳤
는데, 개인 체육관의 경우 에페보스(ephebos)와 성인들을 위한 공공체육관과
는 다른 것으로 체육교사의 이름을 붙여 사용하였다.

한편, 아테네의 경우 스파르타와는 달리 파이다고고스(paidagogos)라는 노
예 신분의 교복(敎僕)이 있었는데, 파이다고고스는 아이가 학교에 갈 때면 항
상 데려다 주고 아이에게 예의범절을 가르쳐 주는 임무를 맡은 노예들이었다
(Colón & Colón, 2001). 이들은 필요에 따라 체벌을 가할 수도 있었으며 특히
자작나무 회초리를 많이 사용했다. 파이다고고스는 아이의 짐(밀랍을 입혀 만

든 칠판, 필기도구, 책 등)을 개인 교사의 집까지 대
신 들어 주며, 학교에 남아 아이의 수업이 끝나기
를 기다리고, 경우에 따라 수업을 함께 듣기 때
문에 집에 돌아와 복습 교사 역할을 하기도 했
다. 페르시아 전쟁이 일어나기 전의 아테네의 거
리 풍경을 보면, 키타리스테스의 집에 가기 위해
한 동네에 사는 모든 아동들이 대열을 이루어 질
서정연하게 걸어가는 것을 흔히 볼 수 있었으며,
이들은 폭설이 내릴 때조차도 외투를 걸치지 않
았으며 대열이 조금도 흐트러지지 않았다고 한다
(심현정 역, 2004: 161).

그림 4-2 교복

아테네 학교에서 교사는 등받이가 높은 고딕식 의자인 카테드라(catedra)의 효시로서 다리가 곡선 모양이며 등받이가 달린, 마치 왕좌 같은 의자에 앉아서 수업을 했으며, 학생은 일자 다리에 등받이가 없는 걸상(바트라)에 앉아 배웠다(Marrou, 1956). 교실에는 칠판이 따로 없고 아이들은 밀랍을 입힌 개인용 칠판을 무릎에 위에 올려놓고 곧장 글씨를 쓰거나 아니면 칠판 위에 파피루스 한 장을 올려놓고 글씨를 썼으며, 고대의 교수법은 경험, 즉 실제에서 얻은 일반적인 원리만을 가르치는 틀에 박힌 교수법으로 현재 사용되고 있는 통합교수법과는 달랐다. 초등학교 교사, 특히 보조 교사가 받은 급여는 액수가 아주 낮았으며, 기원전 5세기 후반 소피스트가 등장한 후에야 비로소 하는 일에 걸맞은 보수를 받을 수 있었다.

아테네 초등학교에서의 읽기 수업

읽기 수업은 우선 알파, 베타, 감마, 델타 순으로 나가는 알파벳 문자의 이름을 외우게 했으며, 기억을 돕기 위해 알파벳으로 시를 만들어 노래로 부르면서 기억하게 했다. 천천히 단순한 것에서 복잡한 것으로, 한 개의 문자에서 두 개의 문자로 이루어진 음절(베타+알파 = ba)로, 서너 개의 문자로 이루어진 음절로 공부했으며, 가장 어려운 부분을 터득하면 나머지는 쉽게 깨달을 수 있다고 생각했기 때문에, 교사는 아이들에게 더 쉽게 가르치려는 노력을 조금도 하지 않았다. 특히 글을 쓸 때는 구두점을 찍지 않고 단어 사이에 띄어쓰기도 하지 않았기 때문에 읽어 내려가기가 쉽지 않았으며, 큰 소리로 읽는 법을 배웠고 이어 혼자 연습할 때도 똑같은 방법으로 읽었다. 경우에 따라서는 자신이 직접 큰 소리로 읽거나 아니면 노예에게 읽으라고 시키는 경우도 있었다.

아테네 초등학교에서의 쓰기 수업

쓰기 수업은 밀랍을 입혀 만든 나무 칠판과 한쪽은 끝이 뾰족하고 다른 한쪽은 끝이 편평하고 둥근 필기도구를 가지고 쓰기 연습을 하거나, 경우에 따라서는 잉크를 가지고 파피루스 종이에 글씨를 쓰도록 했다. 교사가 먼저 칠판 위에 아주 희미하게 문자를 그려 주면 아이는 힘을 주어 그 위에 그대로 따라 썼으며, 학생들은 글씨를 한 줄로 반듯하게 쓰고 위아래 글자의 줄을 맞추기 위해 십자 모양의 자를 사용하여 가로줄과 세로줄을 맞춰 글을 쓰는 스토이케돈이라는 규칙에 의해 쓰기 연습을 했다.

이러한 원시적인 방법으로 읽기와 쓰기를 했기 때문에 상당한 시간이 걸렸을 것으로 생각되며, 아이가 어느 정도 유창하게 읽고 쓰면 교사는 먼저 짧은 시구를 암송하는 것을 가르치고, 점점 더 다양한 시인의 작품을 외우게 했다. 특히 호메로스가 인간이라고 불릴 만한 자격이 있는 사람이라면 반드시 알아야 할 모든 것을 가르쳤다고 생각했기 때문에 아이들이 제일 먼저 외우는 시는 호메로스의 『일리아드』와 『오디세이』였다.

아테네 초등학교에서의 셈하기 수업

셈하기 수업은 알파벳 문자를 이용하여 숫자를 적게 했으며, 단순한 계산은 손가락을 이용했고, 좀 더 복잡한 계산은 계산용 동전과 아바쿠스를 사용하도록 했다. 아바쿠스는 정해진 규칙에 따라 자릿수를 가리키는 선을 그어 놓은 판자로 사람들이 알맞은 칸에 동전을 올려놓는 방식으로 계산을 하는 도구였다.

기본적으로 사칙연산과 간단한 분수의 개념을 가르쳤는데, 예를 들면, 1 드라크마가 6 오볼(obol)에 해당되므로 1/4 드라크마는 1과 1/2오볼이라는 것을 아는 것이 중요했다.

아테네 초등학교에서의 음악과 체육

아테네에서는 읽기, 쓰기, 셈하기를 기본적으로 가르친 후에 음악과 체육을 가르쳤다. 이 당시의 음악은 폭넓은 의미로서 시, 드라마, 역사, 웅변 등 인문학 전반이 포함된 것이었다. 또한 체육학교에서는 체육을 통해 사고와 행동을 조정할 수 있는 능력을 키웠다. 이를테면 지각에 알맞은 행위, 행동에 알맞은 말 등을 사용할 수 있도록 가르쳐 나갔다. 이런 교육을 통해 기질을 통제하고 정열을 이성에 종속시킬 수 있는 능력을 배양하려고 한 것이다. '체육은 신체를 위하여, 음악은 영혼을 위하여'라는 아테네인들의 이상은 내적인 정신적 삶과 외적인 실천적 삶을 결합시키고 조화시키는 것이었다(Monroe, 1907).

아테네 여아의 훈육

아테네에서 여아 교육의 목적은 현모양처의 양성에 두었다. 따라서 단정하고 정숙한 여성의 덕을 강조하였으며, 여성으로서 가사, 방직, 재봉, 육아방법을 배웠고, 자유로이 외출하지도 못했다. 따라서 아테네 여아의 훈육은 스파르타와 달리, 모든 여자들은 어렸을 때부터 거의 운동이나 교육을 받지 못했기 때문에, 아이가 학교에 다니기 시작하면 어머니로서 도움을 줄 수 있는 것이 사실상 거의 없었다(Marrou, 1956).

아테네 여성교육은 지적 교육을 회피했는데, 교육을 받고 교양이 있는 관노(官奴, Heterae)를 제외한 여자들에게는 오히려 여자의 정숙의 덕을 해롭게 하는 것이라 하여 회피할 정도로, 남자들은 일반적으로 여자들을 사회적으로 그리고 지적으로 낮다고 생각했다. 극작가 메난드로스(Menandros)의 말처럼 직물 짜는 것이야말로 여자들의 임무이고 정치적·사회적 논의는 남자들의 일이었다. 데모스테네스(Demosthenes)가 설명했듯이 그리스 여성으로 살아가는 일의 의미는 "자녀를 낳은 뒤 아들들은 한 집안과 한 지역의 일원이 되도록 길러 내고, 딸들은 자신처럼 남편이 될 사람과 결혼시키는 일"이었다(조경원 외, 2005). 따라서 아테네 여성들은 가정 안에 머무르며 정치나 사회생활로부터 격리되어 있었고, 읽기, 쓰기, 셈하기 정도를 배울 뿐, 거의 대부분의 교육은 양육을 통해 배우는 가사가 전부였다.

결국 아테네 여성들은 스파르타 여성보다 사회적 지위가 낮았으며, 참정권도 없었다. 그러나 아이가 학교에 다니기 전까지는 대부분 어머니와 집안의 여성들과 함께 가정에서 지냈기 때문에, 부모가 아동양육의 책임을 지는 어린 시기의 가정교육은 중시되었다.

4. 고대 그리스의 아동인식

전반적으로 그리스는 가부장적 남성 중심의 사회였기 때문에, 남아들이 사회생활을 기반으로 활동할 수 있는 정치, 사회적 공간이나 체육관 등 공적 공간에서 교육을 받으며 생활했다면, 여아들은 태어난 후 오직 가정 중심의 가사 영역으로만 그 역할이 제한되었으며, 공통적으로 자녀 출산과 가정생활의 유지에 충실하도록 양육받았다. 스파르타의 경우 어머니가 아들을 출산하다 죽는다면, 무덤에 국가를 대신해서 그녀의 희생을 위로하는 비명을 세웠을 만큼 아들의 출산은 매우 중요한 일이었다(Colón & Colón, 2001).

아리스토텔레스에 의하면, 당시 여성은 자연스러운 인간발달의 성장과정에서 미완성의 불완전하고 열등한 존재인데, 씨앗 격인 부친의 정자 속에 아버지를 닮은 작은 인간이 들어 있어 그 씨앗이 모친의 자궁 속에서 자랄 때 결함이 생기면 딸이 태어난다는 것이다(조경원 외, 2005). 따라서 그러한 여성은 남성과 동등한 존재가 될 수 없으며, 여자는 남자의 소유물 내지는 지배의 대상으로 여겼을 정도이다. 다만, 스파르타 여아들은 다소 예외적으로 아테네 여아보다는 자유를 구가하며 살았으나, 아테네 여아들은 가정 안에 머무르며 정치나 사회생활로부터 격리되어 생활하였다.

고대 그리스 사회에서 장차 시민권자가 될 수 없었던 여아에게 읽기와 쓰기는 반드시 필요한 교육은 아니었다. 여아들은 전적으로 가사만을 배워야 하는 존재로 인식되었기 때문에 가사 및 가재도구 관리에 필요할 정도의 읽기, 쓰기, 셈하기 정도만 배울 수 있었다. 이와 같이 남아들은 미래를 위해 교육을 받았으며 여아는 단지 모성적 역할을 하도록 훈련받았다(Colón & Colón, 2001).

고대 그리스의 어린 남아들은 벌거벗고 지내거나 앞쪽이 터진 튜닉(tunic)을 입었으며, 여아들은 긴 드레스를 입었는데, 그리스 초기에는 남아와 여아가 거의 동일했다. 아동들은 방울, 2륜 마차, 굴렁쇠, 왁스나 진흙으로 만든 관절이 있는 인형, 잔가지, 공, 검, 그리고 윙윙거리는 바퀴 등을 즐겨 가지고 놀았다(Colón & Colón, 2001).

원시 시대와 마찬가지로 고대 그리스에서도 영아살해나 유기의 형태가 어쩔 수 없이 행해졌다. 특히 플라톤은 가장 완벽한 인간의 출산을 위해 성관계의 절제를 역설하며 아동의 유기에 반대하지 않았으며, 아리스토텔레스 역시 인구조절의 실패는 극빈가정을 만들기 때문에 인구는 법적으로 제한되어야 한다고 했다(Colón & Colón, 2001). 특히 낙태는 유기보다는 바람직한 방법이라고 제안할 정도로 당시 사람들에게는 인구과잉에 대한 관심이 높았다. 물론 이 시기의 그리스 가정은 대체로 그 규모가 작았고 딸은 하나로 제한되었기 때문에, 대개의 경우 영아살해(유기)는 여아에게 국한되었다(이경우 역, 1986).

그러나 초기 역사 시대에 있어서 아동들은 거의 권리를 갖고 있지 않았고 어른들은 아동들의 삶에 가치를 부여하지 않았던 것으로 인식될 수 있으나, 고대 그리스 사람들은 아동을 엄격히 구분된 권리와 책임을 지닌 미래의 시민과 가족 집단의 일원으로 보았다. 예를 들면, 발굴된 고대 도시 유적에서 아동의 묘지가 따로 있는 것으로 보아 최소한 중류와 상류 계층 이상의 가정에서는 아동을 그 자체의 가치를 지닌 인간으로 보았다는 것을 알 수 있다. 따라서 당시 교육을 시킬 수 있었던 시민들에게는 6세보다 빠른 시기에 아동교육이 필요함을 인식하였을 것이며, 이는 아동들이 재능과 기술을 갖고 있는 존재로 인식되었다는 것을 의미한다.

☕ 참고 자료 **주요 교육사상가**

소크라테스
(Socrates, BC 469~399)

1. 교육사상

1) 교육목적
- 폴리스적 공동체를 중시
- 자신의 무지에 대한 자각을 통해 보편타당한 진리를 획득하여 지행합일의 도덕적 인간 형성
- 교육은 지식의 주입이 아니라 사고력의 발전을 직접적인 목적으로 한다는 것을 지적

2) 교육내용
- 형식교육(학교교육)을 통해 단순히 지식을 습득하는 것보다는 사람들과 직접 만나고 관찰하고 경험을 통해서 지식을 얻는 것을 무엇보다도 중시
- 문법이나 수사학적 규칙보다도 본질적인 내용이 더 중요

3) 교육방법
- 대화를 통하여 스스로 무지를 깨우치게 하고 보다 높은 참된 지식에 이르게 함
- 지식을 습득하는 과정은 객관적으로는 대화이고, 주관적으로는 자기 경험과 반성
- 문답법 ┌ 반어법(1단계): 무지를 자각케 함
      └ 산파법(2단계): 무지의 자각으로 진리를 명확히 파악케 함
- 산파술(조산술): 지식을 주입시키지 않고 질문을 하여 대화를 함으로써 교육함

2. 공헌

- 지식은 실제적, 도덕적 가치를 지니는 것으로 지식의 보편타당성을 주장
- 지식은 대화를 통해 객관적으로 얻어지는 것, 학습자와 교육자의 상호 작용 중시
- 오늘날의 질문법, 토의법 등과 개발학습 · 자발학습에 영향

플라톤
(Platon, BC 427~347)

1. 교육사상

1) 교육목적

- 국가를 위하여 유능한 인물을 양성하는 것
- '유능한 시민' 육성 – 지혜, 절제, 용기, 정의의 4대 덕 조화
- 진선미의 절대적인 가치를 추구하는 이데아 세계의 실현을 위한 '유능한 시민' 육성
- 이데아계와 현상계로 나눈 이원론적 관념론의 선구자

2) 교육내용

- 귀족 중심의 엘리트교육: 통치 및 군인 계층에만 교육이 필요하고 제3계층 인 서민에게는 교육이 필요치 않다고 주장
- 철인교육: 국가를 통치하는 소수의 철인교육에 중점을 둠
- 문학, 체육교육 강조

- 교양교육 및 도덕교육을 중시

지배계층(man of gold) － 지혜 ┐
무사계층(man of silver) － 용기 ┤→ 조화를 통한 정의의 덕
생산자(man of lead) － 절제 ┘

3) 교육방법

- 대화법에 의하여 명상력을 개발하고, 이를 통하여 이데아를 인식하게 함
- 초등교육에서는 3R's와 시, 체육을 중심으로 학습하고 중등교육에서는 수학, 기하, 천문, 음악을 배우며 최고 수준의 교육에서는 철학을 학습

2. 공헌

- 서구에서 최초의 체계적인 교육론 주장
- 지성주의적 자유교육의 전통 수립
- 유럽 대학의 기원이 되는 아카데미아(academia)를 설립

아리스토텔레스

(Aristoteles, BC 384~322)

1. 교육사상

1) 교육목적

- 이성의 훈련을 통하여 중용의 덕을 닦음으로써 행복한 생활을 실현(자유인)
- 교육을 일반도야를 위한 교육과 직업도야를 위한 교육으로 구분
- 보편타당한 진리 가치 추구(중용의 덕)
- 국가주의 교육: 국민의 교육은 국가의 가장 큰 관심사

2) 교육내용

- 국가주의: 국민을 유덕하게 하기 위해서 국가가 교육기관을 운영하여야 한다.
- 귀족주의: 서민계층의 교육을 무시
- 교양교육, 자유교육: 자유인으로서의 교양을 중시

  초등교육 – 신체적, 도덕적, 덕성의 함양

  중등교육 – 체육, 음악, 미술 등을 통한 정서 및 감성 훈련

  대　　학 – 수학, 논리학, 과학의 연구를 통한 이성적인 시민 훈련
- 체육교육 강조
- 여성교육을 하지 않음

3) 교육방법

- 플라톤의 형이상학적이고 관념론적 이상론에 비판(객관적이고 과학적인 방법을 중시)
- 강술법을 통하여 이성을 단련하였다.
- 귀납적인 방법 사용
- 개성 강조

2. 공헌

- 스콜라 철학과 초기 실학주의에 영향
- 전통적인 논리학 창시
- 자연과학적 연구의 토대

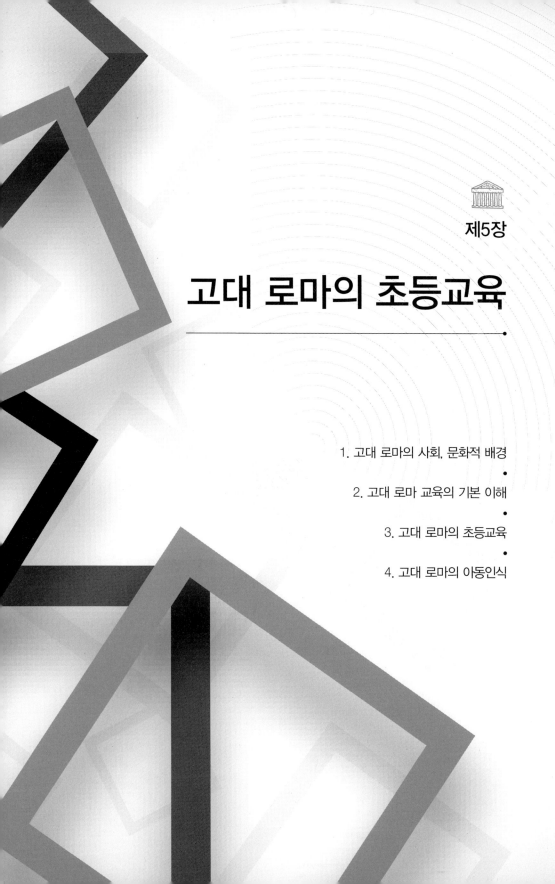

제5장

고대 로마의 초등교육

웅변의 세 가지 요건은 교훈을 주고, 기쁨을 주며, 행동하게 하는 것이다.

– M. T. Cicero

1. 고대 로마의 사회, 문화적 배경

사회와 문화

로물루스(Romulus)와 레무스(Remus) 형제가 건국했다는 로마제국은 기원전 753년경에 이탈리아 반도 티베르(Tiber) 강기슭의 조그마한 라틴(Latin)족의 도시국가에서 시작하여 오리엔트를 포함한 전 지중해 세계를 통합한 거대한 제국으로 발전하였다가 게르만족의 남하로 서로마제국의 멸망(476)에 이르기까지 약 천 년에 걸쳐 이루어졌다.

로마의 왕정 시대(BC 753~509)는 왕이 군사 및 사법상의 최고 권한을 가지고 있었던 시기이나 선거에 의해 선출된 귀족에 의해 견제되고 있었으며, 귀족으로 구성된 원로원(Senatus)과 씨족 대표인 쿠

그림 5-1 로마 시조 로물루스와 레무스

리아회(Comitia Curiata)가 로마의 중대사를 결정하였던 시기이다. 그러나 이탈리아 반도 중턱에 자리 잡고 있었던 소도시국가로서 발전했던 로마인들은 기원전 6세기 초에 에트루리아인(Etrusci)의 지배를 받았으나 기원전 6세기 말(BC 509년)에 왕정을 폐지하고 공화제를 수립하여 국내적으로는 시민의 권리를 신장시키고, 국제적으로는 끊임없는 전쟁으로 영토를 확대해 갔다. 공화정 시대에는 종래의 왕 대신에 귀족 중에서 2명의 집정관을 선출하여 통치하도록 했으며, 300명의 귀족으로 구성된 원로원과 민회라는 입법기관이 있었다.

로마는 기원전 264년부터 세 차례에 걸쳐 벌어진 포에니 전쟁에서 카르타고를 정복하였으며, 로마인들은 그들의 독특한 민족성을 발휘하여 기원전 146년에 그리스를 정복한 후 서지중해의 패권을 잡기에 이르렀다. 3세기 후에는 제정이 강화되면서 희랍 문화에 동화되었으며, 이후에 콘스탄티누스 대제 시대에는 전제군주제가 확립되었다. 이때부터 로마는 기독교를 공인하였으며, 수도를 동쪽 비잔티움으로 옮겨 신로마(동로마, 330~1453)라 불렸으며 로마의 국가주의가 세계주의적 성격으로 발전하였다.

그러나 2세기 말경부터 정치가 문란해져 395년에는 로마를 수도로 하는 서로마제국과 콘스탄티노플을 수도로 하는 동로마제국의 동, 서 두 지역으로 나뉘어져 공동 통치되었지만, 테오도시우스 황제 때에는 완전히 분립되어 이후 다시 하나로 통합되지 못하였고, 그로 인해 로마제국은 정치적으로 붕괴되었으며, 게르만족의 보다 적극적인 이동 침투로 인해 서로마제국은 476년에 그리고 동로마제국은 1453년에 각각 멸망하였다.

로마는 지리적으로 희랍 문화, 헬레니즘, 에트루리아, 이집트 등 모든 고대 문화를 거의 다 유입하고 기독교적 요소를 로마 문화에 접목하였다. 이로써 로마 문화를 통하여 유럽의 고전 문화를 종합함으로써 유럽의 후대에 전파하는 문화적 교량 역할을 하였다. 특히 로마는 독창성이 높은 희랍 문화에 동화되어 서양문명화의 중요한 매개 역할을 했기 때문에, 비록 로마 문화가 독창성이 없다는 비판을 받기도 하지만, 희랍 문화를 통한 유럽 문명의 토대를 마련했다는 점에서 유럽 문화의 교량 역할을 한 것은 나름대로의 문화사적 의미를 갖고 있다고 볼 수 있다.

또한 로마인들이 중요하게 여긴 로마법은 로마의 역사와 함께 장기간에 걸쳐 발전되었다. 로마법은 그리스의 법으로부터 영향을 받은 로마의 시민법으로 출발하여, 로마제국 내의 모든 민족에게 통용되는 보다 넓은 법인 만민법이자 관습법으로까지 확대·발전되었다. 기원전 449년에 평민의 요구에 따라 로마인들의 생활 법률인 12동판법(Laws of Twelve Tables, lex duodecim tabularum)이 모두(기원전 450년에 10개, 449년에 2개) 제정됨에 따라 법과 관습은 성문화되기 시작하였다. 특히 고대 로마의 법관과 법률가들은 모든 법의 토대가 되는 보편적 자연법 사상을 만들려고 하였다(민석홍, 1985: 162). 이러한 노력으로 인해 유스티니아누스(Justinianus) 재위(483~565) 때 편찬된 로마법대전은 후세의 법체계에 큰 영향을 끼친 로마인의 가장 큰 공적이며, 로마의 가장 큰 문화유산은 바로 로마 법률이라고 할 수 있다.

12동판법

기원전 450년에 10장의 법률을 만들고 다음 해에 2장을 보충하여 이것을 12장의 청동에 새겨서 로마시의 중앙공소에 게시하였다. 이 법의 제정목적은 귀족의 관습법 악용으로부터 평민을 보호하기 위한 것으로, 평민은 민법상 귀족과 평등한 권리가 보장되었고, 공사 간의 관계와 각 개인의 권리, 재산 등을 명백히 하도록 기록되어 있다. 5대 부권은 다음과 같다.

- 자식에 대한 부모의 권리
- 처에 대한 남편의 권리
- 노예에 대한 주인의 권리
- 자유민 상호 간의 계약 혹은 상실에 관한 권리

> • 소유권에 대한 각자의 권리 등
>
> 이러한 법률이 로마 청년들에게 자기 생활의 안내가 된다고 생각하였기 때문에 교육내용으로 채택하여 누구에게나 암송시켰다.

로마인의 성격

로마인들은 주로 현실적인 필요성에 입각해서 그리스의 사상과 문화를 받아들였기 때문에 그리스의 문화보다 실용적이고 현실적인 문화가 발달하였다. 특히 로마인들은 그리스인들처럼 독창성이 강하지는 않았지만, 지리적으로 새롭고 신기한 문화들을 가진 이웃 나라들과의 접촉이 빈번해지면서 사물의 가치를 유용성이나 유효성으로 판단하는 실제적, 공리적, 현실적 성격을 띠게 되었으며, 목적을 달성하기 위해 수단을 효과적이고 구체적으로 사용할 수 있는 능력이 높았다. 따라서 로마인들은 매우 실제적이고 공리적인 성격을 갖게 되어 로마 문화는 절충적이고 실제적이며, 동서의 교량적 문화로 그리스 고전을 유럽화하는 데 기여했다.

로마인들은 모방성이 강한 민족이었다. 로마인은 그리스어를 배우며 학문과 예술 분야에 있어서 그리스인들을 모방하였다. 특히 교육에 있어서도 로마인들은 어린 시절부터 부모로부터 고대 로마의 영웅전과 위인에 대한 이야기를 듣고, 그들의 행동을 모범으로 삼고 행동하도록 교육받았다. 희랍 문화를 모방했지만 그리스인들처럼 지적이거나 예술적이지도 않았고, 희브리인처럼 종교적이지도 않았다는 점에서, 현대 서양사회는 가치체계를 그리스인과 희브리인들로부터 물려받았고 제도, 조직, 행정 체계 같은 틀을 로마에서 이어받았다고도 한다.

또한 로마인들은 조직적인 군대, 정치적 조직, 도로와 건축물 등을 발달시켰으며, 인간의 이상적인 가치 요소보다 국민으로서의 권리, 의무 등의 실천적 요소와 가족생활, 사회 및 경제생활, 그리고 정치생활에서 로마인들이 지켜야 하는 도덕적 준법정신과 규율에 대한 의무를 강조하였다. 따라서 로마인들에게 있어서 법은 개인의 자유와 안전을 도모하는 중요한 수단으로 강조되었고, 법을 존중하며 법률을 준수하는 것이 로마인들에게는 생활화되었다.

이러한 도덕적 준법정신과 생활 법률을 통해 로마인의 권리와 의무를 규정하여 강조한 것은 로마의 관습과 전통을 확장, 발전시킨 것으로, 이러한 로마인의 삶과 이상이 반영된 로마인들의 도덕적 생활은 스토아학파(Stoic School)를 통해 일종의 로마 민족 고유의 윤리적 종교로 발전하기도 했다. 결국 로마인들에 있어서 생활 규율과 법 준수의 강조는 로마 교육에서도 법률과 웅변의 공부를 강조하게 되었으며, 교육에서도 궁극적인 목적인 웅변가의 양성으로 반영되었다.

2. 고대 로마 교육의 기본 이해

로마의 교육은 정치적으로 왕정, 공화정 그리고 제정의 정치형태를 거치면서 변화되었으며, 대부분의 시민들이 초보적 수준의 문자만을 배웠기 때문에, 자유민 남자는 최소한의 문자해득력을 갖추고 있었다. 가족제도를 중시하는 로마 문화에 의해 강력한 가부장제 사회하에서의 교육으로 시작하였으며, 일반적으로 로마 교육의 대상은 주로 남아들이었다. 따라서 로마의 교육은 기본적으로 가정교육의 강화에서부터 이해될 수 있다. 반면, 여아들은 학교교육을 받지 못했고, 주로 가정에서 어머니에 의해 가정생활에 필요한 도덕적 품성과 가사를 배웠으며, 읽고 쓰는 것과 같은 형식적인 지적 교육은 하지 않았다.

로마인은 라틴어를 사용했는데, 라틴어는 로마 멸망 후에도 약 천 년 동안 유럽에서 존속되었다. 특히 로마인들은 웅변을 좋아했기 때문에, 자유민에게는 웅변을 중히 여기는 습관이 형성되었으며 제정 시대의 중요한 교육의 목적이 되었다. 따라서 로마의 교육은 전반적으로 그리스의 교육방식에 동화되는 변화 속에서 발전했으며, 웅변교육을 중시하여 유능한 웅변가를 양성하는 데에 로마 교육의 목적이 있었다. 또한 고대 로마 시대는 학교교육이 국고의 보조에 의해 점차 이루어진 시기이기도 하다. 한편, 75년 베스파시안(Vespasian)이 세운 도서관을 중심으로 희랍 문화의 유입으로 세워진 아테나이움(athenaeum)이라고 하는 학문 센터가 형성되었는데, 이는 로마대학의 기원이 되기도 했다.

고대 로마의 교육은 크게 초창기의 왕정 시대, 공화정 시대의 로마 전통 교육 시기, 제정 시대의 그리스화된 교육 시기 그리고 기독교에 의한 세속교육 쇠퇴기로 구분되기도 한다. 일반적으로 로마 교육은 로마의 문화가 가장 꽃피었던 제정 시대의 교육을 의미한다.

왕정 시대의 교육

고대 로마의 왕정 시대(BC 753~509)에 대한 교육 사료는 거의 남아 있지 않기 때문에 자세히 알 수는 없다. 다만, 로마 전통에 따라 가정에서의 생활을 통한 경험과 부모의 시범을 통한 모방에 의한 교육만이 있었고, 학교교육을 통한 문자교육은 하지 않았을 것으로 보인다. 따라서 로마의 왕정 시대의 교육은 타문화의 영향을 받지 않고 로마 고유의 성격을 유지했으며, 가정과 일반 사회가 유일한 교육의 장이었다.

교육의 유일한 장소였던 가정에서는 부모의 시범을 통해서 생활양식을 배우는 것이 중요했고 남아는 아버지로부터 실제 관습, 모방과 도덕, 준법정신 등을 체득했으며, 여아는 어머니로부터 심정, 온화, 지조 등 여성에게 필요한 덕목을 배웠을 것이다. 따라서 로마 왕정 시대의 교육은 가장 중심의 가정에서의 양육이 교육의 주를 이루었으며, 가정이나 군대 병영에서 이뤄진 초기

로마 교육의 형태는 지적 교육보다는 실제적 교육 위주로 직업 혹은 군사 훈련이 교육활동의 중심이었을 것으로 보인다.

공화정 시대의 교육

로마 공화정 시대(BC 509~27)의 교육은 시기적으로 희랍 문화를 받아들이기 이전의 시기로, 가정의 중요성과 가정교육에서의 아버지의 역할 강화의 성격이 두드러져 순수하게 로마적인 시기로 볼 수 있다. 즉, 이 시기의 로마는 가정교육이 중시되어 부권이 절대적인 것이었고, 모성에 의한 교육도 중시되었으며, 상당히 군국적인 교육이 이루어졌다.

초기의 로마 공화정은 귀족제 정치 구조를 가지고 있었으며, 교육의 목적은 강건 불굴한 국민정신과 실용적인 생활력을 가지게 하는 것이었다(Wilds & Lottich, 1942). 특히 로마를 둘러싼 부족들과 끊임없이 싸워 가며 발전했던 공화정 시대에 있어서 교육적 인간상은 군국적인 성격으로 애국심과 도덕심이 강하며, 정직과 용기, 강직과 검소, 근면성과 성실성을 구비한 인간이었다. 이러한 인간상을 이상으로 삼았던 로마인들은 애국심이 강하고 법률을 준수하는, 즉 경건과 복종의 덕을 지닌 국가에 유용한 시민을 양성하는 데 교육의 목적을 두었다.

이와 같이 로마의 공화정 시대의 교육은 신체적으로나 정신적으로 건강하고, 부모에 복종하고 법률을 존중하며, 평화 시에 공적 업무를 잘 수행하고, 전쟁 시에는 전쟁터에서 잘 싸울 수 있는 용기를 지닌 인간을 키우는 것이었다.

이러한 로마의 공화정 시대 교육의 성격은 그리스의 스파르타 교육의 성격과 비교되기도 한다(Wilds & Lottich, 1942). 스파르타처럼 로마 역시 군사적인 측면을 강조하였기 때문에 엄격하고 훈련이 잘된 군대를 가지고 있었다. 따라서 로마의 거의 모든 시민들은 군대에 복무해야만 했다. 그러나 스파르타와는 달리 집을 떠날 필요는 없었다.

〈표 5-1〉 스파르타와 로마 공화정 시대의 비교

스파르타	로마 공화정 시대
군사교육	군대교육(반도의 특성)
훌륭한 군인	용감한 병사
애국 정신, 호전적 시민 훈련	의무관념이 강한 국민(선인)
훈련은 최고의 수업방식	가정교육이 중심

로마의 교육내용은 초등 수준에서는 읽기, 쓰기, 셈하기, 중등 수준에서는 주로 그리스어, 라틴어 교육이 강조되었다. 특히 로마에서는 3R's, 고대 로마에 있었던 최고의 성문법으로서 후에 로마법의 기초가 된 12동판법, 그리고 체육, 노래, 종교의식 등이 강조되었다.

로마의 교육방법은 모방과 실제 참여를 통한 활동으로, 로마인은 청소년들에게 모범이 될 구체적인 인물을 제시함으로써 모방하도록 했으며, 실제 참여 활동을 통하여 바람직한 습관과 행동을 형성하도록 했다. 로마인들은 신체적 활동을 체육관보다는 실제 전투장이나 야영지에서 혹은 실제로 무기를 가지고 하는 것을 선호했다. 또한 로마인들은 체조, 무도, 음악, 문학 등을 강조한 그리스인들과는 달리 남아들에 대한 훈련에 있어서 군인, 농부, 정치가 혹은 시민으로서 필요한 모든 활동에 직접 참여하여 활동하게 하는 것을 중요시했다.

로마의 전통적인 교육은 주로 가정에서 이루어졌지만 학교교육기관에 의한 교육적 노력이 서서히 발전했던 시기였다. 기원전 4~3세기부터 학교교육이 그리스 교육의 영향을 받아, 남아는 17세 때 입대하였고 하류층은 입대 대신에 가업을 계승하였으며, 상류층 청년은 소질과 적성에 따라 군인, 정치가, 연설가들의 교육을 받았다(송준식, 사재명, 2006). 그러나 로마 사회에 있어서 보다 조직화된 학교교육은 제정 시대부터 시작되었다.

가정교육

로마의 가정교육은 로마 교육의 기원 및 본체로서 중요한 역할을 하였으며, 어머니에게서는 일반적인 보육을, 아버지로부터는 운동과 지적 교육을 받았다. 특히 아버지의 최대 의무는 생활 전반에 걸쳐 솔선수범하면서 그 자녀를 훌륭한 시민이 되게 하는 것이었기 때문에, 자녀를 직접 가르치는 것에 대해 대단한 자부심을 가졌다. 또한 가정은 부의 절대권한에 의하여 도덕, 근면, 애국심 고취, 종교교육 등의 실용성 있는 사회교육이 이루어진 장소이기도 하다.

학교교육

로마 공화정 초기에는 학교 형태의 교육이 없었으나, 기원전 3세기경에 희랍 문화 유입 이후에는 루두스(Ludus: 초등), 문법학교(중등), 수사학교(고등) 등이 성립되었다.

루두스*   기원전 서민대중 자제를 위한 초등학교로, 교육내용으로 초보적인 읽기, 쓰기, 셈하기인 3R's, 12동판법 등을 가르치는 사적인 교수시설이다.

문법학교   기원전 3세기경 그리스에서 들여온 중등학교로, 사적으로 설립된 학교이다. 루두스에서 교육을 받은 약 12세가 된 시민들이 문법학교에 다녔으며, 납부금으로 유지되었다. 문법학교의 교육내용은 문법의 기초과정과 그리스의 위인전, 호메로스의 시, 라틴어 등이다.

수사학교   고등교육기관으로서 16세가 된 소년들에게 수사학과 웅변술을 교수하였던 학교이다.

---

*   읽기, 쓰기, 음악, 무용, 연기 등에 루두스란 말을 사용했다. 루두스란 젊은 신병의 훈련을 뜻하는 것으로 놀이나 게임의 의미가 있다. 또한 루두스는 싸움을 위해 사전에 연습하는 것을 의미하는 말이었다. 이후 놀이, 어린이의 게임, 그리스어 스콜레(schole)에 해당하는 활동을 가리키는 말로 전환되었다.

로마는 전통적으로 가정교육을 가장 중시하였으나 희랍 문화의 영향으로 점차 사설 교육기관이 설립되었다. 그러나 1차 포에니 전쟁을 통해 희랍 문화를 본격적으로 수용하고, 그리스의 문법, 수사학, 철학 등 모든 학문과 예술의 교사들이 로마로 몰려들면서 로마 전역에 그리스의 영향을 받은 학교들이 설립되었기 때문에, 로마의 공화정 시대의 교육은 서서히 변화를 겪게 되었다.

제정 시대의 교육

로마의 제정 시대(BC 27~AD 476)는 로마제국의 황금기로서 로마의 문화가 최고조에 달한 시기로 교육제도가 보다 체계화된 시기이다. 기원전 264년 카르타고(Carthago)와의 포에니 전쟁의 승리로 지중해 지역을 확보한 로마는 기원전 27년에 아우구스투스(Augustus)가 정권을 장악함으로써 공화정에서 제정으로 전환되었다. 즉, 공화정 체제로서는 로마제국을 통치하는 데 한계가 있었기 때문에, 강력한 권력자가 통치하는 제국적 체제의 필요성이 대두되었다.

이후 로마 황제의 통치권이 확대되면서 사회적으로 많은 변화가 일어났다. 특히 로마의 제정 시대는 기원전 2세기 중엽부터 흘러 들어온 희랍 문화의 영향으로 세계화가 이루어진 시기이며, 많은 교육기관이 생기고 교육제도도 체계화되어 학교교육이 중심이 된 시기이다.

기원전 2세기 중엽부터 로마인들은 그리스의 문화와 교육을 접하게 되었으며, 수많은 교육받은 그리스인들이 전쟁포로, 노예 혹은 상인으로 로마에 들어왔다. 그리스인들이 로마에서 사설 학교를 세우면서 로마 고유의 가정교육은 그리스 방식의 학교교육으로 그 기능이 점차 바뀌었다. 따라서 로마의 제정 시대는 로마 문화의 전성기로 희랍 문화에 완전히 동화된 시기라고 볼 때, 무력에 패한 그리스는 문화로서 로마를 정복했다고 볼 수 있다.

이러한 관점에서 공화정 시대의 교육의 성격을 스파르타와 비교하는 것과는 달리 제정 시대의 로마 교육은 후기 아테네 교육의 성격과 비교되기도 한다.

〈표 5-2〉 후기 아테네 시대와 로마 제정 시대의 비교

후기 아테네 시대	로마 제정 시대
자유 시민	실용적 인간(정치가, 웅변가)
인간중심주의	스토아학파
솔론 법	12동판법
고등교육(사교육) 발달	고등교육(공교육) 발달
19세기 신인문주의에서 부흥 시도	14~16세기 인문주의에서 부흥 시도

로마의 그리스화는 로마의 상류 귀족계층에 큰 영향을 주었는데, 그리스어를 구사하는 것이 필수였고, 그리스의 철학과 문학 및 예술을 동경하였으며, 로마의 상류계층 젊은이들은 아테네와 소아시아로 여행하는 것이 일종의 관례이기도 했다(정영근 역, 2012).

한편, 로마 제정 시대는 학교 중심의 교육이 이루어진 시기로, 교육에 대한 관심이 많아 각지에 도서관, 교육기관, 학교 등을 설립하여 교육 진흥을 추구했던 시기이다. 따라서 로마 공화정 시대에는 국가의 교육 통제가 미약했지만, 1세기부터 국가가 교육을 통제하게 되었으며, 로마 전역에 학교가 설립되기 시작하였고, 자치시에서 거둔 세금으로 교사들의 급료를 지급하기도 했다.

그러나 기독교의 국교화로 기독교가 성장하고 교리가 체계화되어 교회가 조직화되면서 종교교육이 중요해지는 한편, 기존의 세속 학교들은 점차 소멸하게 되었다.

교육목적

로마 제정 시대의 교육 기능은 국가에 헌신할 수 있는 연설에 능숙하면서 선량한 인간을 양성하는 데 있었다. 따라서 로마 제정 시대의 교육목적이 언어능력을 지닌 완전한 웅변가를 양성하는 것이었기 때문에, 로마인들은 수사학에 많은 관심을 가졌다. 특히 언어의 능력과 공적 토론을 통하여 넓은 교양을 쌓고, 도덕적 성품을 갖추며, 자신 있게 웅변이나 토론을 할 수 있는 능력

을 강조하였다.

교육내용

그리스화한 로마 문화에 바탕을 둔 교육으로 변화했으며, 언어능력, 공개연설 훈련 등 웅변가와 연설가 양성에 걸맞은 교육을 하였다. 특히 희랍 문화의 영향으로 미적, 인문주의적 교양을 중시하면서, 자신 있고 설득력 있게 말하는 능력, 도덕적 성품 그리고 넓은 교양을 갖추도록 했으며, 로마의 세계화 및 윤리의 타락으로 인해 로마법과 윤리학을 강조하였다.

초등교육은 읽기, 쓰기, 셈하기 중심이었으며 그 이상의 것은 다루지 않았다. 12동판법은 읽기의 교재로 계속 사용되었으나 키케로(Cicero) 시대에 이르러 호메로스의 시를 라틴어로 옮기거나 도덕적 격언을 운문화하는 데 전적으로 힘쓰게 되었고, 셈하기는 어려운 로마표기법 때문에 매우 초보적인 수준에 머물렀다(Wilds & Lottich, 1942). 중등교육은 문법학교에서 문법, 수사학, 변증법, 산술, 기하, 천문, 음악 등의 7자유과(Seven Liberal Arts)가 가르쳐졌으며, 고등교육은 수사학교, 철학학교 등을 통해 논리학, 윤리학, 변증법, 문리학 등의 지적 발달을 이상으로 다루었다. 특히 수사학은 설득, 즉흥연설, 그리고 로마의 법이나 도덕원칙의 중점에 대해 토론하는 것을 포함하였으며, 도덕적이고 교양적인 내용도 강조하였다(Wilds & Lottich, 1942).

교육방법

로마인들은 다양한 필기구를 사용했는데, 글을 쓰는 사람들은 한쪽 끝이 날카로운 첨필로 밀랍 표면에 문자를 새겼고, 오자가 나오면 반대쪽 뭉툭한 부분으로 비벼서 새로운 글자를 새겼다. 편지나 문서를 작성할 때에는 종종 갈대나 첨필을 문어 먹물로 만든 잉크에 적셔 파피루스에 적었다. 로마인들은 띄어쓰기를 잘 하지 않았고 구두점도 찍지 않았기 때문에, 글을 읽는 사람들은 내용을 파악하는 데 어려움이 있었을 것이다(윤영호 역, 2004). 로마 초기에는 엄격한 훈련을 통한 교육을 강조하였으나, 로마 후기로 갈수록 흥미와 개성을 존중하는 교육을 하였다.

학교제도

로마 제정 시대의 학교교육은 문자교사(literator)에 의한 초등교육기관인 루두스라는 문자학교와 문법교사(grammaticus)에 의한 중등교육기관인 문법학교, 그리고 수사학교사(rhetor)가 가르치는 고등교육기관인 수사학교로 구분된다. 이러한 로마 제정 시대의 학교제도는 서양교육사에서 초등, 중등 그리고 고등으로 구분된 단계별 교육제도의 성격을 띠는 체계화된 학교제도의 시작이라고 볼 수 있다.

문자학교 로마 제정 시기의 문자학교(school of the literator)는 로마 공화정 시대의 루두스에서 비롯된 것으로, 원래 루두스라고 불리다가 나중에 학교가 좀 더 조직화되고 나서는 문자학교라고 불렸다(한명희, 1997). 문자학교는 직위와 계층을 불문하고 6, 7세에서 12세까지의 남아를 중심으로 하고 일부 여아를 대상으로 하였던 초등 단계의 학교였지만, 학교의 관리와 운영은 아이들의 수업료에 의존하였던 사설기관이기 때문에, 문자학교에 다니는 아이들은 한정될 수밖에 없었다.

교육내용은 읽기, 쓰기, 셈하기 중심의 3R's와 12동판법으로, 특히 모국어를 중시하여 학습하였지만, 회계장부를 기록할 수 있을 정도의 쓰기와 셈하기 정도만을 가르쳤다. 문자학교에서의 교육은 주로 단순 암기와 반복 위주였으며, 강압과 체벌은 문자학교에서의 일반적 관행처럼 여겨졌고, 교사의 수준도 낮았기 때문에 문자학교 교사들의 사회적 지위는 낮았으며 보수도 낮고 존경을 받지도 못했다.

문법학교 문법학교(Grammaticus)는 로마의 중등교육을 담당했던 학교로

주로 12, 13세에서 14, 15세까지의 상류층 소년들만이 교육을 받을 수 있었다. 희랍어 문법학교와 라틴어 문법학교가 있었는데, 문법은 정확한 화술과 시인의 작품들에 대한 설명을 의미하는 것으로 문법과 문학을 포함하는 것이었기 때문에, 문법학교의 교사는 그리스와 라틴어의 문법과 문학을 가르쳤으며, 약간의 정부 보조를 받아 학교를 운영하였다.

문법학교의 교육내용은 호메로스의 시, 문학, 역사, 그리고 교양과목의 효시인 7자유과를 다루었다. 특히 7자유과는 고대와 중세에서 가장 주축이 된 교과이기도 하다. 특히 문법학교의 교육내용에 대해 키케로가 제시한 문법학교의 이상적인 교육내용인 '음악에서 리듬과 소리, 기하에서 선분, 도형, 용적, 크기, 천문학의 천체회전운동, 문학에서 시인에 대한 연구, 연사의 학습, 적절한 억양에 관한 설명, 그리고 웅변이론, 문체, 배열, 기억, 연설이론' 등을 통해서 보더라도, 중심학문인 문학과 문법 외에도 음악, 기학, 천문학 등 그리스의 자유교양과목이 주요 내용이었음을 알 수 있다(Bowen, 1972).

7자유과

고대 로마 시대부터 중세에 걸쳐 주로 중등교육 이상에서 이수하던 과목으로 그 내용은 3학 4과로 구성되어 있다. 3학(學)은 문법, 수사학, 변증법이고, 4과(科)는 산술, 기하, 천문, 음악이다. 이것은 직업적이며 실제적인 교과에 대한 인문교육을 의도하는 것으로서 그 기원은 플라톤, 소피스트 또는 퀸틸리아누스(Quintilianus) 등에서 찾아볼 수 있다.

오늘날 우리가 말하는 교양학과는 이 7자유과에 해당하는 것이 많고 실용주의 교육 또는 직업교육에 대한 교양교육 또는 자유교육을 의도하는 것이다. 이와 같은 교육은 미적이며 백과사전적인 다면적 지식을 위한 교육을 주입적으로 전달하는 것을 중심으로 한다. 7자유과는 오늘날 인문 고등학교의 교육과정의 기본이 되었으며 교과중심 교육과정의 최초의 형태라고도 할 수 있다.

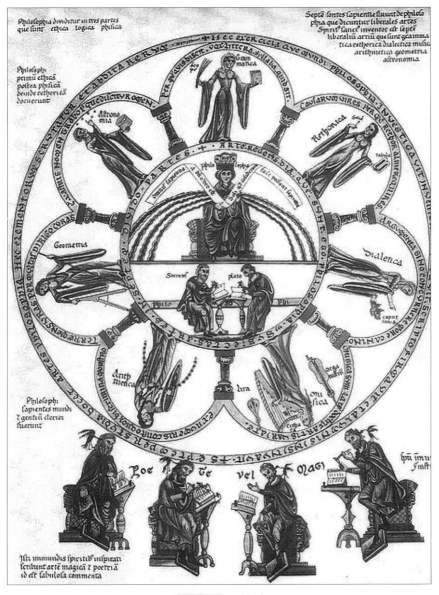

그림 5-2 7자유과

한편, 로마인들은 그리스의 이상 추구의 학문보다는 오히려 자신들의 실제적 성향에 맞게 도덕성과 세계 질서에 대한 신념을 강조하는 스토아 철학을 받아들였으며, 문법과 수사학을 자신들의 고등교육의 기본교과로 강조하였다.

수사학교   로마 제정 시대의 고등교육을 담당했던 수사학교(school of rhetoric)는 15, 16세에서 18세까지의 청년을 가르친 로마인의 최종적인 고등교육기관이다. 15세 내지 16세가 된 정치활동에 관심이 많은 소년들은 수사학교에 다녔다. 교육내용은 라틴어, 그리스 문법, 윤리학, 로마법, 7자유과였는데, 수사학은 국가의 관료나 장교를 비롯한 상류층이 되기 위한 수단적 능력이었기 때문에 특히 가장 중시하였다. 당시 로마에서 웅변인은 교양과 지식을 갖춘 전형적인 인간으로 인정되었기 때문에 수사학교에서는 연설의 기법을 배우고, 수사학의 실제적인 측면을 연구하였으며, 웅변의 주제와 형식을 연습하였다. 따라서 로마 제정 시대의 수사학교는 가장 중요한 교육기관으로 정부에서 보조금을 지급하였다.

후기 로마 교육에 대한 평가

로마의 교육은 기원전 2세기에는 학교교육이 거의 보편화되었으나, 로마 후기로 갈수록 광범한 재능을 가진 웅변가를 기르지 못하고, 편협한 언어능력을 가진 사람을 양성함으로써 사회, 문화적 실재에 부응하지 못하였다. 또한 고등교육기관도 상류계층을 위한 것이었기에 시민의 교육은 방임된 상태였다.

특히 기독교의 로마 국교화 이후에는 기독교 교회의 교육이 로마의 학교교육으로 대치되었으며, 대부분의 수사학교가 기독교 교리문답학교로 바뀌어갔다. 결국 로마 후기에는 점차 기독교 중심의 사회가 형성되면서 고대 로마의 학교교육은 실제적 가치가 상실되어 갔으며, 2, 3세기 무렵 야만족의 침입 이후, 로마제국의 멸망과 함께 점차 사라지게 되었다.

3. 고대 로마의 초등교육

고대 로마에서 기본적으로 아동교육을 담당했던 곳은 가정이었다. 고대 로마에 있어서 가정은 단순한 사회적 단위의 조직뿐 아니라 교육의 기관으로서 매우 중요한 위치에 있었다. 물론 가정에서의 양육은 어머니가 맡았지만, 교육을 위한 남아의 훈련은 아버지가 전적으로 맡아서 했다(Sharpes, 2002). 이는 고대 로마의 기초교육을 담당했던 루두스 리테라리우스(Ludus litterarius)의 교육 여건이 형편없었기 때문에 자기 자식을 직접 가르칠 수 있었던 가정에서의 아동교육은 기본적으로 아버지가 직접 가르치는 것이 일반적이었다. 특히 부자인 경우 가정교사가 교육을 했기 때문에, 어머니는 자식에게 바람직한 주의 말씀이나 정평한 조언들을 던지는 것으로도 그 책임을 다한 것으로 인식되었다.

반면, 기원전 2세기의 경우 직업적 사립학교들이 많아지기 시작했는데, 가난한 부모들은 아이들을 루두스라는 사설학교에 보내는 것으로서 모든 의무에서 벗어났다. 따라서 고대 로마의 초등교육은 공화정 시대 후반부터 생긴 루두스를 통해 알 수 있다(류재화, 2003: 213-216). 루두스의 교육풍경을 살펴보면, 옹색하고 불편한 건물 내에서 7세에서 13세 내외의 여아들과 7세에서 15세 내외의 남아들이 뒤섞여 같이 수업을 받았으며, 교실 시설로는 교사를 위한 의자, 아동들을 위한 긴 벤치형 의자, 팔걸이와 등받이 없는 나무의자, 검은 칠판과 작은 게시판, 몇 개의 주판식 계산대가 전부였다(Marrou, 1956).

루두스에서의 수업은 쿠인쿠아트루스(미네르바 신을 기리는 5일간의 축제 휴가)와 여름방학 이외에는 1년 내내 똑같은 방식으로 교육하는데, 기계적으로 읽고 쓰고 셈하는 것을 가르치는 것이 전부였다. 루두스에서 교사들은 대부분 구태의연한 방식으로 수업을 했으며, 로마의 아동들은 밀랍을 바른 판자에 글자 쓰기를 배웠다. 당시 아동들은 문학의 표본으로 간주되었던 호메로스의 작품과 12동판법을 낭송했다. 기원전 450년에 제정된 12동판법은 로마인의 기본적인 가정 및 사회생활에 관한 부권, 재산권, 종교, 정치 그리고 군사상의 의무를 규정한 법전으로 로마인들에 있어서 12동판법은 교육내용 그 이상의 의미를 가졌다. 따라서 로마 아동들은 기본 교재로서 12동판법을 암송하였다.

- 글자: 먼저 문장 형태를 가르치기 전에 각 철자의 이름과 순서를 가르치고 학생들이 모양에 따라 문자를 겨우 구분할 수 있게 되면 다시 새로운 노력을 기울여 글자들을 음절별로 모으고 하나의 단어를 만들 수 있게 하는 식으로 이루어졌다.
- 쓰기: 학생들한테 글자 하나를 보여 주고, 어떤 원리 설명 없이 교사의 손가락을 그대로 따라서 써 보는 식으로 이루어졌다. 단순하게 글자를 베껴 쓰는 것일 뿐 원리의 터득이 없으니 혼자서 다른 글자를 응용해 능통하게 쓰기까지는 여러 해 수업을 거듭해야만 가능했다.
- 셈하기: 수 시간 동안 그저 손가락으로 셈을 하며 익히는 식으로 오른손 한두 손가락과 왼손 서너 손가락을 가지고 셈을 했다. 그러다 십이 넘어가고 백이 되고 천이 되면 작은 조약돌을 동원하거나 주판대(아바쿠스, Abaqus)의 해당 열을 따라가면서 셈을 했다.

경우에 따라서는 놀이 수업을 하는 경우도 있었다고 한다. 헤로드 아티쿠스라는 사람이 그의 어린 아들에게 붙여 준 교사는 학생이 즐겁게 글자를 익힐 수 있도록 하기 위해 상아나 과자 모양으로 된 알파벳 도구 정도에 만족하지 않고 알파벳 24개 글자를 크게 하나하나 써서 이것을 다시 커다란 널빤지에 부착한 다음 그의 집에서 부리는 노예들 중 24명을 뽑아 그 널빤지를 등에 달게 해서 바로 학생이 보는 앞에서 단어 조합을 해 가며 정렬 및 이동하는 수업을 하였다.

고대 로마는 다른 사회보다 상대적으로 법적인 자유가 더 많이 보장되기는 했지만, 대부분의 여성은 제한된 삶을 살았고 여아에 대한 기본 교육은 남아와 마찬가지로 가정에서 이루어졌으며, 농경생활을 위한 생활 위주의 교육으로 단순했다(조경원 외, 2005). 또한 로마의 처녀들은 12세쯤에 결혼했는데, 무엇보다 먼저 자식을 낳아 진정한 로마의 시민으로 양육할 의무가 있었기 때문에, 로마의 여아들은 가정과 조국이라는 이중의 의무에 충실할 수 있도록 교육을 받으며 성장했다(조경원 외, 2005).

로마의 초등교육은 2세기에 초등학교 시설(루두스)이 상당히 보급된 것으로 보이며, 하드리아누스(Hadrianus) 황제 시기에 루두스가 상당히 보급되어 제국 수도에서 가장 멀리 떨어져 있는 지방에도 초등학교 시설이 보급되었으며, 벽지에 들어가서 정착하여 가르치는 선의의 교사들에게 재정적 특혜를 부여하며 이들을 고무시켰다고 한다. 그러나 2세기에 초등학교 수는 증가했지만 교사들의 질적 수준은 낮았기 때문에 오늘날 학교에 부여되는 의무들을 다했다고 보기는 힘들다. 왜냐하면 당시 초등학교의 교사는 일반적으로 노예나 정복당한 나라에서 잡혀 온 사람들이었기 때문이다. 따라서 루두스에 대한 사회적 인식 수준은 낮았으며, 교사에 대한 사회적 대우도 매우 낮았다(류재화, 2003: 211-213). 반면, 중등교육이나 고등교육을 담당한 교사들은 어느 정도 사회적으로 그 지위를 인정받았으며, 그리스에서 온 철학자나 학자들의 경우 더욱 대접을 받았다.

기원전 1세기 초 작가들의 글에는 교사들을 극장의 동물 조련사처럼 비열하고 무지막지한 역할로 묘사되었으며, 대부분의 교사들은 한 달에 8아스(as)라는 박봉을 받아 보조생계비를 충당했으며, 사실상 귀족의 하위계급, 즉 노예들이었고 좀 나은 경우는 해방노예인 평민들이 귀족 자제의 교육을 담당하였다. 이렇게 교사가 자기 집을 찾아와 가르치는 가정교사이기 때문에 귀족의 아이들은 교사를 하대하거나 무시할 수 있었다.

> ### 플라우투스의 극(버키데스)
>
> 조숙한 소년인 피스토클레루스는 가정교사인 뤼두스를 자기 뜻대로 하기 위해 그의 노예 신분 처지를 상기시킴으로써 굴욕감을 주었다. 마침내 뤼두스가 그 소년에게 다음과 같이 말한다. "내가 너의 노예냐? 너의 선생이냐?

루두스에서는 체벌이 만연되었기 때문에 아이들은 체벌을 피하기 위해 본능적으로 눈치를 보고 위선과 거짓과 비굴한 생활을 하였다. 특히 제국 시절에도 교사들은 좋은 평판을 누리지 못했으며, 심지어 덕망 있는 인사들은 교사들을 거의 사회 쓰레기로 보고, 그들과 어울리면 사회적 품위가 떨어진다고 생각할 정도였다. 425년 알라리크(Alaric) 왕 시대에 와서야 비잔티움에서 처음으로 교사 직업에 응당하는 보수가 제공될 정도로 교사에 대한 사회적 대우는 좋지 못했다. 심지어 아이들을 상대로 자신의 성적 새디즘을 만족시키는 경우도 있었으며, 퀸틸리아누스는 다음과 같이 한탄하기도 했다.

> 이를 어떻게 입에 담아야 할지 모르지만, 그 어떤 짓을 하고야 말았으며 아이들은 이내 수치심으로 물들었다. 더 기가 막힌 것은 학습 감독관이나 교사들의 이런 습성을 확인하는 일은 증거가 없다는 이유로 행해지지도 않았다.

따라서 로마의 루두스는 교육을 맡은 기관이면서도 아동의 유년 시절을 망칠 수도 있는 곳이었으며, 학교는 도덕정신을 더욱 강화시키기보다는 약화시켰고 육체를 더욱 건강하게 만들기보다는 약하게, 아니 죽게 만들었다. 학교에서 배운 것을 가지고 그나마 정신과 영혼의 틀을 갖추었다 해도 더 가꿔 나가기엔 역부족이었다. 결국 고대 로마의 국민기초교육은 거의 파산 지경이었으며, 오늘날과 같은 기초 및 중등교육에 해당하는 교육을 고대 로마의 귀족들에게 공급한 것은 문법학교와 수사학교 교사들이다.

4. 고대 로마의 아동인식

로마의 시조 로물루스와 레무스는 부모들에게 버림받은 아이들이었다는 건국신화에서 알 수 있듯이, 고대 로마에도 영아살해나 유기의 풍습이 있었다. 로마의 고문관이었던 세네카(Seneca)와 플리니우스(Plinius)는 영아살해와 유기가 인구조절을 위해 필요한 수단이라고 보았으며, 자녀들을 유기시키는 대신 갓난아이를 바구니에 넣은 채 광장에다 버리는 바구니 제도(potting)가 있었다. 때로는 자신의 자녀를 양자로 채용하도록 비싼 장식품을 바구니와 같이 놓아 두곤 했다. 이러한 바구니 제도의 예는 성경의 출애굽기 2장에 나오는 모세의 경우에서도 볼 수 있다.

고대 그리스의 아동양육은 고대 로마에도 그대로 영향을 주었는데(이경우역, 1986: 17), 특히 고대 로마의 가정은 아버지의 권한이 컸던 가부장적인 분위기였으며 가정교육에 있어서도 부권의 영향이 높았다. 고대 아테네에서 아버지는 새로 태어난 어린아이들의 삶과 죽음에 대한 결정을 내릴 수 있었지만, 가족으로 받아들여진 이후 아동의 삶과 죽음에 대해 아버지의 결정권은 제한되었다. 그러나 로마 사회에서 아버지는 아이들을 죽이는 법적인 권리를 가지고 있을 만큼 아버지의 의지와 권한인 부권(patria potestas)은 아동들의 역할과 과정을 규정했다(Colón & Colón, 2001). 이러한 아버지의 권리는 심지어 자식이 성인이 된 이후에도 인정되었다. 고대 로마의 이러한 부권은 친아들뿐 아니라 입양된 아들에게도 적용되었으며, 부권은 아버지가 죽음으로서 끝났을 정도였다.

이러한 고대 로마의 아버지의 권리는 12동판법에도 잘 나타나 있다. 12동판법에 의하면 아버지의 교육적 역할이 명확하게 나타나 있는데, 심지어 자식에게 미치는 아버지의 권한에는 지도 편달, 감금, 강제노동, 매각이라는 비상수단까지도 포함되어 있다. 이러한 부권의 강화로 시작되는 교육은 자녀에 대한 아버지의 생사여탈권에서부터 시작된다. 출생한 유아를 아버지 앞에 갖다 놓았을 때, 아버지가 안으면 그 아이는 인정을 받아 가정에서 양육이 될 수 있었지만, 아버지가 보려고 하지 않으면 그 아기는 유기되었다. 그러나 안토니누스 피우스(Antoninus Pius) 시기에는 아버지의 무능력이 입증되면 판결관들은 굳이 아버지의 명예를 깎아내릴 일을 만들지 않고 양육권을 바로 어머니에게 돌리기도 했다.

고대 로마의 생활은 기본적으로 농경생활을 바탕으로 했는데 계층을 불문하고 모든 가정에서 온 가족이 모두 농사일에 종사했기 때문에, 어린아이들도 가족의 일원으로 농사일에 예외일 수 없었으며, 직접 참여해서 노작 방법을 배워야 했다. 이러한 농경생활은 자연스럽게 가족의 연대감을 필요로 했으며 이를 바탕으로 하는 가정교육의 중요성이 로마 교육의 근간이 되었다. 따라서 로마의 부모들은 어릴 때부터 아이들에게 가족생활을 통한 공동체적 의미와 가족의 우두머리인 가장에게서 모든 권력이 나온다는 사실을 교육시켰다. 특히 남아들은 성장과정에서 아버지의 지도를 직접 받게 되며, 아버지는 아들에게 규율을 가르치면서 절대적인 복종의 미덕을 가르쳤다. 반면, 여아는 어머니를 모방함으로써 배웠다.

로마의 남성들은 고대 그리스와는 달리 가정에서의 여성들의 역할을 중요시했기 때문에, 남아들은 가정에서 부모의 관심 속에 건강하게 양육되었으며 가정교육은 로마의 튼튼한 사회적 기반으로 확립될 수 있었다. 따라서 로마의 어머니들은 가정 내에서 자녀 양육의 책임을 어느 정도는 갖고 있었으며, 어머니가 자녀들에게 들려주는 이야기는 교육적 감화로 많은 도움이 된다고 생각했고, 나름대로 자녀들에 대한 권위를 가지고 경건한 마음으로 양육을 했다.

특히 로마에서 아버지들은 좋은 아버지가 되고, 좋은 남편이 되는 것을 국가의 일만큼이나 중요하게 여겼기 때문에, 아이들에게 읽고 쓰기를 가르치며 일부는 수영도 가르쳤으며, 어린아이가 목욕을 하면 목욕수건을 들고 기다리는 등 친절하고 세심하게 자녀를 돌봄으로써 어린 시절부터 아이들을 직접 양육하고 교육시키는 데 소홀함이 없었다(송준식, 사재명, 2006).

고대 로마 사회에서는 아버지가 홀로 아들 교육을 담당하는 것에 대한 자부심이 높았다(류재화, 2003; Sharpes, 2002). 카토(Cato)도 자신의 아들에게 읽고 쓰고 전투하고 수영하는 법을 몸소 가르치면서 스스로 긍지를 느꼈다고 한다. 아들의 이해력이 눈뜨자마자 카토는, 비록 킬로라는 훌륭한 '문법교사'를 종으로 데리고 있었지만, 자신의 아들을 가르치는 교사의 직분을 떠맡아서 그의 아들과 함께 다른 아이들 몇 명을 가르쳤으며, 몸소 글자를 가르치고 법을 설명해 주고 신체의 단련을 돌보아 주었다. 또한 카토는 창던지기와 육박전, 말타기, 권투, 심한 더위와 추위 견디기, 물살 센 강을 헤엄쳐 건너기 등을 가르쳤으며, 본인 자신의 말로 직접 쓴 역사책으로 옛날 로마인들의 위대한 행적과 로마의 풍속에 관한 지식을 습득할 수 있도록 했다고 한다(이홍우 외 공역, 1994: 98).

그러나 하층계급의 가정에서는 아버지가 직접 가르칠 여건이 되지 않았으며, 그렇다고 가정교사를 고용할 수도 없었기 때문에 시설이 열악한 사립학교(루두스)에 보내는 것으로 부모의 도리를 다한 것으로 여겼다.

공화정 시대에는 나라이자 주인이었던 남편의 권위에 엄격히 순종하던 여성이 남편과 동등한 위치에서 경쟁하게 되고, 재산의 공동 관리 체제하에 있던 여성이 완전 혹은 거의 독립하여 살 수 있게 되었으며, 다산을 자랑하던 여성이 다산을 회피하고, 정숙했던 여성이 변덕을 부리고 타락해 갔다(조경원 외, 2005). 물론 로마의 어머니들도 어린 자녀들을 양육하는 것을 중요시하며, 가정적, 사회적으로 높은 식견을 지니고 있었던 것으로 알려지고 있지만, 아동의 교육은 가부장적 아버지에 의해 이루어졌기 때문에 제정 시대 이후 점차 로마 여성들은 특별히 할 일이 없이 무위도식하는 경우가 많았다고 한다. 어머니들의 이러한 직무유기로 심각한 피해를 받는 것은 아동들이었다.

　한편, 아동기 이후 14~17세 사이에 귀족계층 청년들은 매년 3월 7일에 열리는 자유민 의식에 참여하게 된다. 이 의식은 청년들이 소년 시절의 자줏빛의 토가 프라에텍스타(toga praetexta)를 벗고, 성인이 된다는 의미의 흰색 토가 비릴리스(toga virilis)를 입고 공회소나 신전까지 행진하며 자신의 이름을 시민 목록에 등재하는 것으로, 일종의 성년식이라고 할 수 있다. 이후, 소질과 능력에 따라 군인, 정치가, 웅변가 등 각 분야에서 로마의 시민이 되었으며, 최종 과정인 군대생활을 통해 더욱 성숙한 로마인이 되었다.

☕ 참고 자료 **주요 교육사상가**

카토
(Marcus Porcius Cato, BC 234~149)

1. 교육사상

- 최초 라틴어 산문 작가이자 로마의 전통주의 교육사상가
- 로마 문화의 희랍화를 우려: 고대 로마의 미풍과 전통을 교육의 중심으로 삼음
- 로마 고유의 미덕인 '정직과 무용'을 중시
- 민족의 전통교육을 강조
- 남아가 출생하면 어머니에 의하여 양육, 아동기에 이르면 3R's, 체육, 12동판법 등을 가르치고, 성인이 되면 회의, 재판 등을 참관하게 하여 정직(正直)과 무용(武勇)을 중시
- 가정교육 중시: 자녀교육은 부모의 책임

2. 공헌

- 라틴 산문 문학을 개척하는 데 기여
- 로마 문화 발전의 기틀을 마련

키케로
(Marcus Tullius Cicero, BC 106~43)

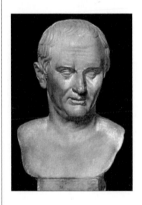

1. 교육사상

- 공화정 시대의 대표적 학자, 웅변 정치가이자 문장가
- 희랍화된 로마의 대표적 교육사상가
- 성선설에 입각한 교육이론을 전개
- 인문적 교양을 지닌 웅변인을 양성: 희랍 문화를 중심으로 하되 교육목적은 국가에 충성할 수 있는 로마시민을 양성하는 것
- 학예, 교양, 웅변술을 교육의 중심으로 하며 인문주의, 자유주의 교육을 중시
- 전통적으로 중시되어 오던 체육을 경시
- 『대웅변론(大雄辯論)』: 로마인에 의한 최초 서적
  (15, 16세기의 인문주의 시대에 유일한 문장의 표준이 됨)

2. 공헌

- 그리스의 전통적 가치와 이상을 라틴세계에 널리 알림
- 로마 교육의 기본목표는 의사전달의 중요한 수단이 되는 대중연설의 강화

세네카
(Lucius, A. Seneca, BC 4~AD 65)

1. 교육사상

- 고대 로마의 스콜라 철학 사상가이며 대 문장가로 진보적인 교육사상을 논함
- 생활중심의 교육 강조
- 성악설을 주장하지만, 교육의 필요성 역설: 인간은 원죄를 가지고 태어났기 때문에 선으로 바꾸기 위해서는 오로지 교육이 필요(인간은 악을 가지고 태어난 것을 교육에 의하여 덕으로 향하게 해야 한다.)
- 이성이 감성을 지배하는 데서 덕과 행복을 얻게 된다는 도덕주의 교육관
- 주지주의, 암기주의, 형식주의의 비실용적인 교육을 반대하고 생활을 위하여, 개성에 적응하여 교육해야 한다는 근대적 생활교육 사상과 개성 존중 사상을 강조
  → 아동 중심, 개성 존중, 자율성 강조
  → 획일적 교육 반대, 자발성 교육 강조

2. 공헌

- 그리스도교 저술가들에 많은 영향을 줌
- 스토아 학파 이론과 르네상스 이후 고전극에 영향을 줌

퀸틸리아누스
(Marcus Fabius Quintilianus, 35~100)

1. 교육사상

- 로마의 대표적인 교육사상가로 수사학교를 직접 설립하여 웅변술을 교수(수사학의 아버지)
- 최초의 공적 교사로서, 공적 보조금과 공적 봉급을 받음
- 웅변가의 양성: 로마에 있어서 웅변가는 교양 있고 선인이며 변론에 경험이 많은 사람
- 공립학교교육 주장: 학우로부터의 자극 및 사회성 배양 등의 장점이 있음
- 가정교육: 아동에 대한 태도와 정확한 언어 사용 중시
- 조기교육 중시: 기억력은 어렸을 때가 가장 강함(외국어 조기교육 강조)
- 학교교육: 가정교육보다 학교교육의 우위성을 주장하고, 완전한 공립학교 체계의 확립을 주장
- 개성 존중과 아동 중심의 교육을 주장
- 흥미 본위의 유희적 교수방법을 사용
- 체벌을 부정
- 교사 선발의 중요성 강조
- 『웅변교수론(雄辯教授論)』 저술: 로마 유일의 교육전서, 체계적이고 과학적인 세계 최초의 교육서

- 교사관(교사가 아동에게 대해 지켜야 할 10가지 덕목)
  - 교사는 따뜻한 정을 가져야 한다.
  - 교사는 스스로 악덕한 짓을 하지 말아야 하며, 허용도 금물이다.
  - 교사는 아동에게 너무 엄격하거나 관대하지 말아야 한다.
  - 교사는 선한 것에 대해 응답하여야 한다.
  - 교사는 분노를 표출하지 않아야 한다.

- 교사의 교수법은 평이하고, 근로에 인내성을 가져야 한다.
- 교사는 학생들의 질문에는 신속히 응답하고, 없으면 물어보아야 한다.
- 교사는 교정할 때 냉혹하거나 비난해서는 안 된다.
- 교사는 날마다 아동이 오래 간직할 수 있는 이야기를 들려주어야 한다.

• 체벌관(체벌 반대의 7가지 이유)
- 체벌은 불유쾌하다.
- 말로 해서 듣지 않는 좋지 못한 아동을 회초리로 때린다고 좋아지는 것은 아니다. 오히려 회초리에 대해서 무감각하게 될 것이다.
- 회초리를 사용하는 것은 교육하는 쪽에 결함이 있는 것이다.
- 회초리가 통하지 않게 된 청년기 이후의 교육방법이 문제된다.
- 회초리는 아동들에게 열등감과 정신적인 불안에 빠지게 한다.
- 교사의 질이 낮은 경우 학생들은 회초리를 면치 못할 것이다.
- 회초리를 맞은 아동의 공포는 다른 아동에게도 영향을 미칠 수 있다.

2. 공헌

• 현대 교육사상의 기초 이론을 정립했다는 평가를 받음
• 교육에서 교사의 중요성을 부각시킴

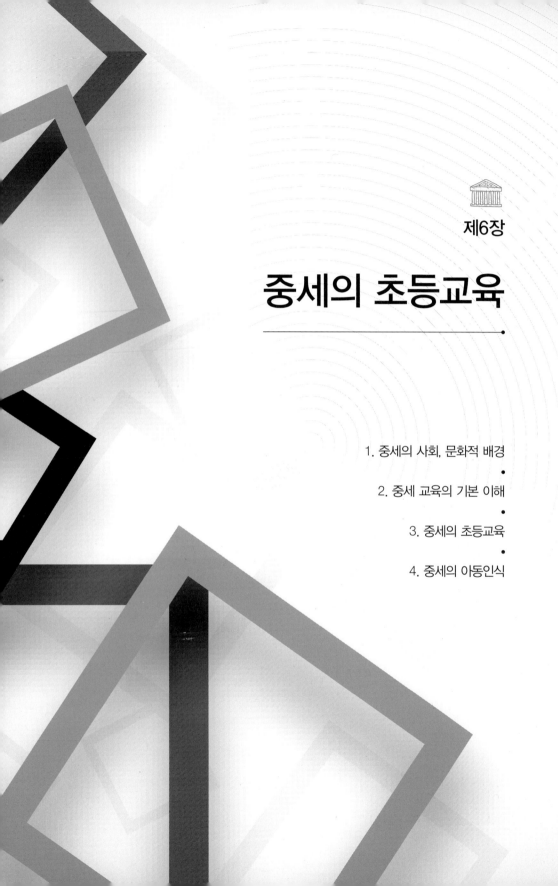

제6장

중세의 초등교육

믿음이 있는 자에게는 어떠한 설명도 필요 없으나,
믿음이 없는 자에게는 어떠한 설명도 불가능하다.
　　　　　　　　　　　　　　　　　-Thomas Aquinas

1. 중세의 사회, 문화적 배경

　중세(the medieval times)는 서로마제국이 멸망한 476년부터 동로마제국이
멸망한 1453년까지 문예부흥운동 이전의 약 1,000년 동안으로, 문화사적으로
는 유스티아누스 황제에 의해 아테네 대학이 폐쇄된 때(529)부터 15세기 르
네상스 운동이 시작된 때까지를 말한다. 원래 중세라는 의미는 15~16세기 인
문주의 운동이 확산되면서 고전 고대와 당대의 중간 시기, 또는 인문주의와
대비되는 보편주의의 개념으로 사용되기 시작되다가, 특히 계몽주의 시대에
이르러 그리스도교적 이상이 지배한 중세를 이성이라는 잣대로 비판하면서
'중세'가 시대 개념으로 자리 잡게 되었다(서양중세사학회, 2003: 15-16).

　서로마제국의 말기에 지배계층과는 달리 일반 민중들은 북쪽 지역의 게르
만인들의 대이동에 따른 침략으로 더욱 힘든 생활을 해야만 했으며, 사회적,
정치적, 경제적 어려움은 더욱 심해졌다. 이는 로마인들로 하여금 정신적으로
더욱 기독교에 의지하게 했다. 따라서 중세에는 로마 교회와 교황의 절대적
권위에 의해 유럽의 새 질서가 형성되었다.

서로마제국의 멸망 이후 교회는 더욱 절대적인 교권을 가지고 확대되었으며, 로마제국의 통치 구조를 모방한 교회제도가 발달해 갔다. 로마 교회가 게르만족의 개종을 위하여 프랑크 왕조의 원조로 교황청을 설치한 이후, 중세 사회는 더욱 로마 교황청을 중심으로 기독교와 봉건제에 의한 새로운 질서를 확립해 갔다(Russell, 1945).

흔히 중세를 암흑 시대라고도 부르는데, 그 이유는 로마를 멸망시킨 게르만족이 라틴족이 이룩한 로마 문화를 철저하게 제거했기 때문이다. 특히 중세는 봉건적 동질성 및 로마 교회의 보편적 지배가 이루어져 서유럽의 통일된 문화를 형성하였던 시대로, 약 천 년간 유지된 중세사회는 근대사회의 준비기로서 그 의미를 갖고 있다. 중세의 특징은 기독교 사상, 봉건제 그리고 시민계층의 등장을 중심으로 살펴볼 수 있다.

중세 기독교

야만적인 게르만족의 침입으로 인해 로마인들은 정치, 사회적으로 불안한 생활을 했다. 이런 사회 속에서 정신적 안식처를 찾게 되었고, 그것은 종교생활에 몰입하는 것이었다. 특히 중세 기독교는 초기에 바울의 로마여행 이후 수난과 고난의 시기를 거친 후, 313년 콘스탄티누스 황제를 통해 공인받은 후 중세 사상의 주류가 되었으며, 미개한 게르만족의 기독교화와 교황권의 구축을 통해 강력한 기독교 문화를 구축하였다.

특히 중세 기독교는 교부철학(patristic philosophy)과 스콜라 철학(Scholasticism)으로 대변될 수 있다. 기독교가 로마를 지배하기 시작한 때로부터 850년경까지, 즉 기독교의 옹호를 위한 교리 확립의 시기에 형성된 교부철학은 기독교 정신과 플라톤 사상을 결합한 특징을 갖고 있으며 아우구스티누스(Aurelius Augustinus, 354~430)가 체계화하였다. 반면, 850년경 이후부터 중세 말까지는 기독교 사상과 아리스토텔레스 철학의 확립 및 체계화의 시기라고 할 수 있으며, 스콜라 철학은 이 시기에 아퀴나스(Thomas Aquinas, 1225~1274)에 의해 완성된다. 이와 같이 중세 사상은 기독교 사상을 바탕으로 하여 그리스 철학을 받아들였으며, 신학의 격이 가장 높아, 철학이 신학의 시녀 역할을 하였던 시대이다. 즉, 중세 기독교 사상은 계시에 의한 신앙적 진리를 절대적 진리로 전제하고 이성에 따르는 철학적 진리를 인정하였다.

따라서 중세 기독교는 중세인의 생활양식은 물론 철학, 학문, 문학과 예술 등에 광범위한 영향을 미쳤으며, 가정이나 학교 그리고 사회 전반에 걸쳐 신에 대한 경건한 심정을 함양시키는 것이 중세인들의 사명이었으며, 고등교육에서 다룬 그리스 철학 역시 기독교를 신학적으로 이론화시켜 설명하는 도구에 불과했다. 결국 중세 문화는 곧 기독교의 교리에 의한 문화라고 할 수 있다.

봉건제

중세의 유럽 전체는 봉건제도 사회였다. 고대 로마제국이 분열하고 해체되면서 통일적인 지중해 세계가 붕괴되어 무질서한 혼란의 상태가 계속되자 유럽 사회에서는 새로운 변혁이 모색되었으며, 고대 사회의 급격한 해체 이후 9~12세기경 서유럽에서는 정부의 기능, 군사적 책임, 토지 소유를 기반으로 하는 봉건제도가 등장하게 되었다. 특히 서로마제국을 멸망시킨 게르만족들이 세운 프랑크 왕국의 카롤루스 대제는 민족의 결속을 통해 봉건국가를 성립시켰다. 봉건제도는 주군과 가신 사이의 보호와 봉사라는 쌍무적인 계약 관계인 가신제도와 봉토의 수수 관계인 봉토제도가 결합한 제도로, 넓은 의미로는 봉건적 정치 질서의 기초가 되는 사회, 경제적 구조까지 포함하여 설명하는 것이다(송준식, 사재명, 2006).

이를 통해 중세는 정치적으로는 봉건제도, 경제적으로는 장원제도가 성립될 수 있었는데, 봉건제도라는 통치 구조를 지탱하였던 하부 구조는 바로 장원제 또는 농노제이다. 즉, 가톨릭교회와 함께 봉건제나 장원제가 중세사회를 정신적으로 지배하고 있었다. 중세의 경제적 토대를 이루고 있는 기본적인 농촌 공동체 단위였던 장원제에서는 주군에게서 받은 봉토의 점유자를 영주라 한다. 이러한 장원제도는 거의 모든 중세 지역에서의 생활양식뿐 아니라 중세인들의 사고방식이나 가치관 등에 큰 영향을 주었지만, 사실 봉건제에 의한 분열이 너무나 철저하여 중세에는 민족적, 국가적 문화를 형성하지 못하였으며, 봉건제를 유지하기 위한 사회의 지배계층으로 기사계층이 등장하였다.

그러나 십자군 운동의 실패로 12~13세기를 전후로 서유럽의 봉건사회는 큰 전환기를 맞게 되었으며, 이후 교황의 권위를 크게 위축시켰고 십자군 원정에 참가했던 봉건 영주의 기득권을 보호했던 기사계층의 특권적 지위가 무너지게 되었다.

시민계층의 등장

1096년부터 약 200년에 걸쳐 실시되었던 십자군 원정의 실패는 상공업과 도시의 발달을 촉진시켰고, 이로 인한 화폐 경제의 도입과 시민계급의 형성 등으로 중세 교황권의 실추와 봉건제도의 몰락을 가져다주었다. 이를 통해 중세사회의 양대 기득권 계층이었던 성직자와 봉건 귀족들의 권한은 약화되었으며, 신흥 상공업에 종사하던 시민계층이 등장하게 되었다. 즉, 중세는 기독교적 이상과 봉건제가 결합된 사회였지만, 한편으로는 시민계층의 형성과 세속교육의 팽창의 시기이기도 하다.

이러한 시민계층은 자본의 축적으로 인한 새로운 권력을 통해 자신들의 권한을 확대시켜 나갔다. 결국 시민계층의 형성은 세속교육의 등장 배경을 마련하였으며, 세속교육의 확대 역시 기존에 누리지 못한 이들 시민계층의 교육적 요구를 충족시켜 주기 위한 대안이기도 했다. 특히 새로운 상공계층의 교육적 요구를 충족시키기 위하여 등장한 것이 길드 체제(Guild System)를 통한 도제 교육이다.

중세의 시민계층의 등장으로 인해, 국왕은 이들의 지지를 바탕으로 봉건제후 및 영주의 세력을 견제하며 점차 중앙집권적 국가의 기초를 마련하게 되었으며, 중세 말 가톨릭교회는 더욱 세속화되어 갔다. 따라서 중세의 시민계층의 등장으로 인한 중세 말 사회 각 방면의 변화는 근대 유럽의 변화에 많은 영향을 주게 되었다.

2. 중세 교육의 기본 이해

중세는 새로운 기독교인을 양성하려 했던 시대로, 인간의 자연적 특성을 금기시하면서 현세는 내세를 위한 준비기로 여기고 천국의 영생을 지상 목표로 삼았다. 그리스, 로마의 문화가 자연적, 현세적, 공동체주의적 경향이었다면, 중세의 문화는 초자연적, 내세적, 개인주의적 측면이 강했다. 이러한 기독교 문화는 중세 교육에 큰 영향을 미쳐, 지적이고 신체적인 교육보다는 영적이고 정의적인 교육을 강조하였다. 따라서 신중심주의였으므로 교육의 내용이나 방법도 신의 존재 위에서만 성립되었으며, 종교적 정서를 도야하는 주정주의가 지배적이었으므로 인간 이성을 도야하는 이치와 지혜를 소중히 하였다. 이는 이후 스콜라 철학의 발달과 종교적 정서생활을 경험하게 하는 수단이 되기도 하였다.

중세의 인생관은 원죄설을 주장하였으므로 인간을 현세의 고행과 금욕을 경험해야 할 운명적 존재라고 보았으며, 이러한 사상은 암흑과 침체를 초래했다. 이처럼 중세 교육은 교권적 타율성이 강하게 작용하는 교육이었다. 이러한 사상은 기독교 중심의 인성귀천 사상과 신본주의 사상에서 유래된 것으로 절대적인 신에 대하여 순종하는 인간을 양성하는 것만이 교육에서 인정되었다.

따라서 중세의 교육은 기본적으로 신을 믿음으로써 신에 복종하는 교육으로, 내세주의, 주정주의, 기독교 중심주의였으며, 내세를 위한 준비과정으로의 교육은 종교적 정서를 도야하는 데 중점을 두었다. 그러나 중세는 교회와 봉건 영주들의 계층적 이해타산과 도덕적 부패 그리고 정치적 혼란으로 인한 인간성의 가치 상실을 야기했으며, 비록 수도원을 중심으로 학문적 발전의 노력이 있었지만, 인문 자유주의적 학문과 교육이 무시되고, 인간의 지적 탐구 정신은 억제되었다. 한편, 중세의 세속교육은 프랑크 왕국의 카롤루스 대제가 실시한 교화사업을 비롯하여, 기사교육, 시민학교, 대학 등에서 이루어졌는데, 특히 중세 말 조합학교를 통한 직업기술교육을 포함한 시민교육의 발전과 사회 발전에 기여한 대학의 성립 등은 큰 의의가 있다.

일반적으로 교육사에서는 중세를 서로마제국 멸망 후 초기 기독교 전파의 시대인 종교교육과 스콜라 철학이 발달한 전기(5~11세기)와 세속교육(비종교적 교육)과 기사도, 시민, 대학교육이 발달한 문예부흥운동이 싹트기까지의 후기(12세기~문예부흥 직전)로 나눌 수 있다.

기독교와 교육

중세 기독교 교육의 특성은 교회가 곧 교육의 장소였으며, 그리스도의 설교와 교훈이 목적이자 내용이었다는 점이다. 즉, 중세의 기독교 교육은 교회를 통하여 개인으로 하여금 도덕적인 인간이 되도록 하여 신에 봉사하는 것이었으며, 도덕적이고 종교적인 교리를 교육내용으로 가르쳤다. 따라서 기독교 학교의 교육목적은 내세의 준비 및 신에의 복종과 봉사였고, 금욕주의와 극기주의 위주의 교육방법을 추구하였으며, 중세의 공용어는 라틴어였다. 중세 기독교의 학교제도는 교육에 대한 교회의 관심 증대와 함께 중세 전반에 걸쳐 나타났으며, 중세에는 제도적으로는 초등, 중등, 고등 교육기관이 운영되었다.

중세 당시 교회는 이교도들을 기독교인화하려는 목적을 달성하기 위해 자체적으로 학교조직을 마련할 필요성이 있었는데, 기독교 중심의 학교를 통해 중세인들의 기독교화를 이룸으로써 중세의 모든 정신세계를 지배할 수 있었다. 따라서 기독교의 교육기관으로는 교회가 중심이었으며, 학교는 교회를 통하여 이루어진 제도였다. 심지어 고등교육에서도 그리스 철학을 가르쳤지만, 이는 단지 기독교 교리를 이론화하기 위한 도구적 성격에 불과하였다.

중세 시기의 교육기관으로는 문답학교, 고급문답학교, 사원학교, 본산학교, 수도원학교 등이 있다. 특히 중세의 교구교회(教區教會)는 교구학교나 음악학교를 마련하여 읽기, 쓰기, 음악 등의 초등교육을 행했는데, 여기서는 빈곤한 아이들도 공부할 수 있도록 했다.

문답학교

문답학교(catechumanal school)의 설립 목적은 이교도들의 자녀를 기독교인화하기 위한 것으로, 아직 세례를 받지 않은 자들에게 기독교 교리를 이해시키기 위한 예비교육을 실시하는 중세의 공식적인 첫 교육기관이었다. 원래 문답학교라는 것은 말로써 가르치는 학교라는 의미로, 기독교 교리를 문답식으로 가르친다는 의미로 사용되었다.

문답학교에서는 아직 세례를 받지 않은 이교도들에게 세례 준비교육을 실시하는 데 주요 교육목적이 있었기 때문에, 남녀노소 누구나 입학할 수 있었다. 따라서 중세에는 이 학교를 거쳐야 세례를 받고 교회의 정식 구성원이 될 수 있었다. 당시에는 이러한 문답학교가 초등교육을 담당한 유일한 형식적 교육기관일 수 있었다.

문답학교에서의 교육기간은 2~3년으로 성서 및 기독교의 기초 지식을 가르치기 위한 기독교 교리의 문답에 관한 내용과 기독교에 관한 간단한 지식으로 교육내용이 구성되었다. 교육은 주로 기독교에 관한 간단한 문답 이외에 초보적인 읽기, 쓰기 등의 지식으로 낮은 수준이었다. 수업연한은 처음에는 단기과정이었으나 후에 2년 또는 3년으로 연장되었다.

고급문답학교

문답학교가 각 지방에 설립되어 그 수가 늘어남에 따라 문답학교에서 세례를 준비시키는 교사들의 양성이 필요하게 되었다. 바로 고급문답학교(catechetical school)는 문답학교의 교사 또는 교직자를 양성하기 위한 목적 하에 대화법과 문답법을 전수하기 위해서 세워진 학교로, 문답교사학교라고도 한다.

문답학교의 교사들에게는 기독교 교리를 옹호하고 보급할 수 있는 학문적 기초가 필요했기 때문에 고급문답학교의 교육 정도는 상당히 높은 수준으로 교육내용은 신학을 비롯하여 그리스의 철학·수사학·천문학·문학 등이었다. 신학 외의 다양한 과목이 채택된 이유는 기독교의 진리가 지성과 이성이 상호 보완적이어야 한다고 믿었기 때문이다. 특히 이러한 교육내용을 통하여 문답학교의 교사 및 교회의 지도자들에게는 희랍 학문을 이해하고 기독교 교리를 증명할 수 있는 이론적 기초가 요구되었다.

고급문답학교는 기독교의 학문적 기초를 마련하고 기독교 신학과 교부철학의 발달에 중요한 영향을 주었지만, 4세기 이후 본산학교와 수도원학교의 발달로 인해 점차 쇠퇴해 갔으며, 당시의 초·중등학교의 역할을 하지 못하고, 단순히 기독교를 위한 교육기관으로서의 역할만을 수행했다.

본산학교

본산학교(cathedral school)는 일명 승원학교 혹은 사원학교라고도 하며, 교회의 감독자가 주재한 교회 내에서는 반드시 이 학교가 설립되어 있었기 때문에, 감독학교(bishop's school)라고도 부른다.

기부금 형식으로 세워진 본산학교는 중세의 기독교 교육기관 중에서 가장 수준 높은 고등교육기관으로 교회의 지도자나 성직자 양성을 목적으로 하였다. 교육내용으로는 읽기, 쓰기, 찬송가의 기초교양뿐 아니라 7자유과와 신학을 가르쳤으며, 분단수업 형식의 교육방법이 이루어졌다.

본산학교는 고급 고등사회학교로서 스콜라 철학의 탄생 및 중세 대학의 성립에 영향을 미쳤는데, 중세에 있어서 기독교 교리의 이론적 틀을 마련한 스콜라 철학(Scholasticism)은 본산학교의 교사인 스콜라스티쿠스(Scholasticus)들을 중심으로 발달하였으며 스콜라 철학이라는 말 자체가 스콜라스티쿠스에서 유래한 것이다.

　특히 본산학교는 중세 중등교육에 있어 교사 양성의 효시가 되었으며, 8세기 말, 카롤루스 대제의 보호와 장려로 일반 대중에게 보급되면서 수도원학교와 더불어 중세 기독교 교육의 중심이 되었다.

수도원학교

성 베네딕트

　수도원(monastery)은 수도승을 위한 일종의 공동생활 기관으로서 기독교 정신에 의하여 신앙·금욕·은둔 생활을 하기 위하여 창설되었다. 기독교의 타락에 대한 반발로서 이탈리아의 수도사인 성 베네딕트(St. Benedict, 480~543)가 529년에 이탈리아 남부에 최초의 수도원인 몬테카시노(Montecassino)를 창설하였으며, 73개조의 계율을 제정함으로써 수도원을 제도화하였다.

　수도원에서는 현세를 떠나 진정으로 하나님을 모시며 함께하는 수도원 생활의 근본으로 금욕주의를 강조하였으며, 금욕주의를 바탕으로 수도원 생활규칙인 73개조의 베네딕트 계율을 준수하고, 순결, 청빈, 복종을 서원(약속)하도록 했다. 특히 베네딕트 계율은 하루에 적어도 7시간은 노동에 종사해야 할 정도로 수도원에서의 육체적 노동을 중시하였고, 매일 2시간 내지 5시간의 독서를 요구하였기에 수도원 생활을 위해서는 독서방법을 배워야만 했다. 특히 수도원에서는 읽어야 할 문헌을 소장하고 사본을 필사하는 방법도 가르쳐야만 했기 때문에, 수도원 생활은 그 자체가 학교로서,

그 안에서의 공동생활을 통해 참다운 기독교의 신앙을 배우고 실천하려고 하였으며, 이후 유럽 전역에 보급되었다. 수도원학교 외에도 중세에는 주교가 있는 도시에 해당 주교의 교구에서 필요로 하는 평신도 사제를 양성하기 위한 학교가 있었다.

이러한 수도원학교(monastic school)는 독립된 학교의 형태가 아니라 수도원 내에 설립한 일종의 교육장으로서의 학교로, 교육목적은 수도원 사상을 전파하고 중세에 군림한 기독교가 타락해 가는 것을 바로잡기 위한 것이다. 원래 성인 승려만을 대상으로 교육하였으나, 9세기 이후에는 장차 승려가 되고자 하는 일반인의 아동도 수용하여 교육을 담당하게 되었다. 아동들은 10세에 수도원학교에 입학하여 8년간 계속되는 훈련을 받은 후 18세에 수도회 등급에 따라 나눠지게 된다.

일반적으로 수도원 교육의 목적은 수도원 생활의 궁극적 목적인 영혼의 구원에 있으며, 수도 생활의 최상의 목표는 더 질 높은 생활을 영위하기 위해 신체적 욕구, 인간의 감정, 열망들을 철저히 참아내는 금욕주의로, 육체적 및 도덕적 고행이었다. 특히 수도 생활의 목적 중 하나는 모든 신체적 욕구들을 부정하는 것으로, 육체적 고통이 따르는 모든 방법들을 '육체의 고행'으로 여겼으며 이러한 고행들은 영혼의 성장과 도덕적 발전을 위한 것으로 여겼다 (Wilds & Lottich, 1942).

수도원의 중요한 교육내용은 주로 종교적인 것이었는데, 내교(內敎)와 외교(外敎) 모두 초등반과 고등반에 따라서 차이가 있었다. 수도원 교육의 대상은 초등반과 고등반 모두 내과와 외과로 나뉘어 모두 4과로 운영되었는데, 내과는 기독교인을 대상으로, 외과는 일반인을 대상으로 했기 때문에, 기독교인 및 승려 그리고 일반인 모두 수도원 교육의 대상이었다.

```
초등:  내과 – 기독교인
       외과 – 일반인
고등:  내과 – 기독교인
       외과 – 일반인
```

초등반에서는 읽기, 쓰기, 셈하기 등의 3R's 위주였고 음악, 라틴어, 문법, 시편 암기 등도 다루었으며, 고등반에서는 중세기에 확고한 기반을 가진 7자유과와 철학과 신학을 가르쳤다. 모든 수업은 오로지 종교적인 목적을 위해서 행해졌다. 7자유과 중 라틴문법은 성서이해, 변증법은 기독교 교리의 논리성, 산술과 천문학은 교회력의 계산, 그리고 음악은 찬송가를 위해 가르칠 정도로, 중세에는 철저히 기독교 교리와 사상을 위한 교육이라는 목적을 위해 편성된 교육과정이었다고 할 수 있지만, 7자유과는 현대 서양 학교의 일반적 교양과목에 영향을 주었다.

수도원학교에서의 교수방법은 기독교 교리에 대한 질문과 대답으로 이루어진 교의문답식이었으며, 손으로 쓴 원고가 부족했기 때문에 교사들은 종종 받아쓰기를 많이 했다. 교사들이 학생들에게 구절을 기술하면 학생들은 암기를 위해 베껴 쓰는 방식이었으며, 자국어로 된 학습이 아니라 라틴어로만 수업이 이루어졌기에 수도원학교는 초등교육이 아닌 중등교육의 성격을 띠고 있었다. 또한 직관과 신의 영감을 주기 위해서 명상과 사색의 방법을 사용하기도 했다. 수도원학교에서의 훈육은 수도 생활의 일반적인 고행의 특징으로 인해서 매우 엄격했고 교사들은 수시로 회초리를 많이 이용했으며, 단식이나 구타 등 체벌을 사용하기도 하였다(Wilds & Lottich, 1942).

한편, 수도원 교육은 중세 고전 문명을 연구하는 유일의 교육기관이라고 할 수 있기 때문에, 중세 문화의 등불로서의 역할로 스콜라 철학의 등장과 발달에 공헌한 학교이기도 했다. 그러나 수도원은 11세기 이후 사회적 지위의 향상에 따라 점차 귀족화되고 타락하기도 했으며, 이는 이후 종교개혁의 한 원인을 제공하기도 했다. 특히 수도원에서는 수도사(monk)들의 필사(筆寫)에 의해 고전문학을 보존할 수 있었고, 각 방면에 기술을 가진 자가 많아 지방의 경제 부흥에 공헌하였기 때문에 봉건 영주들이 서로 자기 영토 안에 수도원을 유치하려는 운동도 일어났다.

또한 고전의 대부분이 수도사들의 필사를 통해 보존될 수 있었기 때문에, 수도사들의 필사 활동은 교육사적으로 대단히 높이 평가되고 있으며, 수도원은 도서관, 출판사, 문화센터, 병원, 작업장 등의 역할까지도 수행했는데, 이는 오늘날의 지역사회 학교 개념과 흡사한 것으로 지방 경제에 많은 도움을 주었다.

그 결과, 수도원은 신앙을 위한 교육뿐만 아니라 그리스, 로마의 문화를 보존·발전시키며, 당시 여러 기술(목공, 피혁, 철공, 농업 등)을 습득·발전시켰다. 이런 점에서 수도원은 고전문학·고전철학·기술 등을 근대사회로 전하는 데 결정적인 공헌을 하였다.

스콜라 철학

스콜라 철학은 기독교 교리의 학문적 체계와 철학적 근거를 부여하고, 기독교의 독단적 신앙을 합리적 신앙으로 전환시켜 기독교의 신앙적 권위를 회복하자는 신앙으로, 기독교의 신앙과 고대 그리스의 철학(아리스토텔레스의 철학)이론을 결합시켜 이것을 철학적으로 완성하고 합리화시키자는 사상이다. 5세기 말에서 11세기 중엽에 이르는 중세에 걸쳐, 교회의 권위에 의해 독단적이고 맹목적인 수용에서 탈피하여 학문 탐구와 변증법의 연구가 활발히 진행되면서, 종교적 신앙을 논리적으로 접근하고자 하는 경향이 생겨났다. 특히 이 시기는 서로마 세계에서 신에 대한 의무와 국가에 대한 의무 사이에 갈등이 생기기 시작한 시기로, 점차 교회와 왕의 갈등으로 심화되었다. 따라서 십자군 원정의 실패로 인한 교권의 실추와 기독교 자체의 모순이 스콜라 철학의 직접적인 등장 배경이 되었으며, 동방의 사라센 문화를 통하여 아리스토텔레스의 논리학이 소개되고 수도원에서의 학문 탐구로 인해 더욱 발전하였다. 이와 같이 기독교 교리의 기초가 흔들리게 되자, 수도원의 수도사들과 본산학교의 교사들을 중심으로 기독교 사상을 철학적으로 논증하고 또 설명하기 위해 일어난 운동이 바로 스콜라 철학이다.

스콜라 철학은 기독교 교리를 철학적으로 논증하기 위해서 나타난 것으로, 목적은 기독교 사상의 신앙과 아리스토텔레스의 철학이론이 결합하여 신앙과 이성에 대한 합일점을 발견하는 데 있었는데 플라톤의 이상주의 철학 대신에 논리학의 선구자였던 아리스토텔레스의 철학에 기반을 두고 있다. 즉, 스콜라 철학의 교육목적은 합리적 논증으로써 교회의 교리를 지지하는 데 있었으며, 지성으로 권위를 뒷받침하고, 이성으로 믿음을 정당화하며, 논리에 의해 신학을 구체화하려는 시도였다(Wilds & Lottich, 1942).

교육내용은 수도원의 교육이 도덕적 도야로서의 교육을 강조한 반면, 스콜라 철학의 교육내용은 종교와 지성 교육에 국한된 종교적·지적 교육으로 제한되었다. 따라서 스콜라 철학의 교육은 논쟁력과 지식체계의 숙달 등을 강조하였기 때문에 개인의 창조성이나 개성의 존중 등은 고려 대상이 되지 못했다. 이들의 교육방법은 학생들에게 연구되는 주제에 대한 지식을 토론하고 추론하는 능력을 길러 주기 위해 고안된 것으로 주로 교과서에 대한 주해와 해석 및 필사 그리고 토론식으로 변증법적 훈련이 이루어졌다(Wilds & Lottich, 1942). 따라서 스콜라 철학의 교육은 두 가지의 뚜렷한 방법이 존재했는데, 첫 번째는 강의법으로 교사가 사전과 각주를 이용하여 같이 교재를 읽으면 학생들은 권위적인 작품의 원본을 그대로 따라 쓰는 것이며, 두 번째는 토론으로 그룹을 지어 상대편을 논박하는 것으로 명제와 근거가 주어지면, 반대 의견이 제시되어 논박되었는데 모든 주장들은 이성적인 절차에 의해 제시하는 방식으로 이루어졌다.

이러한 스콜라 철학은 지적 탐구심을 자극함으로써 지적 도야를 중시하여 대학의 발달을 촉진하고, 변증법과 지적 훈련의 발달로 독단적 교권주의에서의 탈피와 각종 사회제도에 변화를 주었다. 또한 문예부흥을 자극하여 인문주의와 실학주의 교육에 영향을 주었고, 현대 항존주의 철학의 바탕이 되었다.

카롤루스 대제의 세속교육

카롤루스 대제

카롤루스 대제(Charlemagne, 742~814)*는 본산학교를 지원할 뿐 아니라, 신성 로마제국을 건설하고, 문화적 통일과 부흥을 이룩하고자 궁정학교(Court School 혹은 Palace School)를 통한 교육사업에도 노력했다. 카롤루스 대제는 궁정학교를 통해 교회와 국가에 헌신할 수 있도록 지적인 능력을 갖춘 지도자를 양성하고자 궁정에 귀족 자제를 대상으로 하는 학교를 설립하였다. 카롤루스 대제는 궁정학교를 설치하여 781년 영국 요크(York)의 본산학교의 교장이었던 앨퀸(T. Alcuin, 735~804)을 초청하여 왕족을 대상으로 수사학, 변증법, 수학, 천문학 등을 교육하였다. 이 궁정학교에서는 대제 자신은 물론 왕족의 귀족 자제들이 함께 교육을 받음으로써 학문을 장려했다.

또한 카롤루스 대제는 787년에 세계 최초의 교육대헌장인 승령법규(僧令法規)를 선포하여 기독교의 포교와 3R's의 기초교육을 중심으로 하는 일반서민의 교육을 장려하였으며, 802년에 '국민으로서 모든 아동은 교육받지 않으면

---

* 카롤루스 대제는 라틴어(Carolus Magnus, 카롤루스 마그누스), 독일어(Karl der Große, 카를 데어 그로스), 영어(Charles the Great, 찰스 더 그레이트), 프랑스어(Charlemagne, 샤를마뉴), 스페인어(Carlomagno, 카를로마그노) 등으로 다양하게 불린다.

안 된다'는 세계 최초의 의무교육령을 포고하였다. 카롤루스 대제의 궁정학교 와 그의 교육령을 살펴보면 다음과 같다.

궁정학교

궁정학교는 궁정에 설치되어 왕족 및 귀족의 자제를 교육하는 교육기관으로 주요 교과목은 신학, 라틴어, 그리스어, 문법, 수사학, 변증법, 산술, 천문학 등 신학과 7자유과 등으로 이루어졌다. 특히 이 학교에서 다수의 관리를 채용했기 때문에 그 영향은 매우 컸으며, 카롤루스 대제, 오토 대제 그리고 알프레드 대 왕 등이 장려하면서 다양한 분야의 학자들의 연구단체가 만들어져 학술이 진 전되었다. 오토(Otto) 대제의 경우 10세기 말에 자신의 동생인 브루노(Bruno) 로 하여금 궁정에서 앨퀸과 같이 교회와 국가의 지도자를 양성하도록 했다.

이와 같이 카롤루스 대제와 앨퀸에 의하여 교육이 크게 보급 · 진흥된 궁 정학교의 교육은 유럽 사회 최초의 세속인의 학교로 귀족교육의 전통을 이 루었으며, 학문 연구의 기틀을 유지 · 발전시켜 르네상스의 태동에 큰 영향을 미쳤다.

교육령

카롤루스 대제는 전 영토에 학문을 보급시키고 문화국가를 건설하기 위하 여 교직자의 교육과 국민의 교육진흥에 관한 교육정책을 수립하였는데, 프랑 크 왕국을 건설한 카롤루스 대제는 여러 차례 교육령을 공포하여, 국민적 통 일을 위한 대중의 일반교육을 장려하였다. 먼저 787년에 영내의 각 사교(司敎) 와 수도원장에게 지령을 내리고 교직자와 수도사를 무학, 무지에서 해방시킬 것을 강조하면서 승령법규를 공포하였는데, 후세 역사가들은 이를 중세에 있 어서 세계 최초의 교육 대헌장으로 본다. 그 주요 내용은 수도원장 자신의 학 업 정진과 유능한 교사를 초빙하여 교육에 힘쓸 것을 장려하는 것으로 다음과 같다.

- 수도원장 자신이 학업에 정진하여 성서를 독해하고 그 교리를 깨닫도록 노력할 것
- 학식에 능력과 의욕을 가지고 타인을 교도하기 좋아하는 인물을 선정하여 연학과 교육에 전념할 것을 요청할 것

그리고 카롤루스 대제는 제2차 지령을 내려 학문과 교육의 필요성을 더욱 강조하였는데, 주요 내용은 아동을 위하여 초보적인 3R's를 가르칠 수 있는 학교를 세울 것을 요청하는 것이며, 802년에는 형식적 의미에 있어서 세계 최초의 의무교육령인 제3차 지령을 내려 모든 사람은 자녀를 학교에 취학시키고 학업을 마칠 때까지 재학시킬 것을 강조하였다. 특히 이 3차 지령은 세계 최초의 의무교육령으로 평가되고 있다.

교외교육

기사교육

토지를 기반으로 하는 봉건제도의 성립과 더불어 중세에는 기사계층이 출현하였다. 기사교육 역시 중세 세속교육의 전반을 대표하는 교육으로, 학교에 의하지 않는 상류사회의 교육이었으며 봉건사회적 개념 속에서 출현한 제도이기도 했다(Wilds & Lottich, 1942). 즉, 군중봉기가 많았던 중세 당시 제후들은 자신의 성과 기득권을 유지하기 위한 자위 수단으로 기사를 양성할 수밖에 없었기 때문에, 기사계층이 토지를 기반으로 하는 봉건제하에 출현하게 된 것은 당연한 일이었다.

이들 봉건 영주하의 기사들은 기사도라는 특이한 생활규범과 행동양식을 만들어 갔는데, 특히 기사교육은 중세에 있어서 세속교육인 동시에 학교 외에서 이루어지는 비형식교육의 특징을 지니고 있다. 따라서 기사교육은 교양이나 지식교육보다는 생활을 통한 실제적 형태의 교육이었으며, 세속교육의 대

표적 형태로서 상류계층을 위한 교육이었다.

교육목적은 행위 실천을 통한 기독교적 무인의 양성으로, 야수적 무사로 하여금 기독교적인 정신을 습득시키는 데에 두었다(Wilds & Lottich, 1942). 당시 무사들은 문맹에 무지한 자들이 많았기 때문에 사람을 함부로 죽이고 여자를 농락하는 등의 반기독교적 행위를 하는 경우가 많았다. 따라서 기사교육은 약자와 부녀자에 대한 보호와 모든 일에 정직할 것을 가르치고 교회, 군주 및 상사에 봉사하며 부인을 보호하는 훈련을 가르치는 국가, 교회 그리고 영주에 충성하게 하는 교육이었다.

기사교육을 위한 특별한 학교는 없었으며 기사도의 내용 역시 시대나 봉건 영주의 성향에 따라 다소 차이가 있었지만, 중세 봉건제의 특성상 교육내용은 기사 자격을 얻을 때까지 엄격하였으며 일정한 표준하에 구체화되어 갔다. 기사교육은 대체로 궁정에서 실시되었으며, 여러 단계를 통해 이루어졌다.

가정교육(출생~7세)　기사가 되는 방법은 어려서부터 기사 훈련을 받는 것이다. 가정에서 도덕의 도야와 신체의 양호에 주력하다가 7세가 되면 궁정에 들어가 본격적인 기사교육을 받는다.

시동기(7, 8~13세)　7, 8세에서 13세에 이르는 시동으로서의 단계로, 아버지가 섬기는 궁정이나 영주의 저택에 보내져 초보적 훈련을 받았다. 대개 백작, 후작, 공작 등의 아이들은 왕궁에 들어가 기사 훈련을 받고, 남작 등의 소영주의 아이들은 백작, 공작 등의 대영주의 궁정에서, 그리고 일반 기사들의 아이들은 자신의 아버지가 섬기는 소영주의 성에 들어가서 기사 훈련을 시작하는 것이 일반적이었다(송준식, 사재명, 2006).

특히 시동기 때에는 군주나 귀부인의 시동으로서 귀족들의 생활양식과 예의범절 등의 초보적 훈련이 행해지고, 기사의 식사, 말 돌보기 등 귀족의 시중을 들면서 귀족생활에 필요한 예의범절을 몸에 익히고 기사가 되는 데 필요한 기술들을 익혔다. 또한 이 기간 동안 3R's와 작시(作詩), 노래, 권투 등을 배웠고, 초보적인 독서는 물론 노래, 시작법과 더불어 야외에서 뛰기, 씨름, 권투, 말타기 등의 훈련을 받았다.

시생기(14, 15~20세)　14, 15세에서 20세에 이르는 시생 또는 종자의 단계로, 기사의 종자로서 기사가 되는 직접적인 준비를 하고 기사의 칠예(칠능)를 배웠다. 특히 이 시기는 견습기사(squire) 시기로 경험 있는 기사 밑에 종자의 자격으로 지낼 수 있었으며, 실전에 준하는 훈련을 교육내용으로 하여 유능한 기사를 양성하는 데 중점을 두었다. 기사교육의 예로는 승마, 수영, 궁술, 검술, 수렵, 장기, 작시 등이 있다. 특히 시동과 시종의 공통과목으로는 제후의 부인으로부터 연애하는 법을 익히고 전쟁과 종교의 초보 지식도 익혔다.

시생기 동안, 견습기사가 되면 갑옷에 익숙해지기 위해 대략 20kg 정도 무게의 전신 갑옷을 입고 성벽을 올라가거나 기계체조, 격투술, 각종 무술, 마상 훈련 등을 하며 실전 훈련을 했다. 기사와 함께 전쟁에 참가해 기사를 위해 잠자리와 도구를 손질하는 등의 보조 일을 함으로써 실전 훈련을 쌓게 했으며, 영지의 관리 밑에서 일하면서 영지의 실무를 직접 익혔다.

기사 입문의식(21세)　6~7년 정도의 기간 동안 견습기사로서의 훈련을 받고, 21세에 이르러서 여러 기사 후보 중에서 각종 시험을 거친 자는 비로소 기사가 되는 문턱인 장엄한 종교 의식을 갖는 기사 입문의식을 갖는다. 물론 견습기사가 모두 기사가 되는 것은 아니며 성직자로 직업을 변경하거나 대학을 통해 문관으로 일하는 경우도 있었다.

기사 입문의식을 통해, 이들은 몸에는 순결을 뜻하는 백색의 옷, 그 위에는 부인과 종교를 위하여 유혈을 뜻하는 적색의 옷, 그리고 주검을 뜻하는 흑색의 옷을 입고, 군주 앞에서 "교회를 지키고 불의를 배격하며 승려를 존경하고 부인과 약자를 보호하며 국가의 평화와 안녕을 유지하고 동포를 위하여 유혈을 불사한다."라는 선서를 통해 기사호 및 기사의 십계를 부여받는다.

이러한 기사 입문의식을 거친 기사들은 명예로운 기사생활과 병행하여 준수해야 할 기사 십계를 지키게 되는데, 기사 십계로는 기도하는 것, 죄악을 피하는 것, 교회를 지키는 것, 미망인 및 고아를 보호하는 것, 여행하는 것, 충성스러운 전쟁을 수행하는 것, 귀부인이나 숙녀를 위해 싸우는 것, 정의를 지키는 것, 신을 사랑하는 것, 선량하고 진실한 사람의 말을 듣는 것 등이 있었다(Cubberley, 1922). 이러한 과정을 통해 기사는 봉건 영주에 충성을 다해 헌신하며, 영주는 은퇴한 기사에게 숙식을 제공하고 연금을 지급했다고 한다.

원래 기사 서임식의 선서로서의 덕목은 무용, 성실, 명예, 예의, 경건, 겸양, 약자 보호 등이 있는데, 무용과 성실은 중세 초기 기사도의 핵심 덕목인 반면, 경건, 겸양, 약자 보호 등은 이후 십자군 시대부터 교회의 영향 아래 바른 행동에 관한 덕목이 강조되기 시작하여 그리스도교 윤리를 받아들인 덕목이라고 볼 수 있다. 이후 백년 전쟁을 계기로 무기(석궁)와 전술이 바뀌고 봉건제도가 무너져 감에 따라 기사의 사회적 몰락이 뒤따르게 되었다. 그러나 이러한 기사도는 중세 이후 르네상스와 봉건 영주의 몰락을 거치면서도 종교적인 배경을 가지고 고쳐되어 서양 신사도의 원천이 되었다.

도제교육

십자군 원정으로 인한 기사세력의 몰락과 봉건 영주들의 쇠퇴로 인해 새로운 세력인 상공업자를 중심으로 하는 시민계층을 통하여, 길드 체제(guild system)가 강력한 공동체로 성장해 갔는데, 이들은 자녀교육의 관점에서 후계자 양성을 위한 직업교육을 형식화하기 시작했다. 특히 길드를 중심으로 도시에서 직업적이고 생산적인 교육에 집중하였다.

기존의 학교나 기타의 시설을 통한 교육과 다른 점은 가내공업이 형성되면서 모든 교육이 직장에서 일을 하면서 숙련되어 가는 것이므로 교사와 학생과의 관계보다는 주인과 도제와의 관계로 보다 실제적으로 진행되었다는 점이다. 따라서 주인과 도제 사이에 도제 교육내용뿐 아니라, 기간, 임금 및 처우 등이 도제계약에 의하여 이루어졌다.

이러한 중세의 도제교육은 주인과 도제와의 주종적 관계로, 공적인 감독 하에 이루어진 기숙교육이었으며, 장래의 지위를 보장하는 교육이기도 했다. 도제교육에서의 훈련은 다른 중세 학교보다 덜 엄격했지만 장인은 자신의 도제들에게 매우 엄하게 대했다(Wilds & Lottich, 1942). 도제교육 역시 다음과 같이 몇 단계의 과정을 통해 이루어졌다.

견습공(apprentice) 동량과 계약하여 그 밑에서 일하는 시기로, 대략 10세 이전에 도제가 배우고자 하는 분야의 주인을 찾아가 계약에 의해 주인과 같이 기거하면서 기술을 배우는데, 보통 7년 동안 복종과 봉사를 하도록 했다.

그림 6-1 중세 빵가게 견습공

직공(journeyman) 여러 동량에게서 식견, 기술을 습득하는 시기로, 한 주인에게 구속받지 않고 여행을 통해 다른 주인에게 갈 수도 있었으며, 임금도 받을 수 있었다. 또한 가정에서 생활하면서 배울 수도 있었고, 장인 밑에 있는 견습공을 가르치기도 했다.

장인(master) 자신이 직접 만든 걸작품이 조합에 의하여 심사를 받아 인정을 받으면, 완전한 장인으로서 인정받는 조합의 의식을 치르고 정식 길드 회원으로 가입된다. 이때부터 자기 자본을 가지고 독자적인 점포나 공장을 개설할 수 있었으며, 상당한 기술과 능력으로 견습공이나 직공을 두고 운영할 수 있었다. 그러나 14세기부터 장인의 수가 점차 늘어나면서 조합의 입회 조건이 더욱 까다로워졌으며, 장인이 되지 못하고 직공으로 남는 경우가 많았다.

이러한 도제교육은 직업교육의 한 형식으로서 교육제도와는 별도로 도시 상공업자들의 자제들을 위한 비형식적인 교육기관에 의한 교육이었지만, 기사도 교육과 마찬가지로 매우 체계적이고 조직적이었다. 특히 다양한 길드에서 실시한 다양한 도제교육은 이후 유럽의 각종 산업의 기초가 되었으며, 그 전통은 19세기 근대 학교에서의 실제적이고 실용적인 교과의 도입에까지 영향을 주었다.

대학의 발달

대학 발달의 배경

중세 후기 세속적 교육에 있어서 주목할 만한 점은 대학교육의 발달이다. 중세 유럽 대학은 본산학교나 수도원학교가 모체가 되어 사라센 문화의 영향으로 12세기 이후에 발달하였다. 즉, 본산학교를 기반으로 하여 일반연구소가 설립되었고, 이 일반연구소들이 모체가 되어 중세 대학으로 발달되었는데, 교수, 학생의 단체와 교사자격증을 수여하는 권위를 지닌 본산학교(사원학교)의 일반연구소가 결합되어 성립되었다.

특히 십자군에 의한 동서 교통의 교류는 신흥 도시들을 발달시켰고 이에 따라 상공업의 발달을 가져와 조합이 형성되었기 때문에, 직업이 전문적으로 분화되면서 종래보다 더 높은 수준의 학문을 요구하였다. 그 결과, 대학이 성립되었다. 따라서 중세 대학은 국가 또는 종교상의 제약 없이 순수한 학문적 단체 또는 조합으로서 자연스럽게 발달하였다.

• 지적 성격이 강한 스콜라 철학의 영향

- 동서 문화의 교류로 사라센 문화의 흡수
- 도시의 발달에 따른 세속적 학문의 필요 증대
- 중세 학자들의 지적 탐구심 고조
- 시민계층의 형성

이러한 중세 대학에 입학하기 위한 준비기관으로 문법학교, 공중학교라는 새로운 성격을 가진 학교가 출현하게 되었다.

'대학(University)'이라는 단어의 탄생

중세 대학은 교수와 학생들이 자유롭게 순수한 학문을 연구하는 기관, 즉 일반연구소(Studium Generale)로서 설립되었고 이후에는 교수와 학생의 단체(University Magistroroumet Scholarium)로 발전하면서 오늘날의 대학(University)이 되었다.

대학교(university): 원래 동업자 조합, 즉 Guild(gilde)에서 유래했으며, 같은 업종의 상인 단체에 쓰인 것처럼 교수 또는 학생의 단체를 의미했다. 어원은 라틴어 universta이다.

대학(college): 조합 학생들의 공동 합숙소를 뜻하며, 라틴어 collegium에서 유래

대학의 교육 목적과 내용 및 방법

중세 대학은 대학교수의 양성, 인문학교 교사 양성 그리고 법학, 의학, 신학의 준비교육을 주목적으로 하였다. 당시 중세의 대학 조직은 신학부, 법학부, 의학부 그리고 학부의 예비과정으로 4개의 인문학부로 구성되었기 때문에, 교육내용으로는 문과, 법과, 신과 그리고 의과에 따라 달랐지만, 전체적인

예비과목으로서 철학 및 산술, 기하, 음악, 천문학, 문법, 논리학, 수사학 등의 7자유과를 교수하였으며, 이후 법학, 의학, 신학과 같은 전공과목을 선택하게 했다.

교육방법은 주로 강의를 통한 필기(dictate), 토론(dispute) 위주였으며, 라틴어와 그리스어로 강의가 이루어졌다. 각 학부의 수학 연한은 일정치 않았으나 대체적으로 보아 4~7, 8년의 교육기간을 거쳐 학사, 석사 그리고 박사 학위를 수여받았다.

- 문과: 7자유과, 아리스토텔레스의 논리학, 심리학, 자연철학, 도덕철학
- 법과: 로마법과 현행법
- 신과: 성서, 페트루스(Petrus)의 명언집
- 의과: 유대인이나 사라센인이 지은 의학서

중세 대학에는 일정한 건물이 없었기 때문에, 도시에서 도시로, 국가에서 국가로 이동하면서 학문을 연구했으며, 학생뿐 아니라 교수도 매우 가난하였다. 특히 학생들은 벙거지처럼 이동하면서 구걸하며 걸식하는 학생이 많았다. 그러나 점차 기숙사를 중심으로 정착하게 되었으며, 가난한 학생을 돕기 위해 콜레기움(collegium)이라는 기숙사를 중심으로 강의가 이루어지기 시작했다.

대학의 특성

중세 대학은 학문의 자유를 통해 처음에 사사로운 일반연구소로 시작되었다. 그러나 그 세력이 점차 확대되자, 교회(교황)는 대학을 자기의 세력권 내에 넣기 위해 여러 특권을 주고 공인했다. 중세 대학의 특권으로는 몇 가지가 있다. 먼저 대학교수 및 학생에 대한 일체 공역(병역, 부역) 및 세금의 면제로, 이러한 면제특권은 대학자치권이 얼마나 강했는가를 의미한다. 그리고 대학 관계자의 범죄에 대한 대학 자체 내의 재판권이 있었기 때문에, 대학은 교회

의 감독이나 국가의 사법권 밖에서 일종의 치외법권을 인정받았다. 그리고 학위 수여권과 총학장 선출의 자치권이 보장되었는데, 교수 자격은 교수조합에 가입이 된 자가 우선적으로 취득하게 된다. 이 밖에 교수, 학생에 대한 신분상의 보호와 편의가 제공되어 대학의 교수와 학생은 자유로이 여행을 할 수 있었으며, 대학은 그들의 명예나 학문상의 진리탐구가 침범당했다고 느꼈을 때에는 언제나 집단휴학이나 시위를 주저하지 않았다. 그러나 이러한 대학의 특권에도 불구하고, 교수와 학생의 생활 수준은 높은 편이 아니었다.

주요 대학

중세 말기와 르네상스 초기에 이르러 대학다운 대학이 최초로 등장했는데, 당시 중세 대학으로 가장 오래된 것은 이탈리아의 볼로냐와 살레르노 그리고 프랑스의 파리 대학이었다. 1088년에 설립된 볼로냐 대학은 법학으로 유명했던 중세 최초의 대학이며, 1158년에는 프리드리히 1세로부터 대학 특권을 인가받았다. 프랑스 파리 대학은 신학과 철학(논리학)으로 유명했는데, 교수조합이 대학 운영의 중심이었기 때문에, 볼로냐 대학을 학생 자치대학으로 특징짓는다면, 파리 대학은 교수 자치대학으로 특징지을 수 있다. 그리고 살레르노 대학은 이탈리아에서 가장 오래된 대학으로 의학이 유명하였으며 대학으로 공인된 시기는 1231년이다. 영국에서는 12세기 후반에 옥스퍼드 대학이, 그리고 13세기 초기에는 케임브리지 대학이 종교와 관련되어 설립되었다. 이후 독일에서도 프라하 대학(1348), 빈 대학(1365), 하이델베르크 대학(1386), 쾰른 대학(1388) 그리고 라이프치히 대학(1409) 등이 설립되었다. 1500년경에는 약 80여 개의 대학이 설립되었지만, 이탈리아의 볼로냐 대학과 프랑스의 파리 대학은 그 수준이나 특징에 있어서 가장 대표적이었다.

중세 대학이 미친 영향

중세는 기본적으로 기독교를 중심으로 봉건 사회적 질서가 지배하였기 때문에, 인간을 위한 학문과 교육이 무시되고, 지적인 탐구정신의 기회가 적었다. 그러나 중세 대학은 교회 혹은 국가로부터 다양한 특권을 부여받았기 때문에, 자유이념의 전파, 고전문화의 계승, 문예부흥운동의 선구적 역할을 할 수 있었으며, 특히 중세 대학은 모든 지적 및 사상적 활동의 중심부였기 때문에 정치적, 사회적 그리고 종교적 제 문제에 관한 연구의 자유가 보장되었다.

따라서 중세 대학의 자유로운 학문 탐구의 풍토는 문예부흥운동을 재촉하였고, 유럽의 문예부흥운동이나 종교개혁운동도 결국은 중세 말기의 대학운동에서부터 태동되었다고 볼 수 있다.

시민교육의 발달

5, 6세기 이후 중세를 통해서 이탈리아의 여러 도시에서는 세속학교를 유지하였으며, 상공업의 발달에 따라 승려, 귀족에 맞서는 신흥계층으로서 재력을 가진 시민계층이 등장하였다. 더욱이 봉건 영주의 장원에서 도망쳐 나온 농노의 경우 도시에 1년 이상 체류하면 자유인이 될 수 있었기 때문에, 봉건제와 장원제는 그 기반이 흔들리게 되었다. 특히 11세기 말에 시작하여 약 2세기에 걸친 십자군 원정은 장원제도의 붕괴를 촉진시켰으며, 사라센 문화의 유입으로 중세 도시의 발달을 촉진시키는 결과를 초래하여 상공업이 급속도로 발달하였다.

이러한 상공업의 발달로 인해 생긴 재력과 부력을 배경으로 하는 새로운 사회계층을 중심으로 자치권을 획득한 도시에서는 시민계층에게 필요한 직업교육, 생산교육이 대두되었다. 따라서 상공업의 발달과 더불어 교육대상이 서민까지 확대되었고 새로운 시민계층은 하나의 도시공동체를 형성하였으며, 새로운 형식의 교육이 필요하게 되었다. 이러한 신흥 시민계급들이 원하는 교육의 형태는 기존의 교육과는 달리 직업적이고 생산적인 교육이었으며, 실제 생활을 영위할 수 있는 유능한 인간을 양성하는 것이다. 이러한 요구에 의해 생긴 것이 바로 조합학교(Guild School)나 도시학교(city school) 등과 같은 시민교육이었다.

시민교육의 본래의 목적은 빈민층 자녀에게 무상교육을 받게 하는 것이었으나, 나중에는 중산층의 사회적 지위 향상의 수단으로 이용되었다. 한편, 각국에는 기독교 목사가 교구의 아동을 가르치는 교구학교가 있었는데, 이후 조합학교와 교구학교가 결합하여 형성된 시민학교가 주를 이루었으며, 중세 말기에는 예배당학교도 많이 개설되었다.

이러한 시민교육은 지역에 따라 그리고 교육내용의 필요에 따라 그 성격과 규모가 달랐지만, 일반적으로 상류 시민계층의 학교와 하류 시민계층의 학교로 구분되었다.

중등교육기관

상업을 통하여 부를 축적한 사회의 상류계층은 자신의 지배적인 사회적 지위를 자녀들에게도 계속 유지하게 할 목적으로 당시 귀족학교와 같은 중등학교를 설립했는데, 도시민의 상류계층을 위한 교육기관으로는 영국의 문법학교(Grammar School), 공립학교(Public School), 그리고 독일의 라틴어학교(Latin School) 등을 들 수 있다. 이들 학교는 오늘날 중등교육의 기초가 되었으며, 상류 시민계층 자제의 대학 준비교육의 성격을 띠고 있었다. 특히 공립학교의 경우 15세기 초에 성립된 사립 중등학교로, 라틴어 문법학교로서 고전적 중등교육을 실시하여 대학진학을 준비하는 이튼(Eaton), 윈체스터(Winchester), 럭비(Rugby), 머천트 테일러(Merchant Taylors) 등이 있었다.

초등, 기술교육기관

하류계층의 교육기관으로는 영국의 직업학교 성격의 조합학교, 독일의 독일어학교, 습자학교 등이 있었다. 영국의 조합학교는 상공업의 발달에 따라 등장한 신흥계층이 형성한 업종별 조합이 직업적, 현실적 필요에 의해 설립하였는데, 빈곤한 계층 자녀에게 기술교육 및 기초적 교양교육을 실시하던 직업학교의 성격을 가지며, 독일어학교 혹은 습자학교의 경우는 독일에서 기초적인 문자 습득을 위해 설립, 운영된 학교였다.

이러한 하급계층의 시민학교에서는 철자법과 읽기를 주로 가르치며 학생은 매일 종이나 서판 위에 반복적으로 습자를 쓰고 수정을 받았으며, 체벌이나 암기에 의존하였다. 특히 교회의 중요한 축제일이 월일순으로 열거되어 있는 교회력을 사용한 입문 교과서를 암송하는 것이 중요한 과제였다.

이러한 중세의 시민교육은 교육의 대상을 서민계층에까지 확대시켰다는 점에서 큰 교육적 의의를 가지고 있으며, 실제 사회생활을 위한 직업적, 생산적 교육을 실시했는데, 이는 실제 사회에 적용할 수 있는 것을 가르치며, 윤리와 경제의 완전한 일치를 목적으로 한 직업적이고 생산적인 현실적 교육의 필요에 의한 것이다. 또한 교육의 대상이 일반 서민계층으로 확대되고 교육을 교회로부터 분리하여 교육의 시민적 통제와 공공단체에 의해 관리하려는 의의를 가지고 있다. 그러나 시민교육의 설립과 유지는 자유도시에 의해서 결정

〈표 6-1〉 시민학교의 유형

		명칭	영향	의의
형식교육	상류계층 교육	라틴어학교 – 독일 (대학진학을 위한) 공중학교 – 영국 문법학교	중등학교의 시초	교육대상을 서민까지 확대
	시민계층 교육	조합학교 – 영국 (라틴중학교와 직업학교) 모국어학교 – 독일 습자학교 – 독일 교부학교	초등학교의 시초	실생활을 위한 교육 강조 교육자주성의 기초 확립
비형식교육	도제교육(실생활을 통해 교육)			

되었으나, 교원은 여전히 교회에서 임명하고 감독했기 때문에, 근대교육으로의 전환으로는 미흡한 한계가 있었다.

3. 중세의 초등교육

중세 전후의 학교교육의 변화를 살펴보면, 적어도 중세 이전에는 단순히 모국어만 사용한 국민들은 전통적 라틴어학교에는 갈 기회가 없었다. 그러다가 중세 말경 국민의 역할이 점차 증대되는 상황에서 자신들의 신분에 맞는 학교가 등장하기 시작하였는데, 이러한 과정에서 주목할 것은 단순한 연령에 의한 구분에서 사회계층과 교수 언어에 의해 초등교육과 중등교육 간에 새로운 구분이 이루어졌다는 것이다.

중세의 아동교육은 주로 가정과 교회를 통해 이루어졌는데, 기독교적 관점에서 항상 신과의 올바른 관계 속에서 양육이나 교육이 이루어지는 것으로 여겼다. 중세에는 특히 아동으로 하여금, 신을 존경하고 신을 믿으며 신에게 복종케 하는 종교 중심의 정서적 도야가 중세 아동교육의 목적이었으며, 도야나 의지의 발달 역시 가정교육을 통해 종교적 정서생활을 경험하도록 했다. 이러한 이유로 중세의 일반가정에서 아동교육의 목적은 신에 복종하고 봉사함으로써 영원한 내세의 삶을 준비하는 기초적인 종교적 생활양식과 태도를 기르는 데 있었다. 특히 중세 아동교육의 방법은 대개 복종, 모방, 반복이 중심이 되었으며, 그러한 교육방법은 특히 신앙교육, 예의범절교육, 기술 및 직업 교육에 있어서 필수 불가결한 교육방법이라고 생각했다. 이러한 이유로 중세에 있어서 교사는 신에게서 권위를 위탁받은 자로서, 자기 자신을 엄격한 기준으로 다스리고, 그러한 신탁에 의해 아이들을 교육시키려 했다(송준식, 사재명, 2006).

이와 같이 중세에는 경건하고 고결한 부모의 양육과 교사의 지도에 의해서 중용, 인내 등의 도덕적 품성을 배우는 것을 종교교육의 중요한 첫 출발로 강조되었다. 결국 중세에는 단순한 지적 학습보다는 종교적이고 도덕적인 삶의 실천이 우선시되었으며, 항상 도덕적 행위 실천에 의한 솔선수범과 신에 대한 종교적 순종을 기르는 교육이 다른 어떤 형태의 교육보다 우선시되었다.

상류 가정의 아동들은 어린 시기부터 고전어를 주로 하는 교육을 받았기 때문에, 학령 전에 어느 정도 라틴어를 읽고 쓸 수 있었다. 전통적 고전어(Classics)가 수업 언어이자 교수 목표였던 중등학교는 상류계층에 속해 있었으며, 모국어를 가르치던 초등학교는 하류계층에 속해 있었다. 초등교육과 중등교육 사이에는 이러한 계층 차가 뚜렷이 나타났으며 모국어학교는 초기 상류계층 교육과 병존했다는 것을 알 수 있다. 그러나 고대 아테네의 기초 도야기에서의 3R's와 달리, 고대 로마의 7자유과 이후 서양의 교양인은 초등학교 단계의 3R's의 습득이 아닌 중등 문법학교의 입문이었다는 점에서 초등 단계의 교육과 중등 단계 이상의 교육은 아무런 순차적 연계 없이 별개의 교육으로 발전되었다고 볼 수 있다.

또한 중세 시민층 가운데 지도층 사이에서는 학령 전이라도 어느 정도 라틴어를 읽고 쓸 수 있어야 한다고 생각했기 때문에, 지도층 가정의 아동들은 어린 시기부터 라틴어 초보교육을 받는 것이 일반적이었다. 특히 중세의 공식 언어가 라틴어였기 때문에 일반 서민 계층에서도 상거래와 계약을 위해서는 어느 정도 실용 라틴어의 읽기와 쓰기가 필요했다. 따라서 귀족뿐 아니라 상류의 시민계층 아동들은 중세에 학교교육 내지 사회생활에 있어서 라틴어와 접촉하는 기회가 많았으며, 어린 시기부터 라틴어를 접하지 않으면 안 되었다.

그러나 일반 서민의 상공업 활동에서 점차 지방의 통속어가 큰 역할을 하게 되었으며, 아동교육에서도 통속어에 의한 읽기, 쓰기를 더 많이 가르치게 되었으며, 일반 서민에게도 매우 필요한 능력으로 문해력을 가르치게 되었다. 따라서 교회 주도의 라틴어 교육뿐 아니라, 점차 서민의 실생활에 따른 통속어의 교육이 확대되었다. 이후 이러한 지방어의 필요성과 교육은 프랑스어, 독일어 등의 근대어를 통해 더욱더 일반 서민들에게 가까워지게 되었으며, 근대 교육의 형성 배경을 마련하게 된다.

중세의 여아들에게는 교육의 기회가 제한되었는데 문자교육을 받을 수 있는 길은 대략 귀족과 상류계층의 유복한 딸들을 위한 수녀원 학교, 대귀족 부인의 시동(수행원)으로 들어가 사교 매너와 일부 지적인 기술을 배우는 것, 도시의 장인계층의 딸을 위한 도제제도, 그리고 가난한 계층의 딸들을 위한 도시와 농촌의 학교 등이 있었다(이종인 역, 2010). 상류층의 여아들에게는 책읽기와 수학을 가르쳤으나 그 수준은 겨우 집안의 하인들을 거느리고 계산을 해내는 데 충분한 정도에 그쳤으며, 그 외의 여아들이 받은 교육으로는 실잣기, 옷감 짜기 그리고 기타 집안일 등이 전부였다(김옥진 역, 2004). 반면, 수녀원에서는 수녀를 대상으로 읽기, 쓰기, 노래하기와 같은 초보적인 것과 책력, 즉 달력 계산법을 가르쳤으며, 재능이 더 있는 자는 라틴어를 배우고 성시를 낭송하고 고인들에게 경의를 표하는 시를 작문하기도 하였으며 수사본을 그대로 베끼는 필사 작업을 하기도 하였다(조경원 외, 2005).

교회에서의 아동교육

중세 시민들의 생활에 가장 큰 영향을 준 것은 무엇보다도 신앙생활이었다. 길드에 가입해 있는 가정에서조차도 매주 도제와 함께 미사에 참석하는 것이 보통일 정도로, 중세 아동은 대가족 속에서 신앙을 중심으로 기독교적 삶을 살게 된다.

중세 직업 중에서 가장 존경을 받는 직업은 성직자였는데, 이런 직업을 갖기 위해서는 아주 어렸을 때 입문하는 것이 관례였다. 따라서 중세의 아동교육은 신체적이고 수사적인 면의 훈련 대신에 행동 면에 있어서 엄격한 훈련이 요구되었다. 특히 자연을 중심으로 인격의 조화로운 발전을 도모하고자 한 고대의 교육과는 달리, 중세의 아동교육은 신을 중심으로 하는 기독교적 사고와 신념의 발달을 강조했다.

따라서 중세에는 아동의 흥미는 억압당하고 개성의 신장과 자연적이고 심미적인 측면은 오히려 죄악시될 정도로, 교육은 오직 내세에 대한 현세의 준비를 목적으로 하였다. 결국 이러한 중세의 아동교육은 고대 그리스의 자유적·심미적 교육과 로마의 실제적·현실적 교육과는 다른 도덕적·종교적 교육으로 발전하였다.

중세 사회에서 여아의 교육은 대부분 수녀원에서 담당한 것이 사실이지만, 모든 수녀원이 학교를 운영한 것은 아니었으며 그 규모도 크지 않았다. 일부 수녀원은 여학생을 하숙생으로 받기도 했으나 그 수는 소수였으며 영세하게 운영되었기 때문에, 수녀원이 무제한으로 아이들을 받아들일 수 있는 것은 아니었다. 규모에 따라 받아들일 수 있는 인원이 제한되었고 수녀원에 입원하는 비용

그림 6-2 **수도원 봉체**

도 만만치 않았기 때문에 귀족들조차 부담스러워했다.

수녀원에서 아이들에게 어떤 과목을 가르쳤는지에 대해서는 충분한 증거가 없지만, 아이들은 글 읽기를 배우고 사도신경, 성모송, 주기도문, 그리고 수녀들과 함께 노래를 하고 실잣기와 바느질을 배웠을 것이며, 경건한 마음과 좋은 품행 등을 배웠지만, 교육수준은 그리 높지 않았기 때문에 아이들이 쓰기까지 배웠는지는 의문이라고 한다(이종인 역, 2010).

도제에서의 아동교육

7~8세 정도 된 아동들은 일정한 연한의 계약을 통해 주인 밑에서 숙식을 함께 하면서 일을 배우기 시작한다. 기술을 어느 정도 습득하면 직공이 되는데, 다른 지역의 장인의 공장에서 임금을 받고 조력하며 기술을 익힐 수 있었으며, 장인 밑에 있는 견습공들을 가르치기도 했다.

이들은 견습 기간 동안 장인에게 절대 복종해야 하며, 기간이 종결될 때까지 헌신적으로 봉사해야만 했다. 대략 7년 정도 장인의 밑에서 혹독한 단련을 받아야만 했기 때문에 많은 인내와 정신 무장이 필요했다.

마지막 단계인 장인이 되는 것은 매우 어려운 일이었다. 장인이 되기 위해서는 그 지역의 조합으로부터 심사를 받고 인정을 받아야만 했는데, 장인이 된다는 것은 완전한 장인으로서 인정받아 독자적인 점포나 공장을 개설하여 도제를 거느릴 수 있으며 동일 업종에서 물건을 판매할 수 있다는 것을 의미하기 때문에, 조합으로부터 승인을 받는 것은 쉬운 일이 아니었다. 따라서 한 지역의 동량이 많아지면 그만큼 수입이 줄어들 수 있었기 때문에, 견습공으로 시작해서 동량이 되는 경우는 드물었다.

14~15세기부터는 직공의 수가 늘어나고 조합의 입회조건도 엄격해져 40~50세가 되어도 장인이 될 수 없는 경우가 많았다. 결국 도제교육에서의 견습공은 직공과 장인의 밑에서 허드렛일만 하는 도제살이의 경우가 많았다.

기사계층에서의 아동교육

기사계층의 아동들은 궁정에 들어가 정식으로 기사교육을 받기 이전에는 가정에서 기사인 아버지와 어머니 그리고 지역 성직자 등과 함께 어린 시기를 보냈다. 특히 기독교 신앙 때문에 기사계층의 아동에게는 어렸을 때부터 하나님에 대한 경건을 강조했다. 아동들은 기사들이 먼저 교회를 위해서 생명

을 걸고 싸울 것을 맹세하는 것을 어렸을 때부터 보고 성장했기 때문에, 아동
들은 여성과 자신보다 더 어린 아이들을 보호하는 기독교적인 기사도 정신을
체험하며 성장했다. 이후 서양의 신사도 정신은 이러한 기사도 생활 체험과
정신을 어린 시기부터 익힌 교육의 영향이라고 할 수 있다.

기사계층의 가정에서는 어린 시기부터 어머니의 양육 아래 기도, 예의범절
뿐 아니라 춤, 매스게임, 동화, 수수께끼 등을 통해 기사도 정신의 예비 기초
를 튼튼히 했는데, 놀이를 통한 활동도 기사교육과 관련된 것이었다(송준식,
사재명, 2006). 즉, 아동들이 창과 비슷한 막대기를 가지고 목마에 올라가서 싸
움을 하는 놀이를 통해 자연스럽게 기사도 정신을 느끼게 했다. 반면, 기사계
층의 여아는 항상 숙녀다울 것을 교육받았으며, 동화와 시에 친숙하고 유희와
음악 등을 통해 여자로서의 기초를 닦는 일을 중심으로 양육되었다.

특히 기사계층의 아동들은 일상적으로 노작 활동과 기독교 신앙에 대한 경
건한 마음을 갖고 어린 시절을 보내게 된다. 어린 시절부터 일을 자연스럽게
보고 익히는 과정을 통해 아동들은 노작에 관여했으며, 기독교 신앙으로 충만
하고 경건한 가정생활 속에서 성장한 아동들은 자연스럽게 기독교적인 기사
도 정신을 경험하며 실천하게 되었다.

귀족의 아이들은 일단 7~8세가 되면 집을 떠나 주군의 성에 들어가 시동
이 되어 기사 훈련을 받기 시작하는데, 기사가 되는 데 필요한 체력을 기르고
말을 타는 법을 배우면서 다양한 무기를 다루는 방법 등을 훈련받았다. 또한
성에 상주하는 학식 있는 성직자 밑에서 기사가 되는 데 필요한 기초적인 학
문을 배우기도 했으며, 영주 부인으로부터 귀족에게 필요한 예절 교육을 받기
도 했다.

시민계층에서의 아동교육

중세 시민계층은 부를 축적하면서 점차 학교를 설립하게 되는데, 이 시기

의 대표적인 형태의 학교교육은 영국의 문법학교와 공립학교, 독일의 라틴어학교 등의 중등학교와 영국의 조합학교와 독일의 교구학교, 그리고 조합학교와 교구학교가 결합한 형태의 시민학교 등의 초등학교들이 등장하였다.

귀족 자녀들이 수녀원에 가지 않는 경우, 가정교사를 들여 집에서 배우거나 대귀족 부인의 시동으로 들어가 매너와 품행을 배웠으나, 중세의 부모들은 자신들의 위신을 중시하여 자녀에게 존경을 요구하였고, 행동이 못 미칠 경우 엄한 체벌을 했기 때문에, 부드러운 양육에 의해 교육받지는 않았다고 한다. 중세 귀족의 여아라 하더라도 문법학교에 다녔다는 증거는 없기 때문에, 문법학교에는 남아들만 다녔다(이종인 역, 2010).

중세 시민계층의 중등교육기관은 원래 왕성한 상거래를 통하여 부를 축적함으로써 상류계층을 형성한 시민들이 만든 학교였기 때문에, 상류계층으로서 자신들의 기득권을 계속 유지할 목적으로 자녀에게 지도자적 자질을 길러주기 위해 세운 학교들이었다. 따라서 상류계층의 중등학교에서는 상급학교 진학을 목적으로 교육이 이루어졌다. 반면, 하류계층의 시민들은 주로 초등학교를 다녔는데, 당시 하류계층의 아동들을 대상으로 하는 초등학교에서는 서민들의 생활에 필수적이었던 기본적인 직업기술이나 문자를 습득하는 것을 목적으로 하였지만, 교육방법은 단순히 체벌이나 암기에 의존하였으며, 교육과정 수준 자체가 매우 낮은 상황이었다.

도시에는 남아와 여아가 함께 다니는 초등학교가 있었지만 드물었으며, 대부분 사제들에 의해 운영되는 경우가 많았다. 이러한 학교는 일반적으로 도시의 귀족층을 위한 것이지 농촌 계층의 자녀들을 위한 것은 아니었다. 또한 초등학교에서 가르친 교육과정은 다양하지 않았고 소규모로 운영되었으며, 공부보다는 품행을 가르쳤으며, 알파벳 익히기, 교리 문답, 기타 종교 관련 지식 등을 포함했다. 따라서 귀족과 부유한 상류계층의 여아들은 최소한 읽기와 쓰기를 포함한 교육을 받았지만, 하류계층의 여아들은 그러한 교육의 기회가 있었는지 구체적으로 설명하기 힘들지만, 대체로 지위가 낮은 여아라도 농촌보다는 도시에서 교육의 기회가 더 많았을 것이다(이종인 역, 2010).

그러나 초기 자유도시의 형성 시기에는 아동에게 경건한 기독교적 분위기 속에서 숙련공의 기본 자질을 익히게 하는 것이 중요한 목적이었지만, 후기에 이르러 점차 시민생활이 복잡하고 다양해짐에 따라 읽기, 쓰기, 주판 등의 더욱 실제적인 기능이나 소양을 필요로 하게 되었다. 물론 중세의 교육 자체가 교회 주도의 라틴어교육으로 일반화되었지만 서민의 실생활에 따른 모국어의 교육이 진전되고 있었기 때문에, 프랑스어, 독일어 등의 근대어가 발달되기 시작했다. 따라서 시민계층의 아동들은 더욱 현실적인 교육 환경을 경험하고 학교교육 역시 현실적이고 실제적인 내용을 다루게 되었다.

이상과 같이 중세 시민계층에서의 교육에 있어 교육대상이 일반 서민계층의 아동들로 확대되었다는 점, 학교교육이 점차 교회에서 분리되어 공공단체에 의해 운영되기 시작했다는 점 그리고 생활을 위한 실제 교육에 초점을 맞추기 시작했다는 점은 이후 교육이 근대화되는 데 영향을 준 시민정신의 함양과 시민계층의 문화 및 인식을 높이는 계기를 마련하는 데 기여를 하였다.

4. 중세의 아동인식

중세 가족의 일반적인 특징

게르만 사회의 근간은 가족이지만, 로마의 일반적인 가족제도와는 많은 차이가 있다(김동섭 역, 1999: 105). 즉, 로마의 경우 오직 한 명의 자식만이 아버지를 대신하여 가족을 대표할 수 있었지만, 게르만 가족제도의 경우 전투를 할 수 있는 남자 모두 발언권을 가지고 있었다. 따라서 로마의 경우 개인적 특권을 보장하고 공동의 정의를 추구하였다면, 게르만 사회는 공동 경작지를 소유하고 공동체 고유의 법 질서를 유지하고 있었다. 이는 중세 초기 로마의 가족제도가 게르만 가족제도에 융합되었다고 볼 수 있으며, 게르만 가족제도는 서유럽 가족제도의 전형이 되었다.

물론 협동조합, 길드, 공동조합과 같은 공동체를 결성하여 개인에게 상조 (相助)와 단결의 필요성을 강조하며, 중세의 노동자들은 가족과는 다른 형태의 집단을 형성하게 되지만, 점차 인구 증가에 의한 공동 유산의 분배가 촉진되고 경작법의 발달과 수확량이 풍부한 새로운 경지의 개간으로 적은 인력에 의한 공간의 효율적 이용이 가능하면서, 대가족 중심으로 형성된 공동체는 12세기, 특히 13세기에 대부분 해체된다(김동섭 역, 1999: 105).

또한 9세기 초부터는 일부일처제가 차츰 사회 전반에 확립되면서(최애리 역, 2003: 9), 법적으로 이루어진 결혼은 파기할 수 없는 것으로 인식되었다(김동섭 역, 1999: 105). 따라서 부부는 함께 살면서 서로에게 충실해야 하고 자녀들을 양육할 의무가 있으며, 남편은 가정을 이끌고 집안의 권위를 지켜야 했다. 그러나 중세에는 남편이 가정의 경제권을 장악하고 있었지만 부인의 동의가 없으면 행사할 수 없었다(김동섭 역, 1999: 108).

결혼 시 로마에서는 신부가 지참금을 준비하고, 결혼이 파기되면 그 지참금은 다시 신부에게 귀속되었지만, 중세에는 교회법에 의해 남녀 간에 서로 계약을 하면, 남자가 여자에게 결혼 선금을 지불, 파기 시 선불한 금액의 네 배를 배상하도록 했다. 부인이 과부가 될 것을 대비, 결혼 시 선불 금액의 1/3에서 1/2 정도의 과부재산을 설정하기도 했다.

그러나 봉건계층의 여성들은 완전히 남편에게 종속되고 또한 언제나 남자의 보호 아래 있었으며, 결혼하기 전에는 아버지의 보호를 받았고 결혼해서는 남편이 죽으면 남편의 주군이나 아들의 보호하에 있었다. 여성은 남편의 뜻을 거역할 권리가 없었으며, 여성의 인식과 재산은 완전히 남편의 통제하에 있었다(조경원 외, 2005). 물론 중세 시기의 여성의 지위는 1100년에서 1300년 사이에 향상되기 시작했지만, 교회는 갖은 수단을 동원하여 예배 참여와 공적인 의무로부터 여성을 배제하였고, 여자는 남자에게 복종해야 하며, 특히 출산과 자녀양육에만 전력하도록 했으며, 중세 여성들이 글을 배우는 것은 수녀가 될 사람을 제외하고 거의 불필요하다고 인식하였다(김동섭 역, 1999: 110). 따라서 중세인들은 여성들이 가정을 잘 꾸려 가기를 바랐으며 여성들은 바느질과 실잣기를 필수적으로 익혀야 했다. 그것은 그 일들이 가난한 사람들의 생활에 꼭 필요했으며, 부유한 사람들도 그것을 장려했기 때문이다(김동섭 역, 1999: 110-111).

중세의 기독교식 결혼 관습은 중세사회에 영향을 주었다(김동섭 역, 1999: 119). 자녀의 출산이 결혼의 가장 중요한 관심사가 되었으며, 아이들을 예수처럼 소중한 존재로 여겼기 때문에 아이들로 인해 결혼을 파기할 수 없는 경우도 많았다. 중세에는 아이들이 대개 7세가 되면 부모가 아이들을 생업에 들어서게 했으며, 귀족 계층을 제외한 아동들은 장사를 배우거나 농장 일꾼이나 하인으로 일하기 시작했는데, 아동들은 사회적 지위나 성별에 의해 제한을 받았으며 대부분의 농촌 아동들은 읽기나 쓰기를 전혀 배우지 못했다(김옥진 역, 2004).

그러나 중세의 일반적인 가정에서는 대체로 아이의 수가 많았고, 그 때문에 아이들이 영양실조에 허덕였으며, 여성은 일시적인 무월경에도 불구하고 다산을 하는 추세였다(김동섭 역, 1999: 119). 이는 높은 사망률(5세 이전에 아동의 1/3 사망)이 중요한 원인이며, 비록 많은 자녀를 낳은 부부조차도 그들의 자녀들이 사춘기를 지나기 전에 죽는 경우가 많았기 때문에, 자녀들의 예정된 죽음(영아 사망)으로 인해 부모의 자식 사랑이 경감되었을 것으로 보고 있다.

비록 중세 이후의 아동기에 대한 인식은 충분한 역사적 흔적의 부재로 인해 다양한 관점에서 해석되고 있지만, 아동기에 대한 무관심의 역사에서 부정적 혹은 긍정적 해석에 이르기까지 나름대로의 증거를 갖고 접근하고 있다. 따라서 아동기에 대한 성인 사회의 인식과 태도는 적어도 다음과 같이 세 가지 관점에서 접근할 수 있다.

아동기에 대한 무관심

초기의 아동 연구에서는 아동을 성인의 축소판으로 간주하고 아동기를 별로 중요하게 생각하지 않았다. 즉, 아동은 태어나면서부터 성인이 가지고 있는 모든 심리적 특성을 갖고 있다는 관점을 취하였으며, 아동이 어머니나 보모의 지속적인 관심에서 벗어나자마자 곧바로 어른의 사회에 소속된다고 본 것이다. 그리고 이러한 관점을 전성설(前成說, preformationism)이라고 한다. 이런 사상은 당시 아이들 옷 모양 등의 옛 그림들에서 나타나며, 모든 사람들을 위한 게임(예: 체스 등)은 있지만 특별히 아동을 위한 장난감이나 게임 등이 고안되지 않았다는 점에서도 알 수 있다.

이러한 관점에 대해 Ariés(1962)는 아동을 무시했다거나 방치하고 경멸했기 때문이 아니라 어른과 청년의 자질과는 구분되는 아동만의 특별한 본성을 찾으려는 의식이 없었기 때문으로 해석하고 있다. 즉, 이 시기에는 아동이 태어나면서부터 성인이 가지고 있는 모든 심리적 특성을 갖고 있다고 보았으며, 아동기 개념과 의식 자체가 없었기 때문이다. Ariés(1962)에 의하면, 두 돌이

그림 6-3 16세기 아동 복식

지나면 유아를 마치 작은 성인처럼 대하고, 3~4세가 되면 성인과 같이 먹고 마시고 놀이를 하였으며, 아동이 7세 정도가 되면 여아는 성인 여성의 일인 바느질, 요리, 집안 청소 등을 하였고 남아는 도제가 되어 훈련을 받았고 집을 떠나 일을 하기도 했으며, 이 시기에는 아동을 위한 옷이나 음식도 특별히 없었다고 한다.

또한 르네상스 이전에는 천사는 날개가 달린 어른의 모습이지만, 사랑의 상징인 벌거벗은 어린이(putto)가 등장한 것은 르네상스 이후이며, 극히 일부의 예술가와 문인들만이 아동의 모습을 있는 그대로 묘사했다고 한다. 아동을 지칭하는 어휘 역시 어린이(petit enfant)와 결혼하지 않은 청년을 가리키는 말인 청소년(jeune enfant)이라는 단어에서 알 수 있듯이, 당시 앙팡(enfant)은 본래 13~15세의 소년, 소녀들을 지칭하는 단어로, 이 나이는 게르만 사회의 관습법상 성년을 의미했다. 즉, 중세의 소년, 소녀들은 13세가 되면 성인 취급을 받았으며, 독립을 한 경우에는 결혼도 할 수 있었다. 따라서 아동은 오늘날처럼 제한된 의미가 아니라 젊은이와 같은 의미로 사용했기 때문에(김동섭 역, 1999: 119-120), 중세기와 그 이후에는 어른과 아이의 구별이 불명확했으며, 또한 언제 아동기가 끝나고 언제 성인기가 시작하는지도 분명하지 않았다.

따라서 아동기 개념이 없었던 당시에는 성인들이 아동의 존재 자체에 대해 큰 관심이 없었고 아동기는 단지 성인의 일부로 인식되어 아동은 어려서부터 성인의 역할과 책임을 따라 하는 세대 계승자로서 행동했으며, 아동에 대한 특별한 배려 없이 성인 사회에 입문하는 것으로 인식되었다.

그러나 중세사회에서의 아동기는 중·상류층에 제한된 개념일 수 있으며(Shahar, 1990), 또한 중세에는 부부애를 표현하는 데 있어서의 제약과 물질적 궁핍으로 인해 아동에 대한 성인 사회의 인식에 제약이 있었을 가능성이 있다(김동섭 역, 1999: 120-122). 이는 중세사회가 민중의 삶에 관한 기록에 인색한 것에 기인할 수 있으며, 따라서 당시 도덕주의자들의 주장과 판에 박힌 예술 표현 등을 있는 그대로 믿기에는 한계가 있다. 중세사회가 형상화한 아동의 모습은 그 실체를 왜곡시킨 경우가 많았다. 비록 아동은 학대(mistreat)로 부터 보호를 받아야 한다고 생각하였으나, 중세에는 아동의 독특성에 관해서는 무관심했으며, 이를 통해 아동기 연령의 개념이 별로 중요하게 다루어지지 않음을 알 수 있다. 따라서 많은 학자들은 중세를 아동에 대한 사랑이 무관심 했던 시기로 보고 있다(김동섭 역, 1999: 119).

아동기에 대한 부정적인 인식

기독교 세계관을 갖고 있었던 중세에 아이를 낳는 일은 큰 기쁨의 시간이 되기도 하고 큰 슬픔의 시간이 되기도 했는데 그 이유는 산모와 아기의 사망률이 높았으며 살아서 태어난다고 하더라도 많은 아이들이 태어난 지 얼마 되지 않아 죽었기 때문이다(김옥진 역, 2004). 일반적으로 중세의 사망원인은 질병, 영양실조, 자연재해 등으로 아기가 유아기를 넘어서 생존할 확률은 1/2 또는 1/3 정도밖에 되지 않았으며, 유아살해의 경우도 매우 빈번히 일어났다고 한다. 따라서 유아 사망률이 높았기 때문에 부모가 자녀에게 애착을 형성하거나 정서적으로 개입하는 것을 삼갔으며, 자식에 대한 애착형성 장애를 일으키는 경우가 많았고 거친 양육방법을 사용했다고 한다.

중세에 와서 형성된 아동기에 대한 관점은 일상생활을 더욱 어른 중심으로 만들었으며, 어린이의 지위(또한 여자의 지위)는 상실되었고, 어린이는 어른 이상으로 어떤 욕구를 가지고 있는 존재로 여겼다. 특히 중세 교회는 아담 (Adam)의 타락에 의해 인간은 원죄를 타고났으며, 이 이유 때문에 어린이는 원죄의 흔적을 가지고 태어난 선천적으로 타락한 존재라고 여겼다. 그로 인해 아동을 양육하는 기본 목적은 원죄가 어린이로부터 씻겨져 나오도록 하는 것으로 인식했다.

이는 자연스럽게 원죄와 함께 어린이 속에 있는 사탄의 의지를 꺾기 위해 아이의 요구는 들어주지 말아야 하며, 힘든 일도 시키고 심지어 심한 벌도 가하는 것이 정당화될 수 있는 것으로 인식했다는 것이다. 홉스(Thomas Hobbes) 역시 아이들은 사회가 억제시켜야만 하는 본래 이기적인 자기중심 주의자들이라고 보는 관점을 가지고, 부모는 매우 자기중심적인 아이들을 견 제해야 한다고 주장했으며, 아이들이 가지고 있는 근본적인 이기적 관심을 사 회적으로 받아들여지는 것으로 바꾸는 것을 학습해야 한다는 점에서 아동을 부모에 의해서 만들어지는 수동적 존재로 이해했다.

따라서 중세에는 기본적으로 건강하고 행복한 아이보다는 죄에서 구제된 아이가 더 중요했으며, 아이가 기쁘게 뛰어다니고 노는 것은 금지되어야 한 다고 생각했다. 결국 소년들이나 청년들이 소녀들과 사랑에 빠지는 것은 흔한 일이며, 사람들은 그러한 사랑이 자연의 섭리에서 유래하는 것으로 생각할 정 도였기 때문에, 중세 소녀들은 어린 시절 동안 음탕한 노인들이나 소년들을 경계해야 했다(김동섭 역, 1999: 111).

아동기에 대한 긍정적인 인식

아동기에 대한 중세 사회의 긍정적인 인식을 살펴보면, 16세기에도 아동이 존재하고 그들에 대한 애육(愛育)의 감정을 찾아볼 수 있으며(구수진 역, 2002: 102), 교회는 기본적으로 아이들의 순결함에 대해 인정하고, 이들에게 영적 훈련을 시켜야 한다고 강조했다는 것이다(김동섭 역, 1999: 120-122).

또한 중세에는 젊은 남녀가 한솥밥을 먹기로 결정을 하면 결혼을 했으며, 역사가들이 밝혀낸 바에 따르면, 흔히 알려진 것과는 반대로, 어머니가 된 여 성들은 자식들을 사랑했고 공들여 키웠으며 자상하게 돌보았고 아버지도 어 머니들 못지않았다고 한다(최애리 역, 2003: 9). 따라서 사고로 자식이 죽으면 부모는 깊이 참회하고 고행을 자처했으며, 심지어 자식의 기독교식 매장을 위 해 관을 도둑질하기도 했다.

자신들의 유년 시절이 불행했었다고 생각하는 경향으로 인해 부모는 그들의 자녀들이 훌륭한 사람으로 성장해 주기를 바랐으며, 필리페 드 노바르 (Philippe de Novare)에 의하면, 자녀들이 성장함에 따라 그들에 대한 사랑이 날로 커지고 있음을 지적하며, 만약 우리에게 신이 주신 사랑이 없었다면 그들을 키우지 못할 것이라고 했다. 따라서 중세에도 예법서에 의하면, 아이를 갖는 것은 행복한 일이며, 어린 나이에 자녀가 죽으면 그런 불행을 하늘의 벌로 인식할 정도로, 아이의 탄생과 신생아 시절의 몇 주는 부모에게 커다란 사랑을 안겨 주었다. 또한 아동 출산 과정에서 죽은 여성에 대한 제왕절개는 종종 법에 의해 정당화되었으며, 아동을 제거하지 않고 출산하지 않은 여성을 매장하는 것은 불법이었다(Colón & Colón, 2001). 물론 원하지 않은 아기를 가졌을 경우 아이를 살해하기도 했지만, 이럴 경우 그 증거가 발견되면 엄한 처벌이 내려졌다는 점에서 중세에도 아동기에 특별한 의미가 있었음을 알 수 있다.

세례의 과정에서, 아기가 태어나면 곧 세례를 준비하는데 이러한 의식은 혹시 모를 아기의 조기 사망을 대비한 것이었으며, 일반적으로 출생 사흘 뒤에 세례가 이루어지는 것이 관례이지만, 세례 의식이 치러지는 기간 외에도 영아들은 세례를 받을 수 있었다. 즉, 세례와 같은 엄숙한 종교 의식을 통하여 가난한 자들도 친지 및 대부, 대모와 함께 세례를 받는 아기가 그들 세계의 일원임을 축하해 주었다는 것이다.

아기의 출생과 양육의 과정을 살펴보면(최애리 역, 2003: 15-16), 아기가 태어나면 아들이건 딸이건 간에 부모의 정성 어린 보살핌을 받게 된다. 대부분의 출산은 산파의 몫으로, 산파들은 갓난아기를 정성껏 닦고 천으로 잘 감싸 준 뒤, 흔들리는 요람에 아이를 옮겨 놓았다고 한다(김옥진 역, 2004). 이는 Ariés의 관점과 달리, 중세에도 어린아이들은 애정과 교육을 받고, 아이 본연의 성질들을 인정받았으며, 중세 문헌에 있는 부모가 아이들을 징계해야 한다는 의미는 꾸지람과 가르침을 동시에 의미하는 말이지 반드시 체벌을 의미하는 것이 아니라는 것이다.

따라서 중세의 경우도 교육 관련 문헌에 체벌의 사용을 허용하지만, 말로 타일러서 듣지 않을 경우의 최후 수단으로 사용하며, 효과를 거두기 위해서는 매질을 정도껏 해야 한다는 것으로, 중세의 교육은 무엇보다도 말과 모범으로 이루어졌다는 것이다. 물론 아이들이 나이가 들어서는 교정할 수 없다는 생각으로 잘못을 하면 심하게 꾸짖거나 매를 때리는 일이 많았지만, 이는 그렇게 하지 않으면 아이들이 나쁜 길로 빠질 수 있다는 생각 때문이라는 것이다.

또한 600년경에는 영국 셔번(Sherborne)의 교황, 성 앨드헬름(St. Aldhelm)이 엮은 교과서가 최초의 아동도서로 알려지고 있으며, 거의 1,000여 년 동안 이러한 질의응답 형식을 모방하고 있다(이경우 역, 1986: 22). 또한 어머니는 아이를 교회에 데려가고, 아이에게 성화나 성상들을 보여 주며, 기도의 자세를 가르쳤다. 이러한 어머니에 의한 그리스도교적인 훈육은 일상생활의 다양한 물건을 통해 이루어졌기 때문에, 중세 말의 물건 중에는 십자가로 만든 알파벳 자편(字片), 어린이용 묵주, 셈틀, 경건한 장난감 등이 있었다. 대부분 7세 미만의 어린아이들은 실제로 무엇을 배우거나 선과 악을 구별할 능력이 없다고 느꼈기 때문에 아이들은 태어나서 처음 몇 년간은 정식교육이나 힘든 노동에서 벗어날 수 있었다고 한다(김옥진 역, 2004).

여아의 교육에 있어서도 어머니는 중요한 역할을 했는데, 일정한 덕목들과 집안 살림하는 법은 물론, 장차 주부가 되어 살게 될 때를 대비한 여러 가지 지식들을 전수했으며, 자녀양육에 있어서 아버지 또한 중요한 역할을 했다(최애리 역, 2003: 17). 즉, 중세 아동들이 아주 어릴 때는 순전히 어머니의 손에서만 자라다가 어느 날부터 남자들의 세계에서 양육된다고 생각하는 것은 잘못이며, 부부에게 아이들이 많을 때나 어머니가 몸이 불편하거나 난산 끝에 회복이 느릴 때에는 아버지가 아기들을 돌보았다. 특히 가난하여 달리 일손을 구할 수 없는 가정에서는 더욱 그러했다는 것이다.

중세에도 부모가 아이들과 함께 지내며 정성 들여 아이들을 가르쳤다는 것은 부모로서 강한 애정을 지녔음을 의미하는 것으로 중세 당시의 공기놀이,

팽이놀이, 인형놀이, 카드놀이, 전쟁놀이 등의 아이들 놀이와 아동교육과 관련된 문헌을 통하여 중세인들이 아동들에게 가졌던 관심 분야를 알 수 있다(김동섭 역, 1999: 122-123). 특히 15세기 Vittorino de Feltre는 아동을 위한 운문, 무용, 시합과 놀이 중요성을 강조하였는데, 자신이 설립한 학교에서는 공부와 놀이시간을 교대로 실시하기도 했다(이경우 역, 1986: 23).

따라서 중세에도 어린이에 대한 사랑이 존재했음을 알 수 있듯이, 중세 아동들은 기독교 사회의 토대 위에서 보호를 받았다(김동섭 역, 1999: 123). 그 예로 낙태, 아동살해, 신혼 부부의 피임 등은 사형에 처하는 엄벌로 다스렸으며, 임신한 여인은 법정 소환에 출두하지 않아도 되었고, 필요한 경우 교회에서 나갈 수도 있었다. 대개의 중세법에서 임신한 여인이 사형 선고를 받을 경우에는 형을 집행할 수 없으며, 태중의 아기를 죽이는 데 대한 두려움도 컸지만, 생명을 잉태하고 있는 여인을 죽이는 데 대한 두려움 역시 컸기 때문에, 판사들은 출산을 기다려야만 했다. 또한 영아살해에 대한 입법가들은 가난한 여인들과 그렇지 않은 여인들을 구별하여, 전자에 대해서는 벌을 경감시켜 주고, 세례받은 아이와 세례받지 못한 아이를 구별하였는데 후자는 단순히 이 세상에서 살해당했을 뿐 아니라 영원히 죽은 것으로 인식했다. 따라서 중세에 영아살해가 존재했다고는 해도, 그것은 결코 대대적인 현상은 아니었으며, 대개의 경우 적빈이나 간통, 그리고 죄가 발각되는 데 대한 두려움에서 비롯되었다.

이와 같이 생명에 대한 존중과 아이들에 대한 강한 애정 덕분에 그런 유형의 살인은 크게 제한했으며, 영아를 살해하기보다는 유기하는 쪽을 택했다고 한다(최애리 역, 2003: 14-15). 많은 경우 가난한 여인들은 아이들을 죽이기보다는 버리는 편을 택했는데, 이는 키울 수 없는 아이들과는 그냥 헤어지는 편이 그리스도교적인 해결책에 더 가깝다고 인식했기 때문이다.

교회는 극빈자들의 아동 유기를 허용했고, 다른 방도가 없는 부모들에게는 아이를 공공장소, 특히 교회 문 앞에 데려다 두도록 권장했을 정도였다. 그러나 중세에는 아동의 높은 조기 사망률, 물질적 궁핍으로 인해 아동에 대한 사랑이 자주 왜곡되었다(김동섭 역, 1999: 123).

그림 6-4 혼북

혼북(Hornbook, 1442년경)(이경우 역, 1986: 22-23).

- 손잡이가 달린 나무판에 사실상 단 한 장의 종이를 붙인 것으로, 종이를 보호하기 위하여 얇은 뿔판이 종이를 덮고 있다.
- 글자판은 가로 3인치, 세로 4인치이며 작은 알파벳 자음과 모음, 주기도문, 성경구절들을 적어 놓았다.
- 초기 미대륙으로 보내는 화물 중에는 아동들을 위한 글자판이 있었다.
- 맥클린턴(McClinton)의 저서 *Antiques of American Childhood*에는 두 살 반 된 아이들이 학교에 갈 때 이 글자판을 가지고 다녔다고 기술되어 있는데, 이러한 글자판은 1800년대 말까지 사용되었다.

기독교와 영아살해

서양의 역사적 흐름 속에서 기독교의 발생은 영아살해에 대한 태도에 결정적인 변화를 야기했다(이경우 역, 1986: 18). 초기의 기독교 철학자들은 어린아이도 영혼을 가진 존재로 인식했다. 318년 콘스탄티누스 대제는 아이를 죽이는 것은 죄라고 공포했으며, 아우구스투스 대제는 기아(棄兒)를 기르는 가정에 연금을 주는 제도를 제안했을 정도로 영아살해는 이교도들이나 하는 짓이며 살인이라고 비난했다. 특히 400년경 기독교 교회는 영아의 살해와 유기에 대한 중지령을 내렸고, 의회의 명령에 의하여 고아원을 설립하였다.

322년경 테오도시우스 법전(Theodosian Code)의 어린이에 관한 조항을 살펴보면, 부모의 영아살해를 막고 보다 나은 아동 복지를 위해 빈곤으로 인하여 유아양육의 능력이 없으면 부모는 즉시 보고하고, 신생아의 양육은 지연될 수 없으므로, 음식과 의류가 곧 공급되어야 한다고 명시되어 있다(이경우 역, 1986: 19).

따라서 중세의 기독교 사회에서는 영아살해와 유기를 구분하였다(이경우 역, 1986: 19). 의도적인 유기는 영아살해로서 법에 의해 1년 구형의 처벌을 받았다. 반면, 우발적인 사건에 의해 아이가 죽었다고 부모가 주장할 경우에는 그 부모는 처벌받지 않았다. 이러한 사회적 제약 때문에 중세에는 압사(overlaying)가 유행할 정도였다. 왜냐하면 압사는 아이가 침대에 있을 때 질식시켜 죽이는 방법으로 그 의도의 유무를 판정할 수 없어서 대개 처벌의 대상이 되지 않기 때문이다. 특히 1500년대에는 이러한 유행이 큰 문제가 되어, 피솔레(Fisole) 교황은 침대에서 아이와 함께 자는 부모에게 벌금을 부과했으며, 1784년 오스트레일리아 법에는 5세 이하의 아동이 부모와 함께 자는 것을 금지했다고 한다.

그러나 비록 기독교가 영아살해에 대한 태도를 바꾸어 놓았음에도 불구하고 영아살해는 18세기까지 지속되었으며, 1700년대에는 마약을 쓴다든지, 아사시키든지, 아이를 찬물에 던지든지 하는 몇 가지 다른 방법이 사용될 정도였다(이경우 역, 1986: 19-20). 1700년대 당시 의사의 기록을 보면, 아이를 물에 던져 넣는 것은 매우 좋은 방법으로 추천되었는데, 그 결과로 아이는 죽을 수 있지만 부모는 던져 넣는 사실만으로 죄의식을 느낄 필요는 없었다고 한다. 왜냐하면 아이를 물에 던져 넣는 일은 수영을 가르치기 의해 자녀를 훈련하는 좋은 방법이기 때문이었다. 따라서 기독교가 영아살해에 대한 태도를 바꾸어 놓았음에도 불구하고 영아살해를 막기에는 한계가 있었다.

특히 중세 당시 아동들에 대한 성인 사회의 인식은 제4차 십자군과 제5차 십자군 사이인 1212년에 독일과 프랑스에서 각각 시작된 어린이 십자군을 통

해서도 엿볼 수 있는데, 십자군 원정이 실
패로 끝나자 가난한 자들은 강자들과 부자
들이 부도덕과 탐욕을 어깨에 매고 예루살
렘에 갔기 때문에 실패했다고 하면서 자기
들이야말로 '선민'이라고 생각하고, 1212년
초 스페인에서 사라센과 싸우는 기사들을
응원하기 위해 유럽에서 종교 행렬이 벌어
졌을 무렵, 독일의 니콜라스(Nicholas)와 프
랑스의 에티엔(Etienne)이 예루살렘을 해방
시킬 군대를 조직하라는 하나님의 메시지
를 받았다고 주장했다. 당시 니콜라스의 나

그림 6-5 **어린이 십자군**

이는 12~14세였으며, 에티엔의 나이도 12~15세였다(김응종, 2008).

　쾰른 성당에서 니콜라스의 연설을 들은 사람들은 큰 감동을 받고, 며칠 사
이에 수천 명의 어린이와 어른들이 모여 알프스 산맥을 넘어 이탈리아로 향
했으며, 십자군 원정 도중에도 사람들이 계속 늘어나 거의 2만 명이나 되었
다. 기아와 질병으로 많은 사람이 죽고, 신발도 없이 알프스를 넘느라 동사자
가 속출했으며, 4분의 3이 도중에서 죽고, 7천 명만이 이탈리아에 도착했다.
제노바에 도착해 바다를 바라보며 바다가 갈라지기를 고대했으나, 아무리 기
도해도 기적은 일어나지 않았다. 일부는 실망하여 귀향을 생각했지만, 또다시
알프스를 넘는 일은 끔찍했기에 귀향을 포기하고 값싼 일자리를 찾았으며, 귀
향한 사람들은 조롱거리가 되었다. 니콜라스는 포기하지 않고 수천 명의 추종
자와 함께 이탈리아를 누볐지만, 기근과 질병, 그리고 산적들의 공격을 받았
으며, 많은 사람들이 노예로 팔려 갔다. 니콜라스가 어떻게 되었는지는 확실
하지 않다(김응종, 2008).

　에티엔 클루아 역시 방돔에서 십자군을 제창하는 연설을 했고, 수많은 사
람들을 모았으며, 파리에서는 그를 진정한 예언자로 여겼다. 그는 국왕 필리

프 2세에게 지원을 요청했으나, 국왕은 집으로 돌아갈 것을 권했다. 1212년 3월, 3만 명이 방돔(Vendome)에 모여 마르세유(Marseille)로 향했다. 기근과 질병으로 많은 사람들이 죽었으며, 마르세유에 도착해서 바다를 보았으나, 바다는 갈라지지 않았다. 절망과 불행 속에서 며칠간 기도한 결과, 2명의 마르세유 상인이 다가와 그들을 성지로 태워 주겠다고 제안했지만, 그들은 하나님이 보낸 사람이 아니라 노예 상인이었다. 어린이들은 알제리와 알렉산드리아에서 아랍인들에게 노예로 팔려 갔으며, 이들 가운데 4백여 명은 아랍의 칼리프에게 팔려 가서 좋은 대우를 받고 종교의 자유를 누렸으나, 다른 사람들은 개종을 거부하여 죽음을 당했다(김응종, 2008).

물론 당시 'pueri'라는 용어는 '어린이'라는 의미 외에, '하나님의 아이들' 혹은 '가난한 사람들'의 의미가 있었기 때문에, 어린이 십자군의 구성원이 실제 어린이였는지는 이견이 있다. 당시 어린이는 나이가 어린 사람이 아닌 결혼하지 않은 사람이라는 주장도 있지만, 어린이 십자군은 중세의 아동인식뿐 아니라 종교에 대한 맹신을 잘 보여 주는 사건이다. 민중들은 교회의 가르침대로 십자군에 광분했으나 엘리트들은 그렇지 않았다. 어린이 십자군 혹은 빈자 십자군은 부자들과 지배자들에 대한 사회적 십자군의 의미를 내포하고 있었기 때문이다(김응종, 2008).

☕ 참고 자료 주요 교육사상가(신학가)

아우구스티누스
(Aurelius Augustinus, 354~430)

1. 교육사상

- 중세를 연 초대 기독교회의 가장 대표적인 교부 철학자
- 세계의 역사를 하나님의 의지가 실현되는 과정으로 해석
- 교사와 학생 사이의 인격적인 관계를 발전시키는 교육 방식으로 대화를 통한 지식 전달을 강조
- 신은 우리 마음속에서 우리를 가르치는 '내심의 교사'
- 진리에 대한 명확한 인식은 신의 은총을 통해서만 이루어질 수 있는 것이기 때문에 진정한 교사는 신만이 가능
- 완전한 교육은 신에 의해서만 이루어질 수 있음

2. 공헌

- 중세 초기 교양교육의 성립에 기여
- 기독교 교육사상에 인본주의적 성격을 포용하여 근세 사상가들에게 영향을 줌

토마스 아퀴나스
(Thomas Aquinas, 1225~1274)

1. 교육사상

- 중세 최대의 신학자이자 스콜라 철학자
- 아리스토텔레스의 형이상학을 기독교 신학에 도입
- 신의 존재에 대한 지적 증명(이성에 의해 신앙을 지지)
- 절대적인 신에 점진적으로 접근함으로써 존재의 실재를 깨닫는 것이 지식의 궁극적 목적
- 과학은 감각적 경험에 입각하여 특수에서 보편으로 나아가는 것이며, 신학은 초자연적인 무한성을 탐구하는 것으로 비이성적인 것이 아님
- 학습과정에서 의미와 본질을 파악하는 것이 중요
- 배움을 경험과 밀접한 관계가 있는 것으로 파악함으로써 경험의 중요성 강조

2. 공헌

- 아리스토텔레스 철학을 그리스도교 세계로 받아들이는 데 결정적 공헌
- 중세 대학의 발달에 많은 영향을 줌
- 수도원의 도덕적, 정서적 도야 위주의 교육에서 스콜라주의의 지적 도야로 교육을 전환시킴

앨퀸
(T. Alcuin, 732~804)

1. 교육사상

- 스콜라 철학자이자 교회학자이자 교육자
- 궁정학교의 교사이자 782년에서 796년까지 프랑크 왕국 교육부서의 장관을 역임
- 카롤루스 대제를 도와 예배 의식을 개혁하고 신학적 교육의 기틀을 마련
- 궁정학교에서 왕, 귀족 자제, 귀족 계층을 대상으로 수사학·변증법·수학·천문학 등을 교수

2. 공헌

- 왕실과 성직자를 교육시키는 동시에 지속적인 교육을 위해 공공교육을 시작하였으며, 교구 학교를 설립하고 도서관을 건립하는 데 힘을 쏟음
- 프랑크어 학교에 영국식 학습방법을 소개했으며, 교육과정을 체계화하고, 학문의 수준을 끌어올림

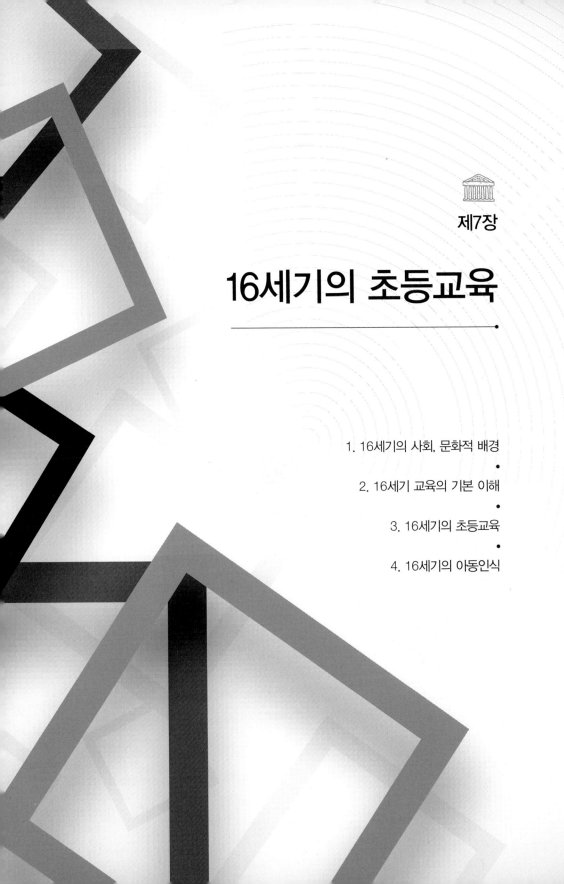

제7장

16세기의 초등교육

약간의 돈이 생길 때마다 나는 책을 산다.

그렇게 하고 남는 돈이 있을 때, 비로소 나는 먹을 것과 입을 것을 산다.

– D. Erasmus

1. 16세기의 사회, 문화적 배경

14세기와 15세기를 통해, 유럽에서는 봉건사회가 붕괴되고 교회의 세력마저 쇠퇴하기 시작하면서 시민계층이 대두되었다. 이들은 중세의 신 중심과는 달리, 인간 중심으로 봉건적 그리고 교권적 구속에서 벗어나려 했다. 이에 중세 시기 동안 기득권을 가지고 있었던 봉건제후 및 대귀족들은 도시 시민계층의 세력 증가로 힘을 잃어 가고 있었으며, 그로 인해 힘을 얻은 국왕은 시민계층의 지지를 얻어 중앙집권적 왕정국가의 체제를 정비할 기회를 갖게 되었다. 또한 중세 말 가톨릭교회는 더욱 세속화되고 타락이 심하여 교회에 대한 개혁의 목소리가 높아지기 시작했다.

따라서 16세기는 중세 봉건 국가의 성격에서 근대 국가 체제로 넘어가는 과도기적 시기로, 정치, 경제, 종교 등 사회 각 방면에 동요와 불안이 고조되면서 르네상스를 통해 근대 유럽의 태동을 알리는 일련의 변화가 시작되었다.

문예부흥의 기본 이해

문예부흥은 중세의 억압적, 예속적인 인간상에서 벗어나 현세적 삶 속에서 만족과 행복을 추구하고, 상실되었던 인간성을 회복하기 위한 운동으로, 근대 사회의 발판을 마련하고 인간 중심의 인문주의인 휴머니즘을 강조한 운동이다. 문예부흥을 의미하는 르네상스(Renaissance)라는 말은 '재생'을 뜻하며, 문예부흥은 고대 그리스와 로마 고전의 재생운동이다. 즉, 중세의 전통적 생활, 종교에 의하여 위축되고 광명을 잃었던 인간의 생활에서 자유로운 인간성의 본래의 의미로 복귀하는 것을 의미한다(Butts, 1955). 따라서 르네상스는 단순히 그리스와 로마의 고전과 그 속에 내포된 학문과 예술의 부흥만을 의미하는 것이 아니라 새로운 인생관과 세계관으로의 복귀에 큰 의미가 있는 것이다.

이러한 문예부흥운동은 14세기경부터 중세사회 경제적 기반이 동요되면서 중세적 세계관이 붕괴되고, 분권적 봉건제도가 몰락하면서 중앙집권적 통치 국가로서의 국민국가가 형성되는 사회적 배경하에서 일어났다. 가톨릭에 의지했던 정신적 기반이 붕괴되는 과정에서 14세기에서 15세기에 걸쳐 이탈리아에서 출발하여 유럽 전역에 파급된 미술과 문학의 새로운 경향으로 고대의 문화와 사상으로의 복귀, 즉 르네상스 운동이 발전하였다.

특히 기독교 교리에 필요하고 실용적 가치가 있는 고전문화만을 수용한 중세와는 달리, 문예부흥기에는 고전문화 속에서 인간 중심의 기초를 찾고자 했다. 중세사상의 구속에 대해 이탈리아의 지식인들은 고전적인 정신문화를 재발견하려고 노력하였다. 따라서 고전을 통하여 인간성과 세계를 재발견하려는 운동인 르네상스는 인문주의(인본주의, 인간주의) 사상을 성립하게 했으며, 종교적 및 외부적 권위로부터의 인간해방 운동으로 자유주의와 현실주의를 낳게 했다.

이는 이후 서양 근대 교육이 출발하는 계기를 마련했다는 점에서, 문예부흥 시대의 가장 큰 사상적 특징은 인간과 세계의 재발견과 종교적 및 외부적 권위로부터의 인간해방이라고 할 수 있다.

대두 배경

문예부흥운동은 14세기 초 이탈리아의 여러 항구 도시에서 일어난 학술, 문예, 미술 등 예술 분야에서의 새롭고 본격적인 변화의 시작이 그 시초가 되었다고 할 수 있다. 특히 르네상스가 이 지역에서 가장 활발하게 일어난 이유는 이탈리아에서 상업자본이 가장 잘 발달되었으며, 이곳이 지중해 연안으로 고대 로마의 중심지였기 때문이다. 물론 문예부흥운동은 14세기에 들어와서 갑자기 일어난 운동은 아니지만, 중세 말기부터 서서히 싹이 트기 시작한 여러 시대적 요인에 의한 결과였다.

이러한 문예부흥운동이 대두되었던 배경은 십자군 원정(1096~1270)으로 인하여 상공업 및 도시가 발달하고 시민계층이 형성되어 인생관의 전환과 인간의 새로운 발견이 있었던 반면, 십자군 전쟁의 실패로 교황청과 봉건제도가 붕괴되면서 민족국가적인 군주제의 중앙집권주의가 대두되었으며, 교회의 타락으로 현실 생활에 흥미와 관심을 갖게 된 것이었다. 특히 스콜라 철학의 영향에 의하여 지적 탐구의 분위기가 조성되고 동방 사라센 문화가 유럽사회에 이입되면서, 지적 호기심이 높아져 인간 중심의 새 시대가 태동하기 시작하였으며, 새로운 생활양식이 싹트기 시작했다. 특히 동로마제국의 멸망(1453)으로 그리스, 로마의 고전학자들이 이탈리아의 남방 피렌체, 베네치아, 제노아로 옮겨 오게 되어 이탈리아를 근거지로 인문주의사상을 전파하였다.

과학 기술의 발달 역시 문예부흥운동의 배경이 되었다. 태양중심론 등 자연과학상의 발견과 발명에 의하여 새로운 지식과 사고방법이 형성되었고, 나침반의 발명은 항해술에 신기원을 이루었으며 새로운 대륙으로 진출하는 계기가 되었다. 특히 구텐베르크(Gutenberg)에 의한 인쇄술(1438)이 발달함에 따라 많은 서적(고전)을 보급하게 되어 문예부흥운동의 확산이 가능하게 되었으며, 정신적 교양이 대중화되기 시작하였다. 이러한 문예부흥운동은 16세기에는 유럽 북부의 여러 나라로 전파되었다.

그러나 문예부흥운동의 중심지였던 이탈리아에서는 사실 과학의 역할이 크지 않았다. 이 운동이 이탈리아에서 먼저 일어난 이유는, 오히려 인간의 마음속에 과거를 사모하는 심정이 있어서 고대 문화의 영향을 많이 받았다는 점, 이탈리아가 고대 로마의 중심지라는 점 그리고 상업자본이 발달해 교양을 갖춘 기업가나 정치가가 많았다는 점 등에서 찾을 수 있다.

일반적 성격

문예부흥의 기본 사상은 중세의 기독교적 복음주의와 내세주의의 제약에서 벗어나, 인간 본연의 자세로 복귀하려는 인문주의 사상이라고 할 수 있다. 인간의 선천적인 성장 가능성을 최대한으로 발전시켜 인간 본위(인간 중심)의 문화를 이룩하려는 것으로, 이는 신의 세계에서 인간의 세계로, 내세주의에서 현세주의로, 금욕주의에서 자연주의로 옮기려는 것이다. 그래서 인간 스스로 인간성을 존중하려는 사상으로 형성되었다. 즉, 문예부흥의 핵심은 모든 외부의 권위를 타파하고 인간이 스스로의 주인공이 되게 하는 운동으로, 인간이 예술·학문 및 생활 전반에 걸쳐 그 중심에 자리하게 되었다는 점이다. 이는 인간 생활의 모든 영역에서 종교적인 압박과 구속으로부터 탈피하여 진정한 인간성을 되찾으려는 시대적 요청에 의한 것이다.

교회 중심		
금욕주의		개인주의
내세주의	⇨	자유주의
초자연성		현실주의
초현실주의		

이러한 인문주의자들은 모든 표현과 작품에서 인간 본성을 주제로 삼고, 통일성과 조화성을 강조하는 인간의 존엄성을 강조하고, 상실된 인간 정신과 지혜의 부활을 통해 고대 종교에 의한 정신의 억압상태에서 인간을 해방하고 자유로운 탐구와 비판력 자극을 통하여 인간의 사고와 창의력을 극대화하고자 하였다. 따라서 인문주의(Humanism)란 중세의 기독교적 복음주의와 내세주의의 제약에서 벗어나 인간 본연의 자태로 복귀하려는 사상으로, 문예부흥시대의 교육은 인문주의 교육이라고 일컬어진다.

종교개혁의 기본 이해

　르네상스 운동이 이탈리아를 중심으로 문예부흥운동을 일으키는 동안, 독일을 중심으로 유럽 전역에 큰 영향을 준 사건이 종교개혁이다. 16세기에 독일 및 스위스를 중심으로 시작한 종교개혁(Reformation)은 신앙을 교회와 승려로부터 되찾아 성서와 개인의 양심에 의해 확립하려는 반가톨릭 운동으로서, 형식화되고 세속화된 타락한 기독교 신앙에 대한 개혁운동이다. 즉, 종교개혁은 종교적 자유주의 운동으로 오직 성서에 의해서만 복음을 가질 수 있다는 신앙의 해방운동이었다. 따라서 종교개혁은 당시 로마 교회의 타락, 중세적 속박에 대한 자유에의 욕구, 교권에 대한 반항 운동으로서, 인간 본연의 욕구와 교회의 도덕성, 성서주의에 의한 참된 신앙생활 중심의 개혁운동이었다.

　종교개혁운동이 일어나게 된 배경은 중세 후반의 교황권 쇠퇴, 성직자의 부패와 타락으로 인한 순수 신앙으로의 회귀 그리고 르네상스 운동의 영향으로 인한 인간 중심의 세속적이고 자유로운 정신 고취 등이지만, 종교개혁의 직접적인 도화선이 된 것은 로마 교황 레오 10세(Leo X)가 성 베드로 사원을 개축하는 데 필요한 막대한 자금을 조달하기 위해 면죄부를 발행하여 신도들에게 강매하자, 비텐베르크 대학에 있던 신학교수 루터(Luther)가 1517년 10월 31일 95개조로 된 항의서를 비텐베르크 교회 문전에서 발표한 사건이다.

그림 7-1 루터의 95개 조항

역사적으로는 독일 중심으로 일어난 신앙해방 운동으로 형식적 교권주의에서 벗어나 오직 성서에 의해 복음을 접할 수 있다는 주장이 대두되었으며, 정치적으로는 십자군 원정의 실패로 인해 교회 권위가 실추되어 교권이 쇠퇴되면서 황제권이 강화되었다. 이로 인해 중앙집권적 통일국가가 발전하게 되는 계기가 되었다. 또한 경제적으로는 사회적 특권과 막대한 부를 축적한 세력이 등장하면서 진보적 성향의 제후들과 도시민 및 농민들의 지지를 통해 봉건귀족과 교회에 대한 저항이 강해졌으며, 사상적으로는 르네상스의 현세적 정신의 영향으로 인문주의가 대두되면서 종교개혁이 일어났다. 이후 종교개혁은 구텐베르크에 의해 발달된 인쇄술에 힘을 입어 더욱 빨리 보급될 수 있었으며, 이후 스위스, 프랑스, 네덜란드 등 북유럽에 파급되었다.

루터에 의한 종교개혁이 일어난 후, 이 새로운 루터의 입장을 신교라 하고, 그 이전의 전통적인 입장을 구교(가톨릭)라고 불렀다.

2. 16세기 교육의 기본 이해

인문주의 교육의 일반적 특성

문예부흥 시기의 인문주의 교육은 한마디로 중세의 교권주의에서 벗어나 인간교육과 자유교육의 이념을 찾고자 했다. 따라서 신본주의에서 인본주의로, 내세주의에서 현실주의로, 금욕주의에서 자연주의로, 교회 중심에서 개인 중심으로, 권위주의에서 이성주의로, 억압주의에서 자유주의로의 해방운동이 전개되었다.

〈표 7-1〉 문예부흥과 종교개혁의 비교

	문예부흥	종교개혁
차이점	- 고대 문화의 재생을 통한 인간성 재발견 운동 - 상업자본가 및 귀족을 중심으로 발흥 - 지식인과 일부 귀족의 취미와 교양의 대상이 되어 현실 사회 개혁에는 소극적 - 미적 가치 동경 - 고등교육의 발달 촉진 - 개인적 인문주의(개인적 운동) 　→ 소수의 학자, 예술가 - 교양인, 보편인의 미적 생활을 이상으로 함 - 반금욕주의 - 개인적 영향 - 귀족 중심 - 그리스와 로마 교육의 부활 - 중등교육에 영향을 미침	- 그리스도교의 재생을 통한 신앙해방 운동 - 시민계층을 중심으로 발흥 - 중세적 권위의 상징이었던 로마 교황과 로마 교회에 정면으로 대응하여 중세의 부정과 근대화 추진 - 보통교육의 확대, 근대 초등 보통 교육제도의 기초 마련 - 사회적 인문주의(대중적 운동) - 신의 영광을 나타내는 유효한 수단으로서 직업노동을 일삼는 직업인, 전문인 육성 - 금욕주의 - 사회적 인문주의 - 일반인 중심 - 중세 교육에 대한 부활 - 초등교육에 영향
공통점	- 중세 세속교육에서 벗어나려고 노력한 점 - 자유주의적 성격 - 자아의 발견, 인간 자체에 대한 존중	

특히 교육의 이상을 통해 중세 시기 동안 억제되었던 고대 문화의 인간적 요소들인 신체적인 요소와 미적인 요소가 강조되어 금욕주의적인 중세에서 배제되었던 아름다움이 추구되었으며, 이로 인해 문학과 예술의 표현, 행위의 측면에서도 인간성 부활의 노력이 나타나기 시작했다. 또한 르네상스 시기의

교육은 전반적으로 중세 시기에 금지되었던 사상과 표현의 자유와 창의적 활동의 자유를 추구하면서도 실제적인 실천적 행위와 도덕적인 판단을 중시하였다.

이러한 점에서 초기 인문주의자들에 의하여 가장 큰 영향을 받은 것은 교육이었다. 인문주의 교육은 인간성을 존중하는 교육으로 고전 문화의 부흥 및 교양을 중시하여 자유교육과 고전교육을 주장하는 교육사조로, 르네상스를 통하여 형성되었으며, 중세의 교권주의를 배격하고 인간교육과 자유교육의 이념을 강조한다. 따라서 형식적이고 현실과 동떨어진 교리 논증을 지나치게 강조했던 중세 고등교육, 그리고 체벌과 단순 암기를 통해 인간성을 왜곡시키던 강압적인 초·중등교육을, 인문주의는 보편적 교양인의 개념을 통한 전인적 인간 형성 교육으로 대치시켰다(남윤호 역, 2010).

이러한 인문주의 교육의 전반적인 교육목적은 풍부한 인문 교양의 습득을 통한 인간의 폭넓은 자아실현과 사회 및 인류의 발전과 복지에 이바지하는 교양인(자유인)의 양성에 있었으며, 그리스와 로마의 고전학습을 주요 교육내용으로 하였으며, 그 방법에 있어서도 중세적인 가혹한 훈련방식을 지양하고 아동의 흥미와 관련된 명예와 경쟁을 통해 자유롭게 교육시키는 것을 강조했다. 특히 인문주의 교육이 관심을 가졌던 것은 고대 그리스나 로마의 고전 작품에 의존한 라틴어 교육이었으며, 이는 대학 입학을 위하여 남아들이 필수적으로 배우는 문법학교, 즉 라틴어학교에서 전담하여 가르쳤다. 14세기부터 16세기에 걸쳐 이탈리아의 문법학교는 도시국가의 고위 관료나 의사, 법률가, 대학교수 등 전문직 양성을 목적으로 삼고 있었으며, 이후 이러한 문법학교 중심의 인문주의 교육은 16세기 이후 독일의 김나지움이나 프랑스의 콜레주(collège), 영국의 문법학교의 기원이 되었다.

이와 같이 인문주의 교육의 몇 가지 특색을 정리해 보면 먼저 중세의 초자연주의와는 달리 자연적인 인간생활을 기초로 하는 인간중심주의였다는 점, 고전의 부흥에 필요한 라틴어의 습득에 중점을 두는 언어주의였다는 점, 중세

2. 16세기 교육의 기본 이해 **197**

권위로부터 해방된 개인적 자각은 개인을 중심으로 하는 비판적 정신을 낳았으며 이러한 비판정신이 개인주의로 발전되었다는 점 그리고 미적, 귀족적 성격의 르네상스가 기본적으로 인문주의 교육에도 영향을 미쳤다는 점 등이다. 또한 인문주의 교육은 인간의 자유로운 교양교육 중시, 교육에 가치 있는 고전 및 문예의 도입, 자유연구로 과학발달의 계기 마련, 중등교육의 발달에 대한 공헌, 오늘날의 인간교육과 전인교육 이념의 기틀 마련 등의 의의가 있다.

그러나 인문주의자들의 고전을 바탕으로 한 인문주의 교육은 인간 중심의 세속적인 가치를 상류계층을 대상으로 추구한 반면, 하류계층의 일반 시민들과 농민들은 인문주의 교육에서 아무런 혜택도 받을 수 없었다(Butts, 1955). 특히 인문주의 교육은 고전 언어와 문학을 강조하였기 때문에 귀족들의 교양을 갖추어 귀족 문화를 유지하는 데 적합한 것으로 여겨질 수 있었지만, 일반 서민 문화와는 거리가 먼 것이었다. 결국 인문주의 교육은 언어주의 그리고 미적, 귀족적 특징을 갖는다는 점에서 초등교육보다 중등교육 이상의 교육에 더 큰 영향을 미쳤으며 일반 시민교육과는 거리가 멀었다.

인문주의 교육의 형태

일반적으로 인문주의 교육은 초기 인문주의인 이탈리아를 중심으로 하는 남유럽의 개인적 인문주의와 후기 인문주의인 북유럽의 사회적 인문주의 그리고 키케로주의로 구분할 수 있다.

이탈리아를 중심으로 하는 남유럽의 개인적 인문주의

르네상스 초기에 남유럽(이탈리아 중심)의 부유층을 중심으로 전통문화를 부흥시키고자 하였던 개인적 인문주의 운동은 귀족적, 개인적, 심미적 성격을 갖고 있었다. 이러한 개인적 인문주의 교육의 목적은 무엇보다도 사상의 자유와 자기표현의 자유 그리고 창의적 활동의 자유를 누릴 수 있는 라틴어나 그리스어 어학능력을 키워 주는 것과 지성, 덕성, 육체의 조화로운 발달을 통한 그리스인의 자유교육 이상을 추구할 수 있는 자유인을 양성하는 데 있었다.

따라서 개인적 인문주의 교육은 예술, 문학, 건축, 자연을 통하여 개성을 표현하는 데 노력하였으며, 인간의 생활을 풍부히 하기 위해서 다재다능한 인간성을 함양하는 것을 강조하였다. 반면, 개인적 인문주의 교육은 개성 신장을 통하여 개인적인 우월과 자아실현을 강조하는 고대인의 이상을 회복하는 것이었지만, 도덕이나 종교는 경시하였다.

이러한 개인적 인문주의 교육은 국가와 사회보다는 개인의 발달을 지향하며 풍부한 현실 생활을 중요하게 여겼기 때문에, 중세와는 다른 교육내용이 강조되었다. 중세의 교육에서 가장 중요한 자리를 차지했던 성경이나 신학은 광범위한 흥미와 지식을 가졌던 고대 그리스인과 로마인들의 풍부한 현실 생활에 관한 교육내용으로 대치되었으며, 인문과학뿐 아니라 자연과학 관련 다방면의 흥미가 강조되었다. 즉, 교과서나 문헌을 통한 인간성의 음미가 강조되었는데, 구체적인 내용으로는 그리스·로마의 고전문학, 고전예술을 중심으로 라틴어, 도덕, 예의, 체육, 음악, 무용 등 풍부한 정서의 내적 세계와 자연의 세계에 관한 것들이었다. 특히 대학에서는 논리학보다는 수사학과 수학이 강조되었으며, 7자유과 중에서 문법, 수사학, 수학과 함께 예술 영역도 가르쳤다.

이러한 인문주의 교육은 새로운 교육적 이상을 실현하기 위하여 새로운 학교의 설립을 요구하였으며, 대학보다는 중등교육기관을 발달시켰다. 이 당시 학교로는 오늘날의 인문 중·고등학교의 전통이 되었던 궁정학교(라틴어 문법학교)가 설립되어 대학의 입학 준비를 위한 학교 역할을 하였는데, 인문주의 시대정신을 가장 잘 반영한 최초의 고전적인 중등학교는 이탈리아에서 발달한 궁정학교였다.

피렌체, 베네치아, 파두아, 베로나 등지에서 설립된 궁정학교는 귀족에 의하여 유지되었고, 유명한 인문주의 학자들이 궁정에 초청되어 왕실을 비롯하여 귀족의 자녀들에게 고전문학을 교수하였다. 대부분의 학생은 수업료를 냈으나 빈곤한 궁정관리의 자제에게는 수업료를 받지 않았으며 기숙사가 있었다. 일반적으로 9세 또는 10세에 입학하여 20세 또는 21세까지 궁정학교에서 공부하였는데, 장차 대학수업을 보다 쉽게 교육받을 수 있도록 라틴어를 읽고 쓰고 이해하는 데 중점을 둔 예비학교의 성격을 가지고 있었다(Wilds & Lottich, 1942). 이후 이러한 궁정학교는 프랑스의 콜레주와 리세(lycée), 독일의 김나지움, 영국의 라틴어 문법학교의 성립에 영향을 주었다.

이러한 개인적 인문주의 학교, 즉 궁정학교와 같은 학교가 설립되면서 교육방법 역시 중세와는 다르게 새롭게 고안되었다. 특히 인쇄술의 발달로 교과서, 문헌 등이 학습경험의 유일한 자원으로 강조되었는데, 로마 퀸틸리아누스의 『웅변교수론』이 강조되었다. 따라서 이러한 학교에서는 어학능력을 발달시키는 것이 주된 목적이어서 그리스어나 라틴어는 산 언어(living language)로 강조되었다. 또한 중세의 학교에서 사용하였던 구두나 논의 대신에 '논문' 쓰기가 강조되었기 때문에, 자기표현과 자기활동이 수업활동에서 중요해졌다(Wilds & Lottich, 1942). 이러한 개인적 인문주의 교육방법은 중세와 같이 엄격한 교회학교의 금욕주의와는 달리, 억압과 체벌 대신에 개성과 흥미를 존중하면서, 교육에 있어서 환경의 중요성을 강조하였다.

이탈리아를 중심으로 하는 북유럽의 사회적 인문주의

알프스산 이북의 유럽, 즉 독일, 네덜란드, 프랑스 등지로 전파된 북유럽의 문예부흥은 1376년 네덜란드 '공동생활형제단'을 중심으로 사회적 인문주의 운동으로 확산되었다. 특히 북유럽의 많은 학자들이 이탈리아의 궁정학교의 교육활동을 연구하였으며 이탈리아의 학자들은 북유럽을 방문하여 인문주의 교육의 이상을 확산시켰다. 이들은 빈곤하고 무지한 하류계층의 교육에 헌신하였으며, 북유럽을 중심으로 일어난 인문주의 운동으로 전 민중의 교양을 넓혀 사회개혁, 도덕개혁을 이루고 사회 전체의 행복을 추구하였으며, 사회적,

도덕적, 대중적 성격을 갖고 있었다.

개인적 인문주의와는 달리 사회적 인문주의 교육은 사회적 책임감을 구현하는 사회적·도덕적 인간을 양성하는 데 중점을 두고, 개인의 행복을 위한 것이 아니라 사회개선과 풍부한 삶의 실현을 위한 인간관계의 개선에 교육목적을 두었다. 또한 개인적 인문주의 교육에서 강조한 미적, 문학적 교육을 통한 개인 행복의 달성보다는 사회적, 도덕적, 종교적 교육을 통한 대중의 풍부한 생활을 중시하였기 때문에, 사회적, 도의적 특징을 띠어 '사회복지'와 '도덕적'으로 원만한 인간의 육성을 목표로 하였다(Wilds & Lottich, 1942).

사회적 인문주의의 교육내용으로는 기본적으로 고전문학과 성서문학의 조화를 꾀하는 것이었기 때문에 라틴어, 그리스어 그리고 히브리어 등의 어학교육이 중시되었으며, 희랍어, 라틴어, 고전, 역사, 지리, 과학, 체육 등 사회의 발전과 인류복지에 도움이 되는 교과가 강조되었다. 특히 에라스무스(Erasmus)는 그리스어로 된 신약성경을 라틴어로 번역하여 학교에서 사용하도록 하였다. 이와 같이 사회적 인문주의 교육은 고전문학과 성서문학을 통한 사회개혁의 중시를 강조하였다.

사회적 인문주의 교육방법은 심리주의, 자발주의 및 흥미주의에 의거, 학습자의 흥미, 필요 등이 중시된, 오늘날과 같은 진보적 방법이었는데, 학습한 사항을 분명히 이해한 다음에 연습하는 것을 강조하였으며, 연습을 한 다음에 기억하도록 하고, 이것을 다시 반복연습한 후에야 생활에 응용하도록 했다. 또한 어학교육에서는 이중번역방법이 강조되었는데, 예를 들어 영어를 먼저 배우고 다음에 영어를 라틴어로 번역하고 이것을 다시 영어로 번역하거나, 라틴어를 모국어로 번역하고 이것을 다시 라틴어로 번역하는 방법을 권장하였다.

이러한 사회적 인문주의 교육은 초등학교보다는 중등학교와 대학의 발전에 기여하였는데, 독일의 인문주의의 중요한 교육기관 역할을 한 슈트룸의 김나지움과 영국 인문주의 교육의 시초인 세인트 폴 학교가 세워졌고, 이들 학교는 인문주의에 입각한 고전을 중심으로 하는 학교였으며, 그 후로 오랫동안 유럽의 교육계에 중요한 역할을 하였다. 그러나 당시 중등교육기관이나 대학의 경우 남자에게만 개방되었으며, 여자의 경우 이러한 학교에서 교육을 받는다는 것은 생각할 수 없었기 때문에, 가정에서 교육을 받는 것이 일반적이었다. 대학은 인문주의에 관한 연구의 본거지로서 왕실이나 공후 등에 의해 인문주의를 연구하고 발전시키도록 장려되었다.

키케로주의

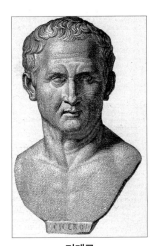

키케로

르네상스 초기의 인문주의 교육은 16세기 중엽부터 현저하게 편협하고 형식적인 인문주의 교육으로 변질되어 갔다. 원래 고전어 교육으로서의 인문주의 교육은 그 자체로 풍부한 교육내용을 가지고 있었으나, 점차 고전의 내용보다는 형식에 치중하여 고전어 학습만을 중요시하게 되었다. 고전에 포함된 사상보다도 키케로의 문장과 문체에만 중점을 두어 그의 작품을 암송하고 활용하는 형식주의, 언어주의로 흐르게 된 변질된 형태의 인문주의가 키케로주의(Ciceronianism)이다(Monroe, 1930).

물론 키케로주의는 훌륭한 문체와 정확한 표현방식의 습득을 통해 아름다운 문체, 정확한 표현의 형식을 발달시키는 데 근거를 둔 것이었으나 지나치게 형식적이고 피상적인 모방에 불과해 고전에 담겨 있는 내용이나 정신 고취가 단순한 암송이나 모방으로 전락한 것이었다.

따라서 키케로주의의 교육목적은 완전한 라틴문체와 키케로의 문체를 배우는 것으로, 교육내용에는 고전문학의 광범위한 독서를 권장하기보다는 소수의 선택된 고전에 한정하였다. 이러한 목적하에 로마의 문장가이자 웅변가였던 키케로의 작품을 연구하는 것이 주목적이 되었기 때문에, 고전의 내용과 이상은 찾아볼 수 없고, 다만 키케로의 문장을 모방하고 표현함으로써 자연히 언어에 편중되어 결국 언어주의에 빠지게 되었다. 키케로주의 교육에서도 그의 문장구성의 형식만을 강조하는 암송 위주의 교육이 되었다. 결국 이것은 인문주의 교육이 실생활과는 유리된 채 고전 언어와 문학만을 강조하는 한계를 갖게 했으며, 현대에도 좁은 의미의 인문주의로 인하여 자유교양교육의 의미는 많이 상실되었다.

〈표 7–2〉 인문주의 교육형태의 비교

	개인적 인문주의	사회적 인문주의	키케로주의
교육목적	지·덕·체의 조화로운 발달과 개성의 존중(자유인 양성)	종교적, 도덕적 개혁을 통한 대중의 풍부한 생활	선의 생활화 웅변가 양성
교육내용	다방면의 흥미 중심 과학과 인문과학 중심	사회의 발전과 인류의 복지에 도움이 되는 교과	키케로의 작품
교육방법	강의법 교수에 의한 개성 존중	학생의 자치활동 흥미 위주의 교육	도덕적 환경 조성 교훈적
특징	개인의 교양에 치중 귀족적, 개인적, 심미적 남유럽의 귀족층	고전문학과 성서문학을 통한 사회, 도덕 개혁 중시 종교적, 민중적, 사회적, 도덕적 북유럽의 하류층	형식에 치우친 형식적 인문주의

종교개혁 시기의 교육

종교개혁의 시작은 독일을 중심으로 교회 내부의 많은 폐단을 개혁하기 위한 것이었으나 이것이 발전하여 사회개혁 및 교육에도 지대한 영향을 미쳤다. 프로테스탄트 종교개혁자들은 일반 사람들에게 보다 넓은 교육기회를 제공하는 방향으로 개혁하려 많이 노력했으며, 사회의 계층적 구조는 모든 유럽 국가들에 있어 점차 깊이 뿌리박혀 나갔다(Butts, 1955). 특히 루터의 설교 가운데 3개는 교육에 관련되는 것이었는데, 이 설교는 초등교육에 대한 관심을 일으켰으며, 의무교육 시행의 계기가 되었다. 그러나 당시 교육의 기초적 변화는 교육의 기회가 상류계층들뿐만이 아니라 상대적으로 낮은 계층들에게도 주어져야 한다는 것이었다. 그러나 두 계층들은 서로 다른 종류의 교육을 받아야만 했으며, 일반적으로 종교개혁의 영향은 낮은 계층을 위한 모국어 중심의 초등교육과 상류계층들을 위한 중등 라틴어 교육으로 완전히 이원화되었다(Butts, 1955).

인간 본연의 욕구와 교회의 성서주의에 의해 참다운 종교 신앙으로서의 개혁을 위하여 일어난 종교개혁은 대중적 운동으로서 초등 보통교육의 확대와 실용적인 인간 육성에 기여했는데, 이로 인해 종래의 교회 지배하에 있던 교육기관을 시정(市政)하에 두게 되어 점차 국가가 통제하는 국가적 특색을 띠게 되는 공교육제도가 나타나게 되었다. 또한 종교개혁자들은 현세의 삶을 내세의 삶과 똑같이 중요시하며, 종교교육과 함께 가정, 직장, 사회, 국가에서의 의무를 잘 담당하기 위해서는 교육을 받아야 한다고 하였다. 이를 위해서는 성경, 모국어, 읽기, 쓰기, 셈하기, 음악, 체육, 공예, 가사 등 교파별로 교리교육을 위한 기초 교육제도를 마련하여 모든 아동들이 의무적으로 교육받아야 한다고 주장하였다.

따라서 현대의 보통 의무교육은 사실상 이들로부터 시작되었다고 볼 수 있으며, 특히 일반 대중이 성경을 직접 읽을 수 있도록 한 것은 모국어 교육의 발전뿐 아니라 공교육의 보편성에 대한 사회적 인식을 높이는 계기를 마련하였다. 이후 17세기에는 국가 경영의 국민 교육 체제가 실현되었다. 특히 독일에서는 초등교육이 서민교육으로 발전하게 되었는데, 기존의 교구학교나 도시학교를 변조하여 창설하였으며, 시민계층과 빈민의 자제를 위한 실업교육 내지 직업교육도 실시되었다. 한편, 종교개혁을 통해 루터는 초등학교 교사로 여자를 채용할 것을 주장하여 여교사의 출현을 가능하게 하였으며, 기초교육으로서의 가정교육(부모의 교육적 의무)을 강조하여 서민계층의 자녀교육의 토대가 되었다.

반면, 중등교육기관은 교사, 목사, 정치가 등 지도층의 준비학교로, 대체로 국가와 도시에서 설립, 운영되면서도 교회의 지도와 감독을 받았고, 고등교육기관에서는 종래의 스콜라 철학적인 신학 대신에 성서의 직접적인 연구가 이루어졌으며, 과거보다 점차 법률, 의학, 철학의 중요성이 강조되기 시작했다. 특히 대학의 준비를 위한 고전어 중심의 교육이 이루어졌던 김나지움(중등학교)은 신교 정신에 의해 설치되어 후일 대학교육의 예비과정이라는 기초를 마련하였으며, 거의 인문주의화된 대학에 교회의 많은 재산이 몰수되어 대학 건립과 운영에 쓰여졌으며, 교회의 감독권이 국왕에게 넘어감으로써 대학 발전이 가속화되었다. 따라서 종교개혁 이후 대학들은 신교의 이념에 따라 새롭게 개편되었으며, 특히 점차 국가의 중요성이 증대함에 따라 교회가 아니라 영주의 보호 아래 운영되었다.

신교의 교육

종교개혁은 타락한 종교를 개혁하고자 하는 것이었지만, 사회개혁운동이자 교육운동이었다. 그 이유는 교회의 순수한 신앙으로 회귀하고, 타락한 교권과 부패한 성직자들을 대상으로 개혁하기 위해서는 현실적으로 교육이 중요한 수단으로 강조되지 않을 수 없었다. 즉, 종교개혁의 진정한 성공을 위해서 당시로서는 사회적 관심의 대상이 되지 않았던 민중들의 지성을 높일 수 있는 대중적 교육이 절실했다.

교육목적 신교도들의 교육목적은 합리적 신앙과 사회적 도덕의 도야를 통하여 성속(聖俗)의 생활을 조화적으로 영위할 수 있는 새로운 기독교인을 양성하는 데 있었다(Wilds & Lottich, 1942). 즉, 교육을 통해 개인의 신앙과 양심의 자유를 보장하는 한편, 사회, 국가 그리고 교회를 위해 봉사하는 도덕적 품성을 기르고자 하였다. 이는 본질적으로 종교적 및 도덕적 모든 도야를 기독교 성품의 도야라는 최종 목적에 귀결시켜서, 내세의 영광된 생활을 위한 준비로서 현재 생활을 가치 있게 하는 데 교육의 목적이 있었다. 따라서 신교 도들의 교육은 가정·직업·교회·국가에 대한 책임과 의무를 충분히 감당하 고 자유와 권리를 주장하는 조화로운 기독교인을 양성하는 데 있었다.

　신교의 교육이 구교의 교육과 다른 것은 바로 내세주의적 종교교육뿐만 아 니라 현세에서도 사회적으로 훌륭한 생활을 할 수 있는 인간을 양성하는 데 교육의 목적을 두었다는 점이다(Wilds & Lottich, 1942). 따라서 개인의 신앙생 활은 물론 가정과 직업 그리고 국가에 대한 기본 임무와 봉사에 대한 의미 역 시 중시하였으며, 그로 인해 국가는 민중의 교육을 위해 교육을 실시해야 하 며, 계층과 성에 관계없이 모든 개인을 대상으로 교육해야 한다고 주장함으로 써 보통교육제도의 필요성을 사회에 부각시키는 데 중요한 기여를 하였다.

교육내용　신교도들의 교육내용은 학교 수준에 따라 다른데, 초등학교에 서는 평민을 위한 보통교육이 자국어로 번역된 성서를 읽을 수 있도록 자국 어 습득 중심으로 이루어졌다(Wilds & Lottich, 1942). 이 시기에는 평민을 위 한 모국어학교가 등장하여 운영되긴 했지만 국민 대중에게 널리 보급된 것 은 아니었으며, 상류계층의 경우에는 라틴어 중심의 중등교육이 중요했고, 실 제적으로 상류 시민계층과 하류 시민계층은 아무 연계가 없는 상이한 교육이 이루어졌다.

　신교도들에게 있어서 중등교육과 대학은 대체로 인문주의 교육의 성격이 었다. 특히 중등교육은 라틴어, 그리스어, 헤브루어, 변증법과 수학이 주된 교 육내용이었으며, 주로 교사, 목사, 정치가 등의 지도층이 되는 예비교육의 성 격이 강했다(Wilds & Lottich, 1942). 또한 종교개혁은 대학교육의 내용에도 영 향을 주었으며, 중세의 스콜라 철학 대신에 성서 연구가 본격적으로 시작되었 고, 법학, 의학, 철학 그리고 과학 등의 학문 역시 발전하였다.

교육방법　신교도들은 교육이 인간 훈련을 통한 하나의 구원 수단이라고 여겼기 때문에, 교육은 계층과 성에 관계없이 기본적으로 보편적이어야 하며, 의무적이고 무상이어야 한다고 주장했지만, 신교도의 학교가 모든 면에서 진보적이었던 것은 아니었으며 교육방법에 있어서는 종래의 방법에서 크게 달라지지는 않았다. 즉, 키케로의 『웅변론』이나 퀸틸리아누스의 『웅변교수론』 등의 형식적 방법을 여전히 강조했으며, 형식적 암기 위주의 주입식 교육이 주를 이루었다. 따라서 신교도의 학교에서는 주입식 교육이 여전히 이루어졌고, 단어의 형식적 발음, 교리에 대한 대답, 성경 구절, 찬미가 등의 문구를 암송케 하는 암기 위주의 교육이 주를 이루었으며, 엄격한 훈육과 형식적인 통제가 계속되었다(Wilds & Lottich, 1942).

특히 엄격하고 냉혹한 칼뱅주의 신학 지역의 학교에서는 보다 엄격하고 억압된 교육방법으로 훈육이 이루어졌기 때문에, 성서의 탐구와 해석을 통한 믿음과 행동의 자유를 강조한 종교개혁의 순수한 정신이 퇴색되는 결과를 초래하였다. 결국 신도교들의 학교는 기본적으로 자연법칙에 따른 교육방법을 추구했지만, 기존의 키케로주의의 형식주의를 완전히 탈피하지는 못했다.

교육제도　제도적으로는 기존에 일정한 학년제 없이 개별 교육을 하였으나 신교의 교육개혁가들은 김나지움, 칼뱅 아카데미 등의 학교에서 학년별 학급제를 실시하였다. 당시 멜란히톤(Melanchthon)의 경우 학교개선안을 통해 3학급을 편성하여 교과목을 수준에 맞게 편성하도록 했는데, 이는 18세기 랑카스터(Lancaster)의 조교제도로 발달하였으며, 오늘날의 학급 편성에 많은 영향을 주었다.

공헌　유럽 사회에 보편교육의 계기를 마련한 신교도들의 교육은 몇 가지 중요한 교육사적 의의를 가지고 있다. 종교개혁이 당시 교육에 미친 영향을 정리하면 다음과 같다. 먼저 종교개혁은 신에 대한 올바른 믿음을 위해서는 특권층뿐만 아니라 일반대중에게도 교육이 필요하다는 인식, 즉 보통교육운동의 계기를 마련하였다. 이는 교육에 대한 시민적 통제의 발달로, 교육이 종교의 통제에서 시민적 통제로 전환되어 갔으며, 결국 신교파의 종교적 이익에도 부합되는 것으로 국민교육제도 성립의 계기를 마련할 수 있게 했다.

또한 종교적, 도덕적, 정서적 대중교육을 통해 근대 초등 보통교육제도의 기초를 마련하여 하류계층을 위한 보다 많은 교육의 기회를 부여하고 모국어에 의한 초등교육에 중점을 두었다는 점이다. 특히 신교는 직업과 사회생활에 필요한 세속적 교과도 인정하였기 때문에 사회생활을 통한 종교적 삶의 조화를 위해 교육을 강조하였으며, 이는 종교교육을 통한 정신적 삶과 세속적 교육을 통해 사회 현실적 삶의 조화를 위한 보통교육에서의 교양교육의 필요성을 인식하게 하는 계기가 되었다.

그리고 전 주민의 교육세 혹은 일반세금에 의한 무상 교육을 해야 한다는 신교도들의 주장은 많은 하류계층 사람들이 보다 많은 교육기회를 가지고 누구나 동등하게 모국어 중심의 초등교육을 받아야 한다는 명분을 마련하게 했다. 특히 녹스(J. Knox, 1505~1572)는 교구 감독하에 무상 초등학교를 설립하여 국가에 의한 교육의 통제, 초등 의무보통교육제도, 교육기회의 균등 등을 주장하며 보통교육제도를 주장하기도 했다.

신교는 여성의 사회적 지위와 역할을 인정하고 존중하였기 때문에 여성과 아동의 교육을 위한 여교사 출현의 필요성을 권고하였다. 이는 가정교육에서의 어머니의 중요성과 어머니의 역할에 따른 교육적 지위가 향상되는 계기를 마련하였다.

구교의 교육

로마 가톨릭이 1000여 년간 지배해 온 유럽에 큰 변화를 끼친 신교도들의 운동이 확대됨에 따라 이탈리아를 중심으로 하는 유럽 남부 지역에서 신교에 대항하는 운동이 일어났다. 사실 종교개혁은 독일, 스위스, 영국 등에서는 나름대로의 성공을 거두었지만, 이탈리아, 스페인, 프랑스 등의 유럽 남부 지역에서는 구교가 세력을 유지하였다. 그러나 종교개혁으로 인해 종래의 권위를 크게 상실한 구교 내부에서는 자성적 반성의 움직임이 있었으며, 구교 자체의 개혁운동을 벌여 나갔다.

이들은 가톨릭 교회의 교리를 향상시키고 교육 보급을 통해서 신교의 종교개혁운동에 대립하여 새로운 교회 중심의 질서를 확립하려 했기 때문에, 반종교개혁(counter reformation) 운동을 조직적으로 전개하는 한편, 구교 내부에서는 반성 및 정비 운동을 했다. 즉, 종래의 권위와 지반이 약해지는 구교 내부의 반성이면서 신교의 교육개혁에 자극을 받은 구교 내부의 개혁을 통한 구교의 혁신운동이었다. 또한 구교의 부활, 진흥을 위하여 학술 활동을 펼치고 학교를 설립하고 교수 훈련에 의해 청소년들의 정신을 교화하기 위해 각지에 학교를 설립하였다.

특히 교황이 주재한 트리엔트(Trient) 공의회(1545~1563)에서는 신교의 확장된 세력에 대항하여 위축된 구교의 세력을 회복하고자, 그동안 비판을 받은 교회의 모든 의식을 재정비하고, 신교를 전면적으로 공격하고, 이단을 철저히 탄압할 것을 결정하였다.

그림 7-2 트리엔트 공의회

따라서 성경과 교회의 전통이 동등한 권위를 가진다고 결정하였으며, 성경에 대한 해석은 오직 교황을 우두머리로 하는 교회에서만 할 수 있다고 전제하고 교황의 최고 권위를 유지하려 노력하였다. 이를 위해서는 신교가 사용한 교육이라는 무기를 사용하는 것이 보다 효과적임을 인정하고 구교 정비운동과 함께 교육의 보급과 진흥에 힘쓸 것을 결정하였다. 이러한 구교의 교육사업은 대부분 16~17세기에 창설된 각종 교단에 의해 교구학교를 재조직하고 새로운 학교와 신학교를 설립하는 것이었으며, 그중 대표적인 것이 로욜라(Ignatius de Loyola, 1491~1556)의 예수회(the Society of Jesus, the Jesuit)와 라 살(La Salle)의 그리스도 형제단(Institute of the Brothers of the Christian Schools) 등이다.

교육목적　구교 역시 신교와 마찬가지로 종교적 차원의 교육목적이 강조되었기 때문에, 기본적으로 현세에서 경건하고 유용한 생활을 하여 내세의 영원한 생활을 준비하는 것이었지만, 반종교개혁운동인 구교의 기본적인 교육목적은 교황에 복종하며 구교를 전도, 보급하는 사람, 즉 교회의 지도자 양성에 있었다(Wilds & Lottich, 1942). 또한 신교의 경우는 개인이 직접 성서를 해석하여 종교적 및 도덕적 생활을 하는 것을 강조한 반면, 구교는 개인을 교회의 권위에 종속시켜 내세를 위한 종교적 및 도덕적 생활을 강조하였다.

특히 구교는 교회와 기독교 사회 발전의 근원이라 할 수 있는 기독교 지도자들을 훈련시키고자 했으며, 그에 따라 고도의 정신적 · 도덕적 훈련을 추구하였다(Wilds & Lottich, 1942).

교육내용　구교의 학교 교육내용은 종교 중심의 중등 고전교육이 주를 이루었지만, 신교도 학교의 교육내용과 비슷했다. 그리스도 형제단이 설립한 초등학교의 경우는 신교와 마찬가지로 주로 4R's(Reading, Writing, Arithmatic, Religion)를 중심으로 하여 이루어졌는데, 특히 종교는 주된 교육내용이었으며, 성서는 기본 교과로 모국어로 성서를 읽는 것(reading)을 강조하였다. 학교의 분위기는 매우 경건하였으며, 실제적(자연적) 활동은 엄격히 제한되었다.

예수회 교단의 학교 교육내용은 주로 중등교육과 고등교육으로 체육과 과학보다는 라틴어, 문법, 수학 등을 지도하였는데 라틴어로 된 고전들은 형식적 키케로주의 방식으로 다루어졌다. 그러나 구교의 교육은 지나치게 종교적인 성격이 강했으며 라틴어를 강조했기 때문에 모국어를 무시하는 경향이 있었다.

교육방법 구교의 로욜라는 군인 출신으로 군대식으로 교단을 조직하였으며, 무조건 복종하며 이단과의 싸움에 헌신하도록 했다. 따라서 구교의 교육방법은 기본적으로 전원이 기숙사에 수용되어 경건한 분위기 속에서 교사의 지속적인 시범에 의해 훈련되었다.

　　구교의 교육방법은 크게 강의와 반복학습 형식의 수업이 주를 이루었다(Wilds & Lottich, 1942). 첫 단계에서 교사는 먼저 해당 과(lesson)의 일반적인 의미를 설명하고, 다음으로 구문(syntax)과 문법에 대해 설명하며, 그다음

〈표 7-3〉 신교와 구교의 교육 비교

	신교의 교육(장로교)	구교의 교육(가톨릭)
목적	- 합리적 신앙과 사회적 도덕 도야 　→ 조화로운 인간 - 근대적 기독교도 양성	- 교황에 복종하여 구교를 전도, 보급하는 사람 양성 - 교사 양성, 교회 지도자 양성
특성	신앙 중심, 성서 중심, 체육교육 중시	교황 중심, 체육교육 경시
내용	초등: 성서(가장 중요), 자국어, 　　　인문적 교과, 4R's(읽기, 쓰기, 　　　셈하기, 종교) 중등: 라틴어, 희랍어, 수학, 논리학, 서학 등	인문적, 종교적 교육과정 중등교육 치중
방법	- 키케로주의에서 탈피하여 자연법칙에 따름 　① 개인차 고려　② 대중교육 원리 　③ 자발성의 원리　④ 체벌 금지 - 학년·학급별 학교조직 시도	- 엄격한 교육: 주입, 훈련, 경쟁, 암기 - 강의와 반복의 2단계 지도법 　① 금욕주의 ② 엄격한 통제의 교육 　③ 체벌 강화
사상	- 인격적 종교인 양성, 聖, 俗 모두 존중 - 대중교육, 모국어 교육 발달	- 반종교개혁운동으로 종교적 　교육 강화
영향	초등 보통교육과 여교사 출현	교사교육과 중등학교 교육
교육 사상가	루터, 멜란히톤, 칼뱅	로욜라-예수회 교단/ 라 살-그리스도형제단

으로 역사적, 지리적, 문학적 암시들을 설명하고, 그다음으로 수사학적 요소들을 설명하고, 마지막으로 도덕 교훈을 설명해 주었다. 둘째 단계, 즉 반복은 특히 강조되었는데, 매 수업의 첫 부분은 이전 수업을 반복하고, 매 주말에는 그 주에 배운 내용을 반복하며, 매년의 마지막 달에는 그 해에 배운 내용을 반복하였다. 또한 학습에 도움이 되는 동기유발을 최대한 활용하였으며, 학습동기를 유발하기 위해 매주, 매월, 매년 시험을 통해 상벌 및 경쟁심을 이용하였다.

이러한 관점에서 구교의 학교에서 행했던 일부 교육방법은 신교보다 여러 면에서 우수하여 교육발달에 공헌하기도 했으며, 한편 구교의 초등학교에서는 최초로 개인적 능력에 따라 학생을 선발하여 학급을 편성하기도 하였다. 그러나 구교의 교육은 나름 학습효과를 거둘 수 있었지만 개인의 자발성을 극대화하지는 못했다.

예수회의 학교교육   스페인 귀족 출신이며 군인인 로욜라에 의해 창립된 예수회(the Society of Jesus)는 제수이트 교단(the Jesuit)이라고도 하며, 교회에 대한 반성과 개혁의 기운으로 설립되었다. 예수회는 구교의 부활과 진흥을 위하여 학술 활동이나 학교의 설립을 통해 청소년들의 정신을 지배하려고 했으며, 많은 설교나 참회에 의한 교육을 중시하고, 많은 학교를 설립하였다. 특히 예수회는 1540년에 교황 바오로 3세로부터 가톨릭 제국의 교육개혁을 위탁받게 된 이후, 이 교단이 운영하는 학교는 구교 교육의 본산이 되었다.

예수회 교단은 교황의 명령에 절대 복종하여 교회를 옹호하는 라틴어에 능통한 지도자를 양성하는 하나의 군대식 교육조직이었다. 즉, 예수회 교단의 교육목적은 교회 중심과 기독교 사회의 신앙심을 발달시키는 라틴어를 정확히 읽고 쓰는 지도자들을 양성하는 데 있었는데, 이들은 가톨릭 교회의 이념이나 신앙심을 발달시킬 가톨릭 교회 지도자 혹은 기독교적 학자들이었다. 특히 신교의 루터가 국가를 본위로 생각하는 데 비해 이 교단은 초국가적 성격

을 지향하며, 신교도에 대항하여 가톨릭 교회의 신앙을 위해 노력했다. '모든
것을 신의 영광을 위하여'라는 것을 신조로, 군대식 위계조직을 통한 장자(長
者)에 대한 절대 복종을 강조하였다.

따라서 예수회 교단은 지도자 양성을 목적으로 하였기 때문에, 초등교육이
나 보통교육보다는 중등 이상의 교육에 더 큰 관심을 가졌다. 예수회 교단의
학교에서는 주로 고전을 연구하였으며, 라틴문법, 그리스어, 역사, 고전문학,
수사학뿐만 아니라 훌륭한 태도 교육을 위한 기사도적인 운동, 게임 및 연주
를 병행하였으며, 중등교육을 담당하는 하급과(보통과)와 고등교육을 담당하
는 상급과(고등과)로 구분된다.

- 하급과: 초급대학 정도의 하급과(보통과)에서는 10~14세의 소년들을 대
  상으로 중등교육을 실시하였으며, 6개 학급으로 편성하여 장래 수도사가
  될 사람을 대상으로 다시 2년간의 종교적 훈련을 실시하였다. 하급과에
  서는 라틴어와 그리스어 문법, 고전, 시, 수학, 자연과학, 역사, 지리 등의
  교과목을 가르쳤을 뿐 아니라, 예배, 기도, 노동, 습자, 독서, 암송 등을 행
  하는 규칙적 생활을 엄격하게 했으며, 이 과정이 끝나면 상급과에 입학
  할 수 있었다.

- 상급과: 고등교육을 담당한 상급과(고등과)의 수업연한은 7~9년으로 오
  늘날의 대학과 대학원 수준의 고등교육이 이에 해당된다. 상급과에서는
  3년간 철학부에서 교육을 마치면 석사학위와 중등학교 교사 자격을 부
  여하였다. 그리고 승려가 되고자 하는 사람은 4~6년간 신학부 교육을
  받고 1년간 정신적 훈련을 받도록 했으며, 논문과 구술시험에 합격하면
  신학박사가 되었다.

예수회 교단 학교에서의 교육방법은 기본적으로 강의와 반복의 두 단계로

구성되었다. 즉, 한 번에 적은 양을 반복 학습시켜 기억에 확실히 남도록 지도했다. 일반적으로 강의는 항상 학생의 능력과 흥미에 맞추었는데, 하급과에서는 주로 학생의 질문에 답하는 형식인 반면, 상급과에서는 교사의 강의 형식으로 수업이 이루어졌다. 또한 매일 앞 시간에 배운 내용을 본 수업하기 전에 반복하였으며, 매 주말과 연말에는 그동안 배운 내용을 복습하도록 하여 반복 암기 학습의 효과를 높였다. 또한 예수회 교단에서는 학습에 도움이 되는 동기유발과 근대 교육처럼 상벌제를 이용한 경쟁심 유도를 통해 훈련이 이루어졌다.

철저하고 엄격한 훈련주의를 통해 학생 개개인들이 노력하도록 하였는데, 능력 면에서 경쟁이 될 만한 학생과 항상 경쟁을 통해 수업을 받도록 했으며, 우수 학생 모임을 조직하도록 하여 학생들로 하여금 경쟁을 통해 이 모임에 참여할 수 있도록 했다. 예수회 학교에서는 학생 전원이 세속과 완전 격리된 기숙사(Kollegium) 생활을 통해 순종·경건의 도덕적 훈련과, 매일의 기도·참회 등 종교적 활동을 통해 정신 훈련을 받았으며 순교도 불사할 정도로 구교의 재건을 위해 수단과 방법을 가리지 않았다. 특히 훌륭한 태도 교육을 실시하기 위하여 학생들에게 기사도적인 운동과 게임 그리고 연주를 시켰다.

이 당시 예수회 교단의 학교가 성공을 거둔 이유는 당시로서는 훌륭한 교사 양성조직을 구성하고 교원의 등급을 네 가지로 구분하여 신중히 선택하고 배치했을 뿐 아니라, 훈련된 우수한 교사와 좋은 교수법을 통해 무상 교육을 했기 때문이다. 예수회 교단은 1710년경에 전 세계에 612개의 중등교육 수준의 학교와 157개의 사범학교, 42개의 대학 그리고 200여 개의 전도학교를 갖게 되었다. 이를 바탕으로 예수회 교단은 약 300년 동안 유럽 지역에서 많은 지도자를 배출해 내었다(Monroe, 1907).

예수회 교단의 학교는 초등교육보다는 중등교육에 크게 역점을 두었으며, 이후 유럽의 중등교육의 발전에 공헌하였다. 또한 이후 전문교육과 대학원 교육의 강화를 통하여 교사 양성에 기여했다. 반면, 예수회 교단의 학교의 문제점은 지나치게 라틴어 교육을 중시하여 모국어를 배격하였다는 점과 학생 자유의 구속 그리고 하류계층의 교육에 무관심했다는 점 등이다.

그리스도 형제단 그리스도 형제단(그리스도 학교 동포교단)은 라 살이 설립한 교단으로, 초등학교를 세워 가난한 소년들에게 무상으로 읽기, 쓰기, 셈하기 그리고 종교적 · 도덕적 교육에 주력하였는데, 이 학교는 이후 프랑스 초등교육의 기초가 되었다.

그리스도 형제단이 설립한 초등학교의 교육목적은 가난한 사람들에게 종교적인 도덕적 품성을 함양하는 데 있었다. 특히 그리스도 형제단이 설립한 초등학교에서는 능력에 따라 학급을 편성하였고, 학생이 교사에게 개인적으로 암송하는 것이 아니라 전체 학급 학생들이 동시에 암송하는 동시 교수방법을 처음으로 채택하였다. 물론 그리스도 형제단의 교육방법으로는 기본적으로 예수회 교단과 같이 반복 연습이 강조되었지만, 학생의 자발성과 훈련을 함께 중시하였으며, 토론과 유희 활동 위주의 수업을 병행하였다. 이는 이후의 교수 방법에 큰 영향을 주었다.

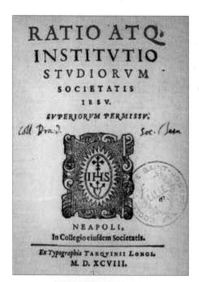

그림 7-3 학사규정

또한 라 살은 교사 양성을 위하여 1685년 라임(Rhimes)에 사범학교를 열었으며, 이 사범학교에서 교육을 받은 사람만이 초등학교에서 교사직을 수행할 수 있었다. 예수회원이 되는 훈련은 초심자로서의 기간을 보낸 이후 교사 후보자로서 교사이면서 동시에 학생의 입장으로 교생 기간을 체험하고, 교생 기간을 거친 다음에는 또 공부하고 연구하는 기간으로 되돌아가 성직자로서 다시 가르치는 일을 계속하며, 연구와 가르치는 일을 번갈아 하게 된다. 이 종교단의 회원들은 어떤 '규칙(rule)'을 마련하여 규칙에 따라 생활하였으며, 수업에 있어서도 실제적인 경험의 축적을 바탕으로 하나의 규칙을 만들어 갔다. 이에 그리스도 형제단의 회원들은 실제적인 경험을 바탕으로 '학사규정(Ratio Studiorum)'을 정하고, 기술된 규칙에 따라 엄격한 생활을 하였다.

특히 그리스도 형제단은 중등학교 교사의 양성에 성공적이었는데, '학사규정'에서는 예수회의 주교에게 교직을 전문적으로 하려는 사람들을 주임교사(master teacher)의 감독하에 학급 운영의 실제를 배울 수 있도록 권장하였다(송준식, 사재명, 2006). 이후 철저한 교원 양성교육과 자격의 등급 및 자격증 획득 절차 등을 거쳤고, 이후 교사 양성교육의 발전에 큰 영향을 끼쳤다.

3. 16세기의 초등교육

16세기 초등교육의 대표적 학교 형태는 종교개혁기 이후 신교주의 교육에 의한 초등 수준의 모국어학교이다. 사실 16세기의 인문주의는 중등 교양의 강조로 모국어 중심의 초등교육은 관심의 대상이 되지는 못했다. 그러나 초등 모국어 학교에 큰 영향을 미친 사건은 1450년대부터 발달한 인쇄술의 보급과 종교개혁이라고 할 수 있다. 따라서 초등교육의 실제적 기원은 종교개혁 이전보다는 종교개혁 이후의 시기에 나타난다고 볼 수 있다.

전통 가톨릭교회와 결별한 루터는 모든 사람들이 성경에서 개인적 구원을 찾기 위해서 읽는 방법(reading)을 배워야 한다고 주장했는데, 이에 새로운 개신교 교회는 합창과 읽기를 강조했고 이 두 가지 예배의식은 모두 문자를 필요로 했다. 특히 루터 중심의 신교 세력들은 성서를 중심으로 하는 기독교적 삶을 강조하였는데, 시민계층으로 하여금 모국어를 통해 성서를 읽을 수 있는 능력을 갖추게 하는 것이 중요한 과제였다. 그러나 루터의 모국어 성경이 만약 인쇄술 발명의 혜택을 얻지 못했다면, 상황은 달라졌을 것이다. 따라서 루터의 성서 모국어 번역과 인쇄술의 발명은 종교개혁의 수행뿐만 아니라 이후 초등교육의 성격에 중요한 영향을 주게 된다(이원호 역, 1998: 348). 이러한 이유로 독일의 많은 개신교 공국들에서는 국민들을 위해 모국어 중심의 초등 의무교육의 필요성이 대두되었다. 특히 종교개혁 이후 서양에서는 근대 초등학교의 실제적인 발전의 계기가 마련되었다고 볼 수 있다.

16세기 종교개혁운동은 결국 신교에 의해 성서 중심의 기독교적 생활의 강조와 교회의 권위에 벗어나기 위한 개인의 이성을 강조하게 했는데, 이는 모두 민중에 대한 모국어 교육을 필요로 하게 되었다. 즉, 모든 민중들은 성서를 통해 개인적 구원을 받기 위해서는 글을 읽는 방법을 배워야 했으며, 기본적인 예배의식을 위해서는 최소한의 문해력이 요구되었다. 따라서 종교개혁 이후, 많은 개신교 국가에서는 민중들의 모국어 교육을 위한 초등 의무교육의 필요성을 인식하게 되었다. 특히 종교개혁이 진행되면서 이전 시기보다 여아들에게 교육 기회를 제공할 필요성에 대한 사회적 인식이 증가하였다. 이와 같은 변화는 이후 18, 19세기 국민교육제도의 형성을 통해 공교육제도를 마련하는 계기가 된다.

그러나 종교개혁 이후 신교들의 이러한 노력만으로는 모국어 교육을 실천할 수 없었을 것이다. 왜냐하면 기존의 필사를 통한 성서의 보급은 한계가 있었기 때문이다. 따라서 인쇄술의 발달은 종교개혁 못지않게 모국어 교육의 확대에 중요한 기여를 했다고 볼 수 있다. 이와 같이 상인이나 직인들의 문해력이 급속히 높아져, 성직자나 소수 엘리트 지식인들이 독점하던 당시의 문자문화가 상인이나 직인(중세의 기술자) 사이에도 퍼져 나가기 시작했으며, 이는 15세기 중반 인쇄 서적의 등장에 의해 16세기 들어 더욱 가속화되었다(남윤호 역, 2010). 결국 인쇄술의 발달은 성서 번역 이후 종교개혁의 확산과 초등 모국어 교육의 사회적 인식에서 중요한 사건이 아닐 수 없다.

물론 상류계층의 여성을 제외한 일반 여성은 공적 활동을 하기 힘들었기 때문에, 여성에 대한 세속교육은 사회적 관심 밖의 일이었으며 르네상스의 세속적인 학교교육은 대부분 남아들을 위한 것이었다. 특히 당시의 학교교육은 교사의 집에서 유숙하면서 라틴 고전어 학습을 중심으로 하는 기숙사학교인 콘투베르니움(contubernium) 형태로 이루어졌으므로 여아들의 취학은 더욱 어려웠을 것이다(진원숙, 1999). 반면, 상류층의 한정된 여성들은 일반적으로 공적인 학교에 다니지는 못했지만, 수녀원이나 가정에서 상당한 지적 훈련을 받을 수 있었다. 그러나 일부 계층의 여성들에게 제공되었던 교육은 여성의 기독교적인 미덕을 강화시키고 경건함과 정조관념을 강조하는 내용에 국한되었다. 남성들이 정치가나 성직자가 되기 위해서 공부하는 라틴어, 그리스어, 역사, 문법, 논리학, 철학, 수사학 등은 여성에게는 필요하지 않다고 여겼기 때문에 여성들은 주로 읽고 쓰는 법, 노래, 악기 다루기, 요리, 바느질 등을 배웠다(조경원 외, 2005).

16세기 일반 서민의 자녀들은 모국어 학교에서 읽기, 쓰기, 노래하기, 체육, 실과 등을 배웠는데, 신교의 성서주의 운동은 민중으로 하여금 성서를 읽을 수 있도록 하는 것이 필요했기 때문에, 비록 모국어 학교이지만 당시의 초등교육의 중요한 내용은 성서 중심의 학습이기도 했다. 성서 다음으로 초등학교에서 강조된 것은 음악이었다. 특히 루터 중심의 신교에 있어서 음악은 신이 주신 고귀한 선물로 인식될 정도였다(Wilds & Lottich, 1942). 따라서 모국어 학교에서의 기본 교과는 생활의 기본이 되는 종교적이고 도덕적인 것뿐 아니라 직업적인 목적을 갖고 있었으며, 대개 종교개혁에 영향을 받은 나라에서 발달하였다.

또한 르네상스 시기는 흔히 인문주의 교육으로 설명이 되고 있지만, 당시 인문주의 교육과는 전혀 다른 형태의 교육이 병행되기도 했다(남윤호 역, 2010). 15세기 상업혁명 이후에 지중해를 중심으로 하는 왕성한 상업 거래를 통해 사회 구조는 많은 변화를 보였으며, 상거래 시 문서를 통해 제대로 셈을 하려면 반드시 읽기와 쓰기를 할 줄 알아야 했다. 따라서 14세기 이후 이탈리아의 도시국가에선 엘리트를 위한 문법학교와는 별개로 초등 수준의 견습 학교를 나온 아이들이 다음으로 진학하는 학교로서 상인과 직인들의 자제가 공부하는 산수교실이 있었다. Grendler(1989)에 의하면, 14세기에서 16세기에 걸쳐 산수교실은 북이탈리아 전역에서 찾아볼 수 있는데, 모국어(이탈리아어)로 실용 산술을 가르쳤다. 상인이나 직인의 자제는 산수교실, 즉 모국어(속어) 학교에서 공부한 뒤, 몇 년 동안 도제로서 현장 수업을 거치고 나서야 실제 노동 생활을 시작했는데, 당시 라틴어 중심의 문법학교와 이러한 모국어 학교는 개별적인 존재로 서로 구분되었지만, 어떠한 연계도 없었다. 따라서 당시 문법학교와 모국어 학교는 현존하는 사회적 분화에 따라 상호 연계가 전혀 없이 병존하고 있었다. 특히 1587~1588년 베네치아에서 라틴어 문법학교의 학생수가 2,160명인 데 비해 모국어 산수교실의 학생수는 2,465명으로 당시 모국어인 속어로 교육을 받던 학생수가 더 많았는데, 이러한 현상은 16세기 이탈리아 북부의 도시로도 확산되었다고 한다(Grendler, 1989).

한편, 16세기 종교개혁 이후 기존의 교육방법에 새로운 접근이 나타나기 시작했다. 아동양육에 있어서는 공포심을 없애는 한편, 강제적이고 강압적인 육아법은 활기와 자발성의 성향을 일찍부터 억누르는 것으로 보았기 때문에 아동에 대한 애정과 이해가 강조되었다. 또한 기존의 학교교육은 일정한 학년제 없이 7세에서 15~16세까지의 아동 여러 명을 한 교사가 한자리에 모아 가르치는 것이었으나, 종교개혁 이후 학년별 학급제가 점차 도입되기 시작했다. 그러나 16세기 인문주의 시기의 교사에 대한 인식은 중등교사 이상의 경우는 대개 인문주의 교육자로서 사회적인 존경의 대상이 되었고 보수도 좋았던 반면, 초등학교 수준의 교사의 경우는 그리 높지 못했다.

이상과 같이 16세기 르네상스의 문화운동은 기본적으로 고전어 중심의 중등교육 관점의 언어교육이 강조된 시기라는 점에서 모국어 중심의 초등교육보다는 중등교육이 강화된 시기이지만, 르네상스가 점차 유럽 전 지역의 문화운동으로 확대되면서, 민중들에게도 문자를 배워야 한다는 인식의 전환을 가져오게 했다는 점에서는 서양사회에서 초등교육의 인식이 점차 전환되는 시기이기도 하다.

4. 16세기의 아동인식

유럽에서 아동에 대한 성인 사회의 태도에서 눈에 띌 만한 변화는 16세기 동안에 일어났다. 즉, 아동을 순진무구한 존재로 인식하기 시작한 것은 16세기부터이다. Ariés에 의하면, 중세 이후 작은 성인이 아니라 살아 있는 아동의 모습이 회화에 등장하기 시작했으며, 유럽에서는 어린이를 어른과 같은 완전한 책임을 기대할 수 없는 나약한 존재로 간주하는 생각이 등장하기 시작했다는 것이다. 물론 중세 이후의 어린이들은 성인의 세계에 일찍 들어서기는 했지만, 어른과는 다르며 그들 나름대로의 필요한 것이 있다는 것을 동시에 인정받았었다. 즉, 르네상스 시기에 비로소 아동기에 대한 개념이 나타나, 아동기의 새로운 이미지가 형성되기 시작했다는 것이다. 따라서 16세기 아동은 재롱이나 부주의함이라는 요소로 어른들에게 흥미와 즐거움을 주는 대상으로 간주되었으며, 오히려 아동의 이러한 순진무구한 버릇없음이 원죄의 관점에서 경멸의 대상이 되기 시작한 것은 17세기부터이다(최기숙, 2001: 15).

이는 가정생활의 양상에서도 나타난다. 특히 북부 이탈리아 도시들은 무역을 통한 부의 축적으로 좋은 후계자를 양성하여 대를 이어 사업을 번창시키는 데 관심이 많았다. 아동양육의 과정에서 가정생활의 모든 면이 강조되었는데, 어린 유아기 때부터 심신의 건강한 발달을 강조하면서도, 특히 가족 공동체로서의 명예와 재산의 유지 및 관리가 강조되었다. 따라서 르네상스 시기의 명문 가족들은 좋은 후계자를 육성하기 위해서 아내를 선택하는 방법, 가정의 각 성원과의 관계, 친척과의 교제법, 집과 토지를 관리하는 법 등의 가정생활의 모든 면을 강조하지 않을 수 없었으며, 특히 육아법은 장래의 사업의 성패와도 관련되는 것이므로 면밀한 계획과 감독 아래 추진되었다(송준식, 사재명,

2006).

1545년 영국의 내과의사이며 법률가인 페이어(T. Phayer)는 소아과에 대한 최초의 책을 발간하였다. 또한 처음으로 교육자들이 아동의 연령에 맞게 특별히 도서들을 만들었으며, 비록 매우 불편하고 딱딱한 옷이었지만 아동복을 입히는 등 아동을 위한 새로운 학습 자료의 저술이나 문화가 형성되기 시작했다. Townsend(1977)가 어린이문학이 생겨나기 위해서는 먼저 어린이가 단순히 어른의 축소판이 아니라 독자적인 요구와 관심을 가진 존재로서 인정받을 수 있어야 한다(강무홍 역, 1996)고 강조한 점에서, 16세기는 아동인식의 역사에서 중요한 변화의 시기라고 볼 수 있다.

그러나 아동은 르네상스 이후 비로소 아동으로서 독특한 대우를 받기 시작했지만, 주로 상류층에서 이루어졌을 가능성이 높다. 일반 여아와 낮은 계층의 남아들은 예외였을 것이며, 이들은 중세와 같이 취급되었을 것이다. 따라서 하류층은 빈곤과 무지로 아동과 성인이 계속 동고동락하고 아동은 성인과 비슷한 일을 하고 놀이를 했으며, 중세 이후에 나타난 어린이에 대한 상류계층에서의 태도 변화는 사회 전반적인 아동 생활의 변화를 의미하는 것이 아니었다. 이후 하류층의 상황이 변화된 것은 19세기에 들어서였다.

사실 16세기에도 아동에 대한 무지와 학대는 사회 전반적으로 퍼져 있었으며, 모유를 먹이는 것은 야만적인 것으로 취급되었고 하인들을 부릴 수 있는 형편이 되는 사람들은 유모로 하여금 신생아를 양육하게 하였다. 특히 17, 18세기에 아동과 양육에 대한 태도가 변하기 시작했는데, 당시의 종교지도자들은 아동들이 순수하고 무기력해서 거칠고 무모한 어른들의 행동으로부터 보호되어야 할 존재라고 강조했다. 결국 16세기 아동들은 순진무구한 존재로 발견됨과 동시에 그 순진무구함을 지키기 위한 엄격한 교화의 대상으로 인식되었던 것이다.

인문주의 시대의 기독교와 아동인식

기독교는 당시 아동교육에 두 가지 직접적인 영향을 주었다(이경우 역, 1986: 22-23). 먼저 아동도 죄인이고 지옥에 가도록 운명지어져 있다는 관점으로, 요람에 누워 있는 영아는 애정이 넘치기도 하지만 때로는 제멋대로 구는 경우가 많으며, 비록 그의 몸집은 작지만 그 속에 검은 마음을 품고 있어서 죄를 범하기 쉽기 때문에, 우리는 교육을 통해서 유순해지는 것이지 결코 날 때부터 선하지는 못하다는 것이다(A Godly Form of Household Government, 1621). 또한 아동을 글씨가 써 있지 않은 서판과 같은 백지상태(tabula rasa)로 보았는데 아동은 아직도 타락 이전의 아담의 형상을 갖춘 작은 편지이며, 그의 영혼은 관찰물들로 휘갈겨 쓰이지 않은 채 아직 하얗게 남아 있는 종이와 같기 때문에, 그는 악을 모른다는 것이다(Earle의 Microcosmograph, 1628). 즉, 교육은 타락의 길로 나가는 아동들을 구제한다는 것이다. 결국 인간의 자유와 존엄성을 강조하는 철학의 성장과 더불어, 아동은 천진무구하고 나약한 순수 존재로 인식되었다.

이와 같이 중세기에는 부모에게 자녀의 영적 성장에 대한 책임이 있다는 생각이 널리 퍼져 있었으며, 부모나 교육자는 아동을 엄격하게 훈련하여 성적인 일에 관심을 갖지 않도록 사랑과 애정을 제한하고 엄격한 교육을 했다. 부모들은 당연히 어른들의 행동을 어린이에게서 기대하였으며 어린이들은 마치 어른의 행동을 훈련받아야 하는 개나 말처럼 취급을 받았고, 악하고 고집스럽게 태어난 아이들은 종교적으로 인도되어야 한다고 믿었다.

그러나 역설적이게도 어린이를 훈련시켜야 함을 강조한 16세기와 17세기의 아동관은 아동기가 인간의 일생에서 독특하고 중요한 시기라는 근대적 사고의 시작을 알리는 것이었다. 미국혁명, 프랑스 혁명 이후 민주주의적 사고의 확산, 상업의 급속한 발전에 따른 생활수준의 향상 등으로 인해 아동을 위한 대중교육이 이루어지기 시작했다. 더욱이 산업의 발전으로 고도의 기술과 운영이 요구되면서 아동기 이후에도 교육과 훈련이 계속 필요하게 되었다. 이로써 아동은 자연히 노동에서 벗어나 보다 장기간에 걸친 학교교육의 대상이 되었다.

종교개혁 이후 기독교의 세력과 아동인식

중세 말기의 종교개혁운동을 통하여 어린이의 순진함을 강조하기 시작했는데, 이는 아동들을 위한 교육의 필요성을 강조하는 의미였다. 성직자들은 어린이의 영혼들이 구제될 가치가 있다고 보기 시작했으며, 아동은 깨지기 쉬운 존재이며, 하나님만이 이들을 보호하실 수 있다고 보았다.

구교인 가톨릭 교리에서 인간은 신의 아들을 못 박은 대가로 누구나 원죄를 안고 태어나게 되지만, 이 원죄는 교회의 세례 성사를 통해 사면받을 수 있었다. 따라서 교회의 유아세례 집전을 통해 출생신고 체계 내에서 아동은 사실상 순진무구한 존재로 출생하고 이후 서서히 타락하는 것으로 인식했다. 그러나 아동기에 대한 가톨릭의 인식은 아동기에 대한 현실적 태도와는 상관이 없었을 것으로 보아야 한다(조형근, 2000: 77-80). 즉, 아동기의 순진무구함이라는 가톨릭의 이해가 현실 속으로 확산되는 계기는 프로테스탄트*와의 경쟁 속에서이다.

오직 성서의 권위에만 의존했던 프로테스탄트들은 성서에는 존재하지 않는 가톨릭의 성사를 배제하였는데, 이는 결과적으로 유아세례를 통한 죄사함의 가능성을 원천 부정하는 효과를 가져왔다. 따라서 부모들은 성실한 교회활동으로 구원의 문제를 어떻게든 해결할 수 있다고 생각했지만, 천진무구한 아동을 생각할 때 부모들에게 자녀의 구원 가능성에 대한 두려움은 커져 갔

---

* 종교개혁의 결과로 성립된 기독교의 여러 종파들을 통틀어 이르는 말로, 신교(新敎), 신교도(新敎徒) 혹은 개신교라고도 한다.

다. 이러한 불안 속에서 자연스럽게 신교회의 해결책은 바로 아동교육의 강화와 제도화였다. 왜냐하면 아이들은 타락하기 쉽고, 어른과 마찬가지로 타락을 방지하고 구원의 표지를 획득하기 위해서는 엄격한 교화에 길들 것을 요구했기 때문이다. 결국 성사의 효력을 인정하지 않는 프로테스탄트에게 이제 중요한 것은 구원을 보증할 교육을 통한 아이들의 내적 변화였다.

마태복음 18:3

너희가 생각을 바꾸어 어린이와 같이 되지 않으면 결코 하늘나라에 들어가지 못할 것이다. 그리고 하늘나라에서 가장 위대한 사람은 자신을 낮추어 이 어린이와 같이 되는 사람이다. 또 누구든지 나를 받아들이듯 이런 어린이 하나를 받아들이는 사람은 곧 나를 받아들이는 사람이다.

이와 같이 신교의 아동교육의 강화와 제도화는 신교와 구교의 대립 상황에서 변수로 작용하였다. 당시 아동은 천진무구하고 순수하게 태어났으나, 비도덕적이고 몰지각한 성인의 유혹을 이길 수 있는 도덕적인 힘이 없는 것으로 인식되었다. 하지만 아동의 훈련 측면에서는 아동기의 중요성을 강조한 근대적 사고의 시작이었다. 결과적으로 아동교육의 제도화에서 눈부신 성과를 올렸던 것은 프로테스탄트 측이 아니라 가톨릭 측 예수회였던 것이다.

참고 자료 주요 교육사상가

비토리노
(Vittorino da Feltre, 1378~1446)

1. 교육사상

- 최초의 근대적 교사: 일생을 궁정학교 교장으로 있으면서 인문주의 교육에 헌신
- 정신과 신체 및 도덕적 품성의 조화로운 발달
- 자유주의 교육사상에 기초하여 고전, 도덕, 음악, 무용 등을 강조
- 아동의 자유와 명예를 중시하는 자유주의 교육에 기초
- 아동 중심과 개성 존중 교육
- 기회 균등 원리 및 흥미 본위의 생활교육
- 체벌의 금지
- 학교는 아동의 흥미와 능력을 중시하여야 하며 '환락정'이라고 지칭

2. 공헌

- 인문주의 교육이 이탈리아에 정착하게 하는 데 기여
- 학교교육에서 그리스적 자유교육 사상에 처음으로 근대적 형태를 부여

에라스무스
(D. Erasmus, 1466~1536)

1. 교육사상

- 인문주의 교육의 대표자: 인문주의와 성서주의의 조화
- 교육의 3조건: 자연(본성), 훈련, 연습(실천)
  - 자연(nature): 훈련을 받을 수 있는 선천적인 능력
  - 훈련(training): 학습할 수 있는 능숙한 적응력
  - 연습(practice): 자기 자신의 활동에 대한 자유로운 연습
- 교육의 기회 균등: 빈부, 남녀의 차별 없이 사람의 능력에 따라 균등한 교육을 받아야 한다.
- 조기교육 강조(태아교육설)

1) 교육목적
- 지성을 지닌 인간 본성의 함양
- 경건한 마음을 기르는 것과 도덕정신의 함양과 선한 생활을 하는 것
- 어릴 때부터 선량한 행위양식에 익숙해지는 것

2) 교육내용
- 고전, 성서문학, 라틴어를 관용적으로 쓸 수 있도록 훈련
- 고전과 성서를 통한 교육
- 일상용어는 라틴어부터 시작하여 시인이 만든 동화로 옮길 것을 제안

3) 교육방법
- 계발주의, 흥미주의, 아동중심주의 주장

- 유희적 교수법을 사용: 학습의 흥미를 갖도록 카드놀이 등을 활용
- 체벌의 금지(애정의 교육)
- 시각을 이용한 교수법: 쉬운 교재를 개인차와 능력에 따라 점진적으로 제공

2. 공헌

- 중세 기독교적 교육을 인간주의적 세속교육으로 변화시키는 데 기여
- 인문주의 교육의 발전에 기여

비베스
(Juan Luis Vives, 1492~1540)

1. 교육사상

- 학교의 공영제도를 주장(공립학교론 전개)
- 여성교육 강조
- 조기교육(가정교육과 초등교육) 강조
- 건실한 종교인으로서 현실 생활에 유능한 인간의 양성
- 모국어 및 자연과학을 중시
- 심리학적 방법으로서 개인차 및 흥미를 고려
- 개성 존중, 흥미 유발, 직관과 귀납법, 연습과 반복

2. 공헌

- 베이컨과 코메니우스에 영향
- 교수론(중세 이후 최초의 체계적인 교육학서)

루터
(M. Luther, 1483~1546)

1. 교육사상

- 근대 국가의 보통 의무교육제도의 사상 완성
- 취학의 의무, 초등교육의 의무화 실시를 주장
- 공교육제도를 주장하여 교육의 국가적 책임론을 주장
- 교직의 중요성 강조
- 가정교육 및 성차별 없는 교육 강조(여성교육 중시)
- 성서를 독일어로 번역하고 찬송가를 편찬하여 모든 국민에게 보급

1) 교육목적

- 교육은 종교적인 것이 아니라 세속적인 것으로 학교의 설립과 유지는 세속적 정부의 책임
- 국민교육은 국가가 통제하여 의무교육을 시켜야 한다.
- 가정, 사회, 교회에 대한 의무를 완수할 수 있는 인간을 양성

2) 교육내용

- 신앙의 원천은 성서이다.
- ㉠ 초등교육-모국어, 성서, 음악, 체육 등
- ㉡ 중등교육-희랍어, 라틴어, 히브리어, 수학, 변증법, 수사학 등
  - 성 서: 내면적으로는 성서가 모든 교과에 공통되는 핵심적인 교과
  - 고전어: 성서의 연구를 위해
  - 자 연: 신의 은총에 경탄하는 마음을 갖게 하기 위해
  - 음 악: 마음을 밝게 하기 위해

3) 교육방법

- 직관교수: 언어에 의한 인식보다 사물 자체에 의한 인식이 효과적

- 실습과 인식을 강조: 사물 자체에 대한 인식 없이 단순한 말에 의한 인식은 별로 도움이 되지 못한다.
- 언어교수: 언어는 문법에 의해서가 아니라 실용과 연습에 의해서 습득
- 부드러운 훈련: 인문주의적 교수 방법을 사용, 체벌 금지
- 아동의 흥미를 존중하고 자연스러운 성장을 촉구
- 체육교육 강조

2. 공헌

- 독일어 성경 번역으로 보통교육의 확산에 기여
- 교사 지위 향상을 통한 근대 교육의 발전에 기여

칼뱅
(Jean Calvin , 1509~1564)

1. 교육사상

- 종교개혁가
- 신앙주의와 성서주의에 입각(적극적 성서중심주의)
- 신정정치사상: 국가는 교회의 오른손이다.
- 공교육제도와 교사채용의 시험제도를 주장
- 학년별 학급식 편제 교육 시도
- 자발성의 교육
- 교사의 직업 소명 강조(금욕주의 사상)

2. 공헌

- 대중을 위한 교육을 시도한 현대 공교육의 선구자

> • 기독교 신학을 집대성하고 기독교 교육의 방향 제시

멜란히톤
(R. Melanchton, 1497~1560)

1. 교육사상

- 독일의 스승이자 교육개혁가
- 루터가 초등교육을 중시한 데 반해 중등교육에 비중을 둠
- 학제를 만들어 오늘날 학년제도의 시초를 마련했고, 교육사상보다는 교육사업에 주력
- 교과서 편찬
- 작센 교육령 기초: 루터의 교육사상을 작센 (Sachsen) 지방에서 실현(이후 김나지움으로 발달)

2. 공헌

- 루터와 협조하여 학교제도와 교육내용의 개혁에 크게 기여
- 최초로 공적 학교제도를 체계화

로욜라
(Ignatius de Loyola, 1491~1556)

1. 교육사상

- 예수회(제수이트 교단) 설립 후 선교사 양성
- 사범학교 설립(교사 양성)
- 체벌교육 강조
- 권위주의, 금욕주의 교육
- 강인한 통제에 의한 교육
- 금서목록, 종교재판과 관련

2. 공헌

- 예수회 특유의 교육체제를 만드는 근본 토대 제공
- 교육을 통한 교회의 쇄신

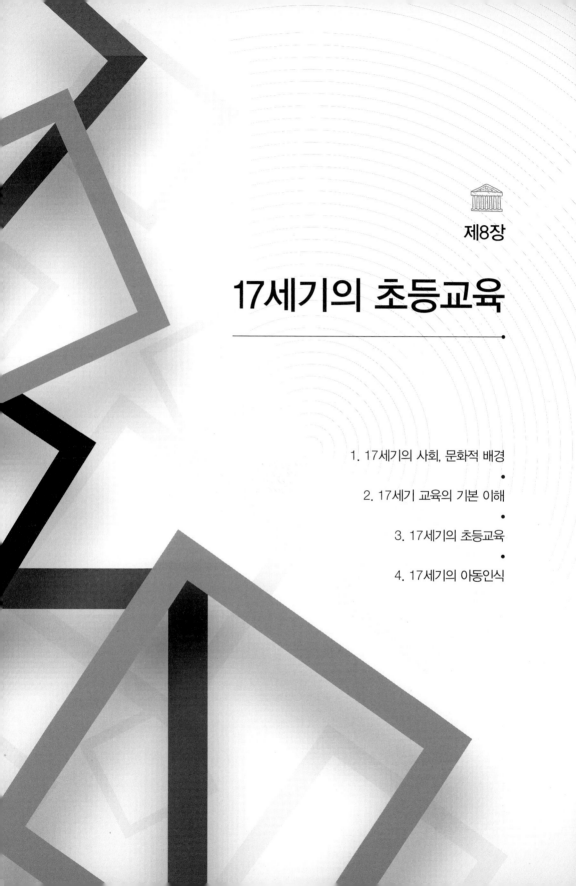

제8장

17세기의 초등교육

아이에게 흥미를 키워 주는 것은
즐겁고 희망찬 교육환경을 조성하는 중요한 방법 중의 하나이다.
- J. A. Comenius

1. 17세기의 사회, 문화적 배경

17세기는 과학의 시기이다. 이 시기는 특히 종교개혁 이후 신학에서 과학으로, 초자연에서 자연으로, 교권에서 자유로 전환되는 시기로, 자연과학과 철학의 발전에 힘입어 새로운 교육내용과 교육방법이 요구되었으며, 실학주의가 대두된 시기이다.

한편, 신대륙 발견의 초기 교황 알렉산더 6세는 1493, 1494년에 교서를 내려 세계의 해면이나 앞으로 발견될 국토를 분할, 지정하기 위해서 대서양 상의 어느 자오선을 경계로 동쪽은 포르투갈이 관리하고, 서쪽은 스페인이 관리하기로 하였으나, 해상권은 처음에 포르투갈이 통치하다가 점차 네덜란드, 영국으로 옮겨졌다. 이때부터 유럽 근대사회 성립의 초기 단계로 절대왕권을 중심으로 근대국가의 체제가 갖추어졌다.

실학주의의 등장 배경

실학주의가 대두된 배경은 과학의 발달과 그로 인한 진리 인식의 전환 등으로 설명할 수 있다. 특히 영국의 왕실협회(Royal Society)와 프랑스의 과학원 등의 개인 및 정부 기관을 통해 자연 지식에 대한 새로운 실험들이 행해졌으며 새로운 자연과학의 증거들을 발견하였다. 16세기 후반부터 17세기 초반에 걸친 실학주의는 자연과학의 큰 발견과 발명을 낳았으며, 이후 데카르트(Descartes)의 합리론, 베이컨(Bacon)의 귀납법, 로크(Locke)의 경험론 등의 철학을 발달시켜 18세기 계몽운동의 초석을 다지게 했다.

먼저 17세기의 실학주의는 자연과학의 발달에 크게 영향을 받아 촉진되었으며, 본격적인 과학사상과 경험주의가 활발히 진행되었다. 특히 17세기에는 위대한 과학자들의 출현 시기이기도 했다. 코페르니쿠스(Copernicus)의 지동설, 갈릴레이(Galilei)와 뉴턴(Newton)의 근대 과학적 방법과 체계, 화약과 인쇄술의 발달 등의 자연과학의 발달은 종교적 신념에 회의를 갖게 했으며, 그 당시 사람들의 가치관과 인생관을 바꾸는 결정적인 역할을 했다. 또한 자연과학의 발달로 인한 마르코 폴로(Marco Polo)의 동방견문록, 디아스(Diaz)의 희망봉 발견, 그리고 콜럼버스(Columbus)의 신대륙 발견은 다양한 문화를 접할 수 있는 중요한 계기가 되기도 했다.

실학주의의 일반적 특징

실학주의는 17세기에 대두된 경험적, 공리적인 경향으로, 실용주의적인 것을 강조하고, 구체적인 것을 강조했다. 즉, 17세기 실학주의자들은 과거의 문학적 취미나 상류층 중심의 교육이 아닌 실용성 있고 보다 구체적인 지식과 실제적인 직업기술, 상업, 외교를 위한 실무 본위의 교육을 중요시하는 방향으로 나아갔다.

실학주의는 인문주의자와 종교개혁자의 편협성에 대한 반항으로부터 생긴 것으로, 실학주의의 의미는 교육이 모든 점에 있어서 실제의 현실과 관련되어야 한다는 것이다. 따라서 인문주의자는 개별적 · 개인적 · 문학적 · 심미적 목적 달성에 노력을 다하였으며, 종교개혁자들은 사회적 · 정치적 · 종교적 · 도덕적 목적에 열중하였음에 반하여, 실학주의자는 비개인적 · 비사회적이었고 모든 현실에 대한 새로운 객관적 의의를 부여하는 데에 관심을 가지고 있었다(Wilds & Lottich, 1942).

특히 17세기에 대두된 새로운 자연과학의 진보는 자연세계에서의 인간의 능력을 재확인하는 계기가 되었으며, 또한 17세기는 진리의 인식 전환 시기로, 전통적인 진리 탐구와는 확실히 구분될 수 있는 새로운 진리 탐구가 등장하였다. 하나는 베이컨에 의해 시작된 경험론, 귀납적 연구방법이며 다른 하나는 데카르트에 의해 시작된 합리주의, 방법적 회의, 연역적 연구방법이다. 먼저 경험론자들이 사용했던 진리인식 방법인 귀납법은 개개 사물이나 현상을 관찰하고 실험함으로써 보편적인 결론을 이끌어 내려는 방법으로, 우리가 직접 관찰함으로써 그릇된 편견과 선입견을 제거하여 앎의 영역을 넓혀 갈 수 있었다. 또한 연역법은 주로 합리론자들의 진리 탐구 방법으로, 보편적이고 일반적인 명제를 제시하고 그것에 따라 개개 사물이나 현상을 설명해 가는 추론방법이다.

이와 같이 17세기 실학주의의 대두는 교육의 발달에도 영향을 미쳤고 진리탐구의 과학적인 접근은 교육이 추구하는 인간상의 변화를 가져왔으며, 인간의 능력을 재평가하게 했다. 따라서 17세기는 과학적 발견과 발명 그리고 새로운 인식론의 출현으로 사람들은 관념적이고 추상적인 것으로부터 진리를 구하기보다는 경험적이고 구체적이고 실제적인 것에서 진리를 구하려고 했다. 이는 인문주의 교육의 언어주의와 형식주의, 종교개혁의 종교적 목적 등의 편협성에 대한 반발로 나타났다. 결국 기존의 교육 이론과 실제에도 영향을 주었는데, 이 당시 등장한 것이 바로 실학주의 교육이다.

2. 17세기 교육의 기본 이해

절대주의와 교육

절대주의 교육에서는 교육의 주도권이 교회로부터 국가로 이관되어 교육제도가 세속적 정부의 책임이 되었기 때문에, 국가의 관료와 민중들에 대한 교육제도가 점차 정비되어 갔다. 그러나 여전히 국가의 인재를 양성하는 중등교육체제와 민중의 초보적 교육을 담당한 초등교육체제는 철저히 이원화되어 전형적인 복선제 형태로 운영되었다.

절대주의하에서의 교육목적은 부국강병을 위한 충실한 시민의 양성이었기 때문에, 왕권에 대한 충성심과 기능 향상을 위한 실학적 성격의 교육내용이 강조되었다. 특히 절대주의하에서의 교육의 특징은 자국의 현실적 정치 상황과 사회, 문화에 따라 그 형태는 차이가 있었다.

실학주의 교육의 특징

15세기 르네상스와 16세기 종교개혁은 유럽인들의 사고방식과 생활방식에 혁명적 변화를 가져왔음에도 불구하고, 16세기까지만 해도 전통적인 형식주의 교육에서 벗어나지 못하고 있었다. 당시 인문주의 및 종교개혁 교육이 설정했던 희망과는 달리 점차 독단적이고 형식주의에 치우쳤으며, 특히 교육계에서는 교육내용과 교육방법이 전통적 방식에서 벗어나지 못하고 있었고, 인문학적 서적에만 의존하며 암기 위주의 교육방법이 사용되었다. 이러한 형식주의 교육은 자연과학의 발달과 새로운 진리 탐구 방법론의 영향으로 실학주의 교육이 등장하면서부터 비로소 달라지기 시작하였다.

실학주의 교육은 단순한 언어에 한정하여 가르치는 언어주의(키케로주의)

를 비판하면서 경험할 수 있는 사물에 따른 교육을 강조하였다. 즉, 언어나 문학보다는 자연현상이나 사회의 실제적인 제도를 교육의 중요 자료로 교육하려는 사조로, 실용성과 실천성이 궁극적 교육목표로 구체적 사물과 실용적 지식을 중시했다.

실학주의의 교육목적은 인간에게 필요한 지식을 가르쳐 주어 실생활에 유능한 인간을 양성하는 데 있으며, 학생의 직접적 경험을 중시하고 현세 중심적이면서 실용적이고 외면적인 자각을 하도록 했다. 따라서 실학주의 교육은 구체적인 지식과 직업기술을 구비한 실용적, 실천적인 인간을 양성하는 데 목적이 있기 때문에, 고전어나 문학보다는 자연과학 관련 교과와 실생활에 필요한 교과 등을 강조하였다.

〈표 8-1〉 인문주의 교육과 실학주의 교육의 비교

인문주의	실학주의
내면적 세계	외면적 세계
언어에 치중	감각주의
키케로 문장	구체적인 사물과 직접 경험
교사의 언어 중심	교사의 언어 경시
중세 교육의 침체	고대 그리스 교육의 침체

이에 신학과 고전 중심의 교과에서 자연과학, 외국어, 상업, 역사, 정치, 법률 등의 교과로 바뀌었다. 특히 이들은 범지주의적 백과사전주의에 영향을 받아 자연의 현상을 하나씩 구체적으로 함유해야 한다고 생각했기 때문에, 교과목이 20~30개가 될 정도로 광범위한 교육과정을 구성하게 되었다. 이는 모든 지식은 모든 감각으로부터 시작된다는 견해로 이러한 요구에 적합하게 하려다 보니 광범위해질 수밖에 없었다. 또한 15, 16세기 이래로 교육과정의 중핵을 차지하였던 고전어 시간을 할애하여 근대 외국어와 모국어 중심의 수업 강화로 서민을 위한 교육이 보급되는 계기가 되었다.

따라서 실학주의자들은 실용성 있는 구체적인 지식과 실제적인 직업기술 및 과학적인 학문 연구방법을 중시했기 때문에, 실학주의 교육방법은 언어주의, 암기주의, 서적주의 및 훈련 위주의 형식주의에서 탈피하려 노력하였다. 이들은 '언어 이전의 사물(things before words)'과 '모든 지식은 감각으로부터'라는 구호하에 언어가 아닌 사물, 즉 경험과 감각에 의한 교육을 중시하였다.

- 합자연의 원리: 아동의 발달 정도에 따라 알맞게 지도
- 직관교수: 암기, 기억보다 이해, 경험 요구
- 실물교수: 시찰, 여행, 실험, 시청각적 방법 등을 사용
- 감각적 교육: 모든 지식은 오관을 통해 교육
- 부드러운 훈육방법

이들은 특히 교육의 새로운 방법으로서 여행, 관찰, 실험 등에 중점을 두고, 교구로서는 표본, 지도, 지구의, 회화 등의 다양한 시각적 재료를 사용하였으며, 암기나 이해보다는 이해와 경험을 요구하여 시청각 교수법이 중시되었다. 특히 교과 중심의 설명식 일제 수업의 방법을 지양하고 학습자가 직접 경험, 관찰, 실험 등을 통해 학습내용을 터득하도록 했으며, 구체적인 사물과 실질적인 지식을 강조하였다.

실학주의 교육의 유형

실학주의 교육은 강조되는 교육내용이 무엇이냐에 따라 인문적 실학주의 교육, 사회적 실학주의 교육, 그리고 실학주의 교육의 대표적인 유형인 감각적 실학주의 교육으로 구분된다.

인문적 실학주의(언어적 실학주의)

인문적 실학주의는 16세기 인문주의에서 17세기 실학주의로 넘어가는 과도기적 성격을 띤다. 비록 실학주의 교육은 인문주의 교육에 대한 반동으로 생겨났지만, 초기 단계에서는 고전의 도야 가치를 부정하지는 않았으며, 인간의 가장 완벽한 지식은 고전문학에서 찾을 수 있으며, 고전의 참의미가 인간의 삶에 중요하다는 점은 인정했다. 이처럼 고전을 존중했다는 점에서는 인문주의적인 성격이 강했으나, 고전의 형식 자체보다는 그 내용을 실제 생활에 응용하고 활용해야 한다고 점에서는 실학주의적 성격이 더 강했다. 따라서 고전문학의 참의미 자체를 연구하는 것이 아니라 고전문학 속에 있는 과학적, 역사적, 사회적 관련 지식을 연구하는 데 더 관심이 있었다(Wilds & Lottich, 1942).

이와 같이 인문적 실학주의는 고전을 중시하되 그것을 실생활에 활용하고 응용해야 할 것을 강조했던 교육으로, 고전을 통한 현실 생활의 이해를 중시했다. 특히 유창한 언어나 문장의 구사를 중시했던 키케로주의를 타파하고 고전의 의미를 재발견하고 실천할 것을 강조한 인문적 실학주의의 교육목적은 고전 연구를 통해 현실에 적응할 수 있는 유능한 사람을 양성하는 데 있었다. 따라서 교육형식은 실제적 인간교육에 있었으며, 교육내용은 백과사전식 내용으로 고전어나 고대 사상 중심의 인문주의적 성격 역시 갖고 있었지만, 교육방법은 개별 교육과 토의와 설명식의 실학주의적 성격이 강했다.

인문적 실학주의 교육에서는 학생에게 인간사회에 관한 이해와 지식을 심어 주며, 그들을 사회에 적응시켜 주는 최상의 수단은 문학(고전)작품을 읽게 해서 인간의 지혜를 터득시키는 것이었기 때문에, 고전을 절대적 권위로 보지 않고 삶의 지혜를 나누어 주는 원천이라고 보았다(Wilds & Lottich, 1942). 즉, 인문적 실학주의자들에게 있어서 고전은 단지 인생과 현실을 이해하는 수단으로서의 가치 그 이상은 아니었다.

따라서 인문적 실학주의자들이 고전문학을 연구하는 목적은 문학 자체에 있는 것이 아니라 그 속에 포함된 과학적, 역사적, 사회적 지식을 탐구하는 데 있었으며, 고전문학을 현실 생활 준비를 위한 방편이라고 생각한 것이다. 특히 인문적 실학주의자들은 지식 습득 차원에서의 라틴어 학습을 강조했지만, 그에 못지않게 정확한 모국어 학습의 중요성 역시 강조했으며, 수학, 자연과학, 물리학은 물론 문학, 철학, 역사, 지리 등 다양한 교과의 학습도 필요할 정도로 백과사전과 같은 방대한 내용을 다루었다.

사회적 실학주의

사회생활을 통해 얻어지는 실제적인 경험을 중시한 사회적 실학주의는 고상한 이상주의, 엄격한 금욕주의, 열정적 감상주의 등을 비판하며 등장했다. 이들은 실제 생활을 통해서 배우고 익힌 경험이 서적을 통해서 배우고 익힌 지식보다는 훨씬 더 유용하다는 신념하에, 고전을 강조했던 인문적 실학주의보다 더욱 실학주의적인 성격이 강한 교육을 주장하였다.

사회적 실학주의 교육목적은 실제 생활을 통해 폭넓은 지식과 교양을 겸비한 사람, 즉 신사(gentleman)를 길러 내는 것이었기 때문에, 다분히 상류계층의 귀족적 인간의 양성에 중점을 두었다(Wilds & Lottich, 1942). 이들의 관심은 사회생활의 경험을 통해 교양 있는 신사가 될 준비에 있었기 때문에, 고전학습에 의한 교양인의 양성은 반대했다.

이를 위해 사회적 실학주의자들은 여행을 통해 풍부한 지식과 경험을 쌓는 것을 중요하게 생각했으며, 실생활에 도움을 주는 교과목을 배우고 익힐 것을 강조했다. 따라서 사회적 실학주의 교육은 타인과의 원만한 사회적 인간관계를 유지하고 실천하는 신사, 즉 학자나 전문가 육성이 아닌, 한 인간으로서의 유능한 신사를 양성하는 데 중점을 두었다. 즉, 사회적 실학주의는 단순히 학자나 직업인의 양성보다는 귀족 청년들의 신사 생활 준비에 초점을 둔다는 점에서, 결국 유능한 신사란 단순히 서적에서 교육되는 것이 아닌 다양한 사회적 경험에서 길러진다고 보았다(Wilds & Lottich, 1942).

그림 8-1 신사가 되는 과정

　사회적 실학주의 교육에 있어서 교육형식은 실제적이고 사회적인 지 · 덕 ·
체로서의 교육으로, 사회를 살아 움직이는 지식 학습장으로 보았고, 풍부한 사회경험을 주요 교육내용으로 하였다. 따라서 교양 있는 신사에게 있어서 중요한 언어능력으로 라틴어나 그리스어보다는 모국어와 외국어에 더 비중을 두었는데, 특히 외국인들과 교제하고 경험을 넓히는 데 있어서 외국어 능력이 더욱 필요했다. 또한 사회적 실학주의자들은 많은 경험을 얻을 수 있는 여행 경험을 중요한 교육수단으로 여겼다.

따라서 사회적 실학주의 교육은 학교교육에서만 이루어질 수는 없었다. 학교뿐 아니라 가정에서의 적절한 교육이 병행되어야 했으며, 단순한 기억이나 이해보다는 실경험에 의한 이해와 판단을 강조했다. 따라서 사회적 실학주의는 인문적 실학주의보다 그 성격상 실학주의적인 면이 더 강했다. 그러나 사회적 실학주의는 인문적 실학주의와 마찬가지로 추구하는 사상과 실제에 있어서 현실적으로 귀족이나 부유층에 한정될 수밖에 없는 계층적 제약성을 지녔기 때문에, 다른 계층의 교육에 대해서는 관심이 약했다.

감각적 실학주의(과학적 실학주의)

실학주의의 대표적 형태인 감각적 실학주의는 인간의 감각적 직관을 기초로 사물의 본질을 파악하고자 했으며, 감각을 통해 받아들이는 경험이 모든 교육의 기초가 된다고 주장했다. 자연과학의 지식과 귀납적인 연구방법의 도입을 통해 인간생활과 사회생활을 합리화하고 향상시키려 했다는 점에서 감각적 혹은 과학적 실학주의라고 일컫는다. 따라서 감각적 실학주의자들은 감각을 통한, 즉 구체적 사물에 의한 올바른 지식의 습득을 중시하였으며, 교육의 내용과 방법에 있어서도 과학적 방법 및 자연법칙을 중시했다(Wilds & Lottich, 1942).

그러나 감각적 실학주의의 교육목적은 자연과학의 지식과 연구방법을 교육에 적용하여 인간생활을 합리화하고 사회생활을 향상시키는 것으로, 교육이란 감각기관의 훈련에 의해서 비롯된다고 봤지만, 한편으로는 교육의 궁극적 목적을 인간이 신과 일체가 되어 영원한 삶의 행복을 얻는 데 두었다. 이러한 점 때문에, 모든 사람은 교육받을 필요가 있으며, 교육이 특권층만이 아닌 만인에게 개방되어야 한다고 주장하면서, 모두에게 모든 지식과 도덕의 경건 심을 갖게 해야 한다고 강조했다.

감각적 실학주의 교육형식은 실제적, 과학적, 종교적, 도덕적 그리고 민주주 의적 성격이 강하고, 모국어를 가장 중시했으며, 자연과학, 사회과학 등 범지식 적이며 백과사전적인 교육내용을 구성하여 7자유과 외에 물리, 지리, 역사, 도 덕, 종교를 부가하였다. 당시의 민중 대상의 학교들이 빈약한 언어 습득의 학 습에만 치우쳐 참된 인간 소질의 계발을 소홀히 했다는 점에서, 감각적 실학주 의 교육은 민중을 계몽해서 그들이 행복을 얻도록 하려는 목적을 갖고 있었다.

감각적 실학주의자들은 교육이론 방면에도 많은 공헌을 하였지만 교수법에 관해서 더욱 뚜렷한 공헌을 하였는데, 학습과정에 자연법칙이 내재하여 있다 는 것과 그 법칙을 발견하여 정식화할 수 있다는 신념을 가지고 이후 아동연구 와 교육심리학의 길을 열어 주었다(Wilds & Lottich, 1942). 특히 감각적 실학주 의자들은 인간생활을 향상시키는 것을 목적으로 감각을 통해 사물을 인식하는 능력을 신장시키기 위하여 표본 관찰학습이나 시청각 교육을 중요시하였다. 따 라서 이들은 실물이나 표본을 감각적으로 직접 관찰 학습하는 것이 효과적이 라 여겼으며, 수업과정에 내재한 자연법칙에 따른 실천에 의한 방법 등을 강조 했다는 점에서, 오늘날의 직관교육이나 시청각 교육의 모체라고 볼 수 있다.

〈표 8-2〉 실학주의의 세 가지 유형 비교 1

구분	교육목표	내용	방법	학자
인문적 실학주의	고전 연구로 현실생활에 잘 적응할 수 있는 인간 양성	고전	• 개별적 교육 • 암기학습 • 토의나 설명 중심의 독서법	F. 라블레 J. 밀턴
사회적 실학주의	사교나 여행의 경험을 바탕으 로 경험에 밝은 인간 양성	경험	• 기억보다 이해와 판단 • 유쾌하고 재미있는 교수법 • 식별과 독자적 사고 응용	M. 몽테뉴 J. 로크

| 감각적
실학주의 | 모든 원리를 자연에서 구하
고 자연법칙에 순응하는 인간
양성 | 감각
기관 | • 자연법칙의 인정
• 관찰에 의한 감각훈련
• 귀납적 방법
• 실천에 의한 학습
• 개별적 사고 | J. A. 코메니우스
F. 베이컨 |

〈표 8-3〉 실학주의의 세 가지 유형 비교 2

	인문적 실학주의	사회적 실학주의	감각적 실학주의
교육개념	• 평화 시대나 전쟁 시대에 모든 공사의 직무를 정당 하고 올바르게 수행할 수 있게 하는 교육	• 전문가보다 인간을 만드는 기술	• 교육은 순전히 자연주의에 의한 것
교육목적	• 고전을 통한 현실 이해 • 자연계 및 인간사회에 실 제로 돌아가는 것	• 유능한 사회인을 양성 • 사회적 조화	• 모든 원리를 자연에서 구 하고 자연법칙에 순응하는 인간 양성과 자연의 상태 및 법칙 발견
교육내용	• 그리스, 로마 고전 연구(문 학적이면서도 실제적인 인 문교육)	• 현실 사회의 경험 • 고전 학습보다 현대 학습 을 중시	• 자국어, 자연과학, 사회과 학의 실제적인 면 중시(감 각, 직관)
교육방법	• 흥미 중심의 개념적 교육 ('원하는 바를 행하여라') • 동기학습법 • 토의와 설명으로 독서를 활기 있게 하는 법	• 모든 것이 학습의 자극 • 이해와 판단의 강조 • 강제와 폭력 배제 • 자연에 따르는 것	• 실험관찰주의와 경험 • 자국어 교수 • 귀납법 사용 • 도구 이용(심리학적, 과학 적 토대 위에 감각을 통한 학습)
특징	• 교육내용에 있어서는 인문 주의, 교육 목적과 방법은 실학주의 • 인문주의(학문)의 범주 내 에서 인간성 함양	• 사교나 여행 • 사회생활의 경험 중시 • 사회 안에서 생활하는 교 육문제 중시 • 기사학원과 고등 가정학교 (사설 가정교육제도)	• 실학주의 운동의 절정 • 과학적 실증주의 • 교육에 있어서의 과학운동 의 시작 • 학교를 강조
사상가	라블레, 밀턴, 비베스	몽테뉴, 로크	멀카스터, 베이컨, 로크, 라트 케, 코메니우스

3. 17세기의 초등교육

17세기 유럽은 종교개혁 이후 신교와 구교의 대립 그리고 그로 인한 30년 전쟁으로 시작된 많은 전쟁의 폐해로 인해 유럽인들은 대부분의 지역에서 어려움을 겪고 있었으며, 특히 교육이 더욱 극심한 침체를 보였다. 비록 16세기 르네상스를 통해 문예부흥운동이 전개되었지만, 당시 문법학교는 더 발전하지 못하고 라틴어와 종교 위주의 교육에 머물러 있었고, 특히 서민을 대상으로 하는 모국어 학교는 큰 변화를 보이지 않았으며, 더욱 침체될 수밖에 없었다. 따라서 종교개혁가들의 활약이 두드러진 일부 지역을 제외한 대부분의 지역에서 일반 서민의 교육은 최악의 조건에서 이루어질 수밖에 없었다.

여아 교육에 있어서도 주로 가정에서 생활에 관련된 지식이나 기능을 가르치는 것에 국한되었던 것에 반해 여성들도 읽기, 쓰기, 셈하기 같은 기초교육을 받을 수 있는 기회가 부분적으로나마 열리게 되었지만, 이러한 기초교육 외의 내용에 관한 공부가 제한된 범위 내에서만 허용되었고 이마저도 엄격한 감시를 받았기 때문에 여아 교육은 여전히 차별적으로 이루어졌다(조경원 외, 2005).

이러한 전반적인 교육의 부진은 프랑스 혁명으로 야기되는 유럽 지역의 시민혁명과 산업화 운동이 본격적으로 전개되기 전까지 큰 변화가 없이 지속되었다. 다만, 17세기 감각적 실학주의자들의 경우 대부분 실제 교사였기 때문에 인문적 혹은 사회적 실학주의자들보다 학교교육과 교사의 중요성을 언급했으며, 초등 학령기 단계의 아동들에 대한 자국어 교육의 중요성을 언급했다. 멀카스터(R. Mulcaster)는 6세에서 12세 정도까지 자국어를 6년의 학년제에 따라 교육시킬 것을 주장했으며, 이는 남녀 아동 모두에게 적용되어야 한다고 강조했다. 또한 라트케 역시 4년의 초등교육과 2년의 중등교육이 혼합된 형태의 6년제 학교를 창안하여 자국어가 기본적으로 모든 수업의 수단이 되어야 하며, 다른 언어 역시 자국어를 통해 배워야 한다고 주장했다(Wilds &

Lottich, 1942). 코메니우스 역시 6세에서 12세 정도까지 6년의 모국어 학교를 통해 감각적 경험을 익혀야 한다고 주장했다.

또한 17세기 교육내용에 변화가 생겼는데, 일상어가 독일어로 바뀌고, 30년 전쟁 후 라틴어가 무용지물임을 인식하게 되면서, 중등학교에서도 실과가 장려되기에 이른다. 물론 라트케의 교수법을 초·중등학교에 도입해서 '학사규정' 속에 초등교육에 관한 상세한 교수법을 제시하였으나, 그것이 실질적인 성과를 거두지는 못했다.

한편, 유럽 지역에서의 연방군주제 확립은 군주들로 하여금 자국의 민중들에 대한 교육적 관심을 높였다. 특히 16세기 종교개혁운동의 영향으로 보편적 의무교육제도의 필요성이 대두되었는데, 종교개혁운동을 통해 확산된 '모든 국민에게 교육을 시켜야 한다'는 이념은 루터파와 칼뱅파의 노력으로 구체적인 의무교육령이라는 결실을 보게 되었다. 즉, 독일의 고타(Gotha) 공국의 고타 교육령과 미국의 매사추세츠 주에서 만들어진 매사추세츠 교육령이다.

이 두 가지 법령은 국가 수준의 의무교육을 통한 보통교육의 시도라는 점에서 교육사적 의의를 가진다고 볼 수 있다. 그러나 실제적인 강제 출석의 의무교육법은 1870~1890년에 미국 및 유럽의 여러 나라에서 제정, 집행되었다.

고타 교육령

독일 지방의 소국 고타 공국의 영주인 에른스트는 1642년에 루터파의 신교파로서 루터의 종교교육 정신에 입각하여 당시의 선진적인 교육학자인 라트케와 코메니우스의 영향하에 1년간의 남녀 의무교육, 5세아 취학을 포함하는 상세한 내용을 담은 고타 교육령을 공포하여 교육제도를 정비해 나갔다(윤완, 2003). 물론 고타 교육령은 이후 여러 차례 수정되었지만, 이 법령에 규정된 취학의 의무, 교과서의 무상배부, 장학제도, 교과과정, 교수방법 등에 관한 조문은 매우 구체적인 내용을 담고 있다.

세계 최초의 의무교육령인 고타 교육령은 전문 16장 435조로 이루어졌는데, 특히 제2장 49~54조는 취학의 의무에 대해서, 제13장 361~365조는 취학에 대한 부모의 의무에 대해 규정하고 있다.

- 모든 지역의 남녀 어린이는 예외 없이 1년간은 학교에 다녀야 한다(제2장 49조).
- 어린이는 5세가 되면 취학해야 한다(제2장 51조).
- 어린이는 매년 일정한 시기를 정해서 입학시켜야 한다(제2장 53조).
- 문자를 해독하지 못하는 12세 이하 어린이의 부모는 5세 이후 취학시키지 않으면 누구라도 벌을 받는다(제13장 361조).
- 부모는 자녀들이 병을 앓지 않는 한, 학교를 하루라도, 한 시간이라도 결석하게 해서는 안 된다. 또 언제나 지각하지 않고 등교할 수 있도록 엄중히 주의하여야 한다(제13장 362조).

고타 교육령은 그 후 몇 차례에 걸쳐 수정되었지만, 이 법령에 규정된 조문은 이전에는 볼 수 없었던 풍부한 내용을 갖추고 있었다.

매사추세츠 교육령

영국에서 신대륙을 찾아 미국으로 건너간 칼뱅주의 교도들은 미국 동부 지역인 매사추세츠에 정착하였다. 당시 청교도들은 칼뱅주의에 입각하여 인간이 신의 구원을 받기 위해서는 교육이 필요함을 절실히 느꼈다. 특히 신앙의 기초를 확립하기 위한 교육은 국가적 책임이라는 인식하에, 1642년에 매사추세츠 교육령을 만들게 된다.

칼뱅주의의 영향하에 제정된 미국의 의무교육령인 매사추세츠 교육령은 각 지방자치단체(town)로 하여금 자기 관할의 교육에 관하여 책임을 지고, 지방자치단체 내의 양친, 고용주 및 소년들을 감독하여 모든 소년이 교육을 받을 수 있는 권한과 의무를 갖도록 했으며, 부모나 고용주는 감독자에게 복종하고 이를 어기고 자녀의 교육을 소홀히 하는 자에게는 벌을 부과하도록 했다. 이후 1647년에 공포된 2차 매사추세츠 교육령은 학교 설치에 관한 규정으로 주민이 50호 이상인 마을에서는 읽기, 쓰기 교사를 채용하고 급료를 지급하도록 했으며, 특히 1,000호 이상의 마을에서는 라틴어 문법학교를 설치할 것을 규정하고 있다(윤완, 2003).

이와 같이 매사추세츠 교육령은 고타 교육령에 비해 단순하게 규정되었지만, 교육이 공교육제도의 형식을 취할 것과, 부모나 고용주의 교육 의무를 규정하고 있으며, 지방자치단체의 학교 설치 의무와 의무교육 감독권을 인정하고, 세금으로 무상 교육제도를 실시할 것을 규정하고 있다는 점에서, 현대적인 공교육 의무제도의 기본 원리를 갖추고 있다.

4. 17세기의 아동인식

17세기의 교육자들은 아동과 이들의 본성을 더 이상 재롱과 즐거움이라는 측면에서 찾지 않았고, 대신 아동들에게 심리적 관심과 도덕적 배려를 했으며, 아동의 경술함을 받아들이기보다는 이를 교정하기 위해 아동을 이해하고자 했다(최기숙, 2001: 15). 따라서 아동기에 대한 관점이 무절제함(immodesty)에서 순진무구함(innocence)으로 변화한 시기이다(조형근, 2000: 76). 또한 17세기 이후 어른들의 옷과는 다른 아동들만의 옷이 등장했으며, 남아에게도 예쁜 리본을 달았던 옷을 입힌 것으로 보아 상당히 여성적인 특징을 지니고 있었던 것으로 이해될 수 있다. 즉, 17세기 아동은 여성과 마찬가지로 눈을 즐겁게 하는 것 그리고 입 맞추고 싶은 대상이 되었던 것이다(동문선편집부 역, 1994: 178).

Ariés는 17세기 말부터 18세기에 이르러 아동 개념이 풍부하고 중요하게 부각되기 시작했고, 이는 근대적 현상의 하나라고 주장하였다. Ariés에 의하면, 17세기 동안 아동기에 대해 거대한 변화가 일어났으며, 아동기의 순진무구함이라는 근본 개념이 승리를 거둔 것으로 평가하고 있다. 즉, 아동은 모든 것을 용서할 수 있고, 증오를 모르는 시기이며, 인생의 황금기라는 것이다. 아동을 천사로 비유하는 것이 교화의 주제가 되었고, 아동은 곧잘 그리스도의 아동기, 즉 성스러운 시기로 비유되곤 했다.

따라서 근대적 의미에서 '아동'의 발견을 농업 의존형 사회에서 탈피하여 공업화 사회로 전환하기 시작한 17~18세기의 서구사회에서 찾는 것은 최근 역사학의 정설이며, 이 시기에 북반구적 문화가 발달한 지역에서는 '어린이'는 더 이상 작은 성인이기를 그치고 아동기라고 하는 특별한 시간 속에, 학교라는 특별한 장소에 격리되기 시작했다. 이는 보호와 교육의 대상으로 특별한 생활이 주어지게 된 아동이 부득이하게 어른과 구별된 시공간을 필요로 하는 존재로 인식되었다는 것이다(구수진 역, 2002: 16). 결국 학교란 어른과 아동의 분리가 진행된 시대에 아이들을 보호, 격리시켜 일정한 모델에 따라 어른으로 성장시키기 위한 사회적 장치, 즉 일종의 게토(getto)라고 할 수 있는 수용 장치였던 것이다.

신대륙 발견, 청교도, 그리고 아동인식

1400~1700년 사이의 르네상스는 과거 천 년 동안의 풍습과 신앙들을 무너뜨릴 정도로, 유럽 전역에 극적인 변화를 초래하였다(이경우 역, 1986: 25-26). 유럽에서는 프로테스탄트와 가톨릭의 대립이 심해지면서 종교전쟁이 일어났고, 30년 전쟁은 프로테스탄트가 설 땅을 가지게 된 계기가 되었으며, 프랑스의 위그노(프랑스의 프로테스탄트를 일컫는 말) 박해는 신대륙으로의 도피라는 결과를 낳았다.

당시 초기 미대륙의 생활은 매우 어려웠다. 농경의 실패로 영양실조와 굶주림을 초래했으며, 전염병과 각종 질병으로 인한 사망자가 증가해 아동의 67%가 4세 이전에 사망할 정도로 어려움을 겪었다. 미대륙의 발견은 영국 교회의 문제로 궁지에 몰린 청교도(puritan)로 하여금 위험을 무릅쓰고 미국으로 이주하게 하게 하였고 청교도들은 이 이주를 그들의 자녀들을 위한 축복이라고 생각하였다. 따라서 청교도들의 이주는 영국에서 신대륙으로 옮겨가면서 아동양육을 매우 중요하게 생각하는 계기가 되기도 했다.

초기 신대륙의 아동훈육은 엄격했다(이경우 역, 1986: 25-26). 아동들은 말없이 부모에게 순종해야 했으며, 존경하는 선생님, 존경하는 여사, 존경하는 부모님 등으로 부모를 호칭할 정도로 엄격했다. 당시 복음서(福音書)의 공관대조(共觀對照, Harmony Of The Gospels)에 의하면, 아동을 매로 때려도 그는 죽지 않을 것이고 다만 그의 영혼을 지옥에서 구할 수 있을 뿐이기 때문에, 아동의 잘못을 묵인하지 않았으며, 이러한 방식은 학교에서의 훈육에서도 나타났는데, 뉴잉글랜드 입문서(The New England Primier)에 의하면, F는 게으른 바보(The Idle Fool)라 하여 학교에서 채찍으로 훈육하였으며, J는 욥(Job)이라 하여 징계를 받으면서도 하나님을 찬송하도록 했다.

청교도와 아동

Cox(1996)는 청교도의 아동인식에 대해 청교도의 종교적 신념과 세기의 전환기로서의 정치적 급변이라는 상황에 처한 16~17세기의 사회문화적 맥락에서 이해해야 한다고 강조하였다. 일반적으로 청교도의 아동양육은 아동을 원죄의 관점에서 인식하기 때문에, 아동을 거칠게, 지나치게 교정적으로, 금욕적으로 다룬다고 평가되고 있다. 그러나 청교도의 종교적 입장에서 보면, 그들은 자녀들의 구원 문제에 보다 많은 관심을 갖고 아동양육을 접근하고 있다는 것이다.

청교도 부모들은 자녀들이 이전 세대의 자녀(그들 자신)들보다 구원의 문제가 더 걱정될 수밖에 없는 사회문화적 상황에 있었다. 예를 들어, 당시 사상의 주류가 된 영국 국교주의, 지나치게 교리문답적인 가톨릭 성서에 입각한 종교교육 등으로 진정한 영성에 바탕을 둔 구원의 문제가 더 어려운 시기였다. 따라서 청교도는 종교개혁과 일부 프로테스탄트의 개혁적인 사고방식과 행동양식을 이어받으면서도 당시 영국 교회의 정화(purification)를 갈망함으로써 끊임없이 비판적이면서 경우에 따라서는 반항적인 면이 있었다. 이는 결과적으로 청교도인들이 자녀의 구원 문제나 영성 문제에 대해 근엄하고 엄격하게 접근하게 하였고, 이런 엄격한 접근이 여러 문학작품이나 글들 속에서 객관화되어 표면적으로는 아동을 지나치게 거칠게 다루는 모습으로 묘사되어 왔다. 결국 이러한 아동양육에 대한 묘사를 근거로 청교도 부모의 아동양육 및 아동관은 다소 왜곡된다는 것이다.

이와 같이 청교도의 아동양육을 지나치게 금욕적이고 거칠게 다루는 것으로 보는 관점에 대한 비판적 시각은 두 가지 관점에서 논의된다. 먼저 청교도의 아동양육에 대한 연구들이 지나치게 상류층을 중심으로 접근했다는 것이다. 그리고 청교도를 급진적인 개혁 세력으로 보았다는 점(Hill, 1964; Stone, 1977)이다.

따라서 Cox(1996)는 청교도적 시각에서 아동양육을 재인식할 필요가 있다고 보았다. 특히 Morgan, Pollock, Sommerville의 주장에 의하면, 청교도가 자녀들을 지나치게 거칠게 다루었다고 일반적으로 인식되고 있으나 그런 증거들을 실제 청교도의 가정에서 찾기는 힘들다는 것이다. 즉, 청교도를 급진적, 개혁적인 세력으로서 간주하는 것은 청교도를 프로테스탄트주의의 주요 세력으로 여기기 때문이다. 개신교(Protestantism)는 당시의 영국 국교나 전통적인 로마 가톨릭의 입장에서 매우 급진적이었다. 그러나 청교도는 개신교의 신념, 가톨릭 의식이나 부적의 의미가 있는 여러 가지 성물이나 성직자의 성서 해석에 맹목적으로 의존하기보다는 복음 자체를 신봉하거나 선한 행동 자체를 강조하였다.

따라서 청교도의 아동양육이 근본적으로 아동의 원죄(children as sinners)를 인정하며, 또한 아동의 구원과 인간으로서의 좋은 예절을 갖는 것이 필요하다는 인식에 기초하지만, 이것을 지나치게 객관적인 입장에서 볼 것이 아니라, 당사자들(청교도들)의 가정, 시대적 상황과 맥락에서 그들 가정사의 스토리에 접근하여 이해해야 한다는 것이다(Cox, 1996).

이와 같이 청교도의 아동양육에 대해 좀 더 주의 깊게 접근할 필요성이 있다. 청교도들의 아동양육이 주는 시사점은, 예를 들어 아동의 순진무구함(innocence)과 사악함(evil)의 조화와 같이 종교적인 것과 세속적인 것의 조화가 필요하다는 것이다. 종교적 관점에서 아동양육 방식은 두 가지로 나뉘는데, 하나는 자녀들이 신을 경외하도록 엄격하게 다루는 것으로, 이것은 아이들을 거칠게 다루는 것, 그들을 원죄의 존재로 다루는 것이라기보다는 그들의 구원 문제를 해결하기 위한 것이었다. 다른 하나는 가정에서 어머니의 보살핌이 마치 신이 가정을 보살피는 것처럼 부드러움과 신의 의도에 충실한 것이었다. 즉, 청교도의 가정에서 어머니와 아버지의 자녀양육에서의 역할은 신이 청교도 가정을 돌보는 것과 같은 형상으로 이해할 수 있다. 이런 과정에서 우리가 오해한 것은 청교도의 아동양육에 대한 엄격한 태도를 지나치게 아동을 억압하는 것으로 해석하는 관점을 따르기 때문이다.

청교도적 아동양육에서 우리가 잊지 말아야 할 것은 그들의 종교적 신념(faith)이 정서적이었을 뿐만 아니라 이성적으로 논의되었다는 점이다. 왜냐하면 청교도 부모들이 아동을 이성으로, 감정으로, 훈육으로, 사랑으로 다루고자 했던 열정은 그들이 살고 있는 곳을 하나님의 왕국으로 추구하려고 했기 때문이다.

참고 자료 주요 교육사상가

라블레
(F. Rabelais, 1494~1553)

1. 교육사상

- 인문적 실학주의의 선구자로 고전교육은 문학적 가치 외에 실제적이며 유용한 가치를 가져야 한다고 주장
- 중세 사원학교의 형식적이고 주입식인 서적 중심의 교육 비판
- 종교, 도덕, 과학 및 신체의 다방면에 걸친 다면적인 도야를 주장하여 형식보다 내용을 중시
- 라틴어의 암기 및 주입식의 형식적 인문주의 교육 비판
- 체육과 자연관찰 중시
- 실물에 의한 직관적인 학습 주장
- 교육목적은 자주적인 사고에 있으며, 명랑한 교수법과 관용적인 훈련법 주장

2. 공헌

- 몽테뉴, 로크, 루소 등에게 큰 영향
- 철저한 인간 신뢰와 사고 · 행동의 자유를 주장한 새교육의 창시자

밀턴
(J. Milton, 1608~1674)

1. 교육사상

- 인문주의에서 실학주의로 옮겨가는 과도기적 역할을 담당
- 실제적 인물을 양성(시민사회의 지배계층 육성)
- 고전보다 구체적 사물과 실제적인 지식, 기능을 중시
- 교육내용을 넓고 친절하게 안내
- 언어의 지식 대신 사물의 지식 중시
- 교사는 학생과 토론을 통하여 내용을 이해시킴
- 경험을 통한 학습의 촉진을 위해 여행 장려

2. 공헌

- 『교육론』 저술을 통한 혁신적 교육관 제시
- 르네상스적 전인교육 제안

몽테뉴
(M. Montaigne, 1533~1592)

1. 교육사상

- 사회적 실학주의자
- 유능한 신사를 양성
- 여행 및 사회적 접촉을 통하여 견문을 확대하고 실제적 외국어를 습득
- 조기교육, 개성 존중 및 자연과학적 · 실용적 교육을 주장

- 체벌의 금지
- 학교교육보다 가정교사에 의한 가정교육을 중시
- 언어주의, 형식주의를 비판

2. 공헌

- 로크, 루소 등의 교육사상가들에게 영향을 줌
- 17세기 실학주의 교육사상의 흐름을 여는 데 기여

베이컨
(F. Bacon, 1561~1626)

1. 교육사상

- 감각적 실학주의를 주장하여 경험적 교육사상 확립
- 귀납법이 지식을 얻는 유일한 방법이라고 주장
- 경험적 교육(관찰, 실험, 경험의 중시)
- 교육은 과거의 지식을 되풀이하지만 말고 새로운 지식을 만들어 내야 하며, 교육자는 사물을 관찰하고 평가하고 기록해야 함
- 인간이 자연법칙을 배워서 결과적으로 지배할 수 있는 힘을 갖게 하는 데 교육의 목적이 있음

2. 공헌

- 라트케, 코메니우스, 로크 등에 영향
- 경험을 통한 학습 원리를 교육에 적용하고 언어교수법 개발에 기여

라트케
(W. Ratke, 1571~1635)

1. 교육사상

- 감각적 실학주의자: 베이컨의 경험주의에 영향 받고, 코메니우스의 선구를 이룸
- 직관교수법에 의한 언어교수 강조
- 관찰, 실험을 중시하는 직관주의(새교육 원리 주장)
- 아동의 자연적 성장·발달 과정이 교육방법의 토대

- 교수법의 기본 원리
  - 모든 것을 자연의 질서와 과정에 따르게 할 것
  - 한 번에 한 가지씩만 가르칠 것
  - 배운 것은 하나도 빼놓지 않고 몇 번씩 반복할 것
  - 모든 것을 처음에는 모국어로 말할 것
  - 모든 것을 강제로 하지 말 것
  - 이해하지 못한 것을 암기하게 하지 말 것
  - 모든 것 중에서 동질적인 것은 같은 방법으로 가르칠 것
  - 사물 그 자체를 먼저 가르치고 다음에 그 사물을 설명할 것
  - 모든 것을 경험을 통해 배우고 모든 부분을 관찰해서 배울 것
  - 교재는 쉬운 것에서 어려운 순서로 다룰 것

2. 공헌

- 근대적 교육개혁에 라트케의 교육관이 반영
- 교수학을 이론적으로 처음 명확히 규정하고 과학적으로 수립
- 새로운 교수학의 방향을 구상

코메니우스
(J. A. Comenius, 1592~1670)

1. 교육사상

- 실학주의 교육의 대표자이며 근대교육의 아버지
- 신학적 자연주의(도덕교육과 종교교육 강조)
- 부모교육의 선구자
- 남녀평등, 교육의 기회 균등 주장

1) 교육목적
- 신에 영합되어 영원한 행복을 누리는 것(신의 질서에 의한 세계 평화 주장)
- 종교 중심의 교육목적(종교적인 교육 이해)
- 지적, 도덕적, 종교적 도야를 통하여 천국의 생활을 준비
- 교육을 목적이 아니라 수단으로 이해함

2) 교육내용
- 범지적, 백과사전적 내용을 통하여 통일적 우주관을 확립
- 교과의 조직은 실학주의적 입장에서 교과 조직을 체계화

3) 교육방법
- 합자연의 원리(객관적 자연주의): 자연성의 법칙에 따라 교수하는 것이 효과적
- 직관의 원리(사물교수론): 감각을 통한, 즉 직접적인 사물을 통한 교육이 효과적
- 전인교육의 원리 강조
- 훈육 강조(훈련 없는 학교는 물 없는 수차와 같다.)
- 합리적인 연역적 설명방식

4) 교육제도 및 단계

- 초등교육의 보편화를 주장
- 교육은 인간개혁과 사회개혁을 위하여 모든 사람에게 개방
- 학교제도 개혁론을 주장(단선형 학제로 개혁할 것을 주장)
- 6년의 4단계: 어머니의 무릎학교, 모국어 학교, 라틴어학교, 대학 및 여행

2. 공헌

- 단선형 학교제도의 아이디어 제공
- 범지학의 선구자이며, 학교교육을 통한 보편적 공통교육에 기여
- 『대교수학』: 세계 최초의 체계적인 교육학 저술
- 『세계도회』: 직관의 원리에 의하여 그림이 삽입된 최초의 교과서

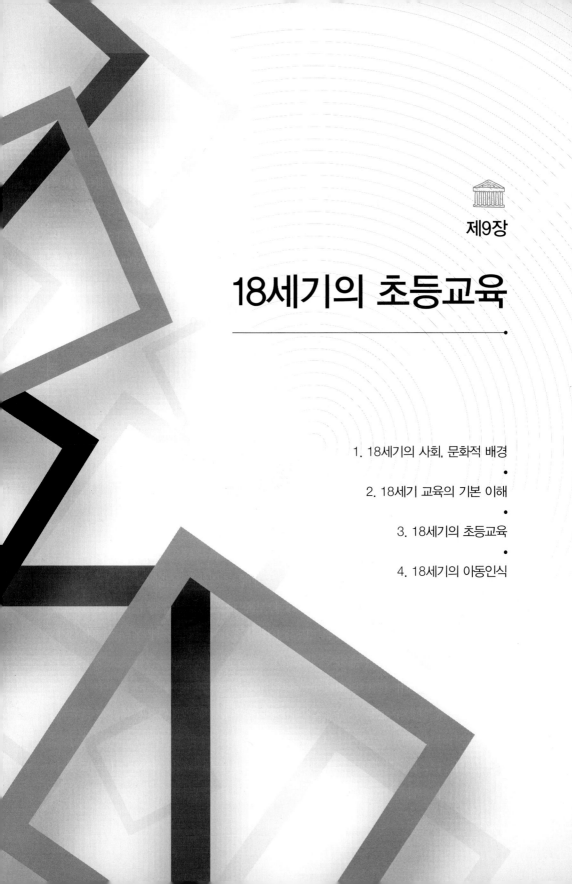

18세기의 초등교육

자연은 아이들이 어른이 되기 전에 어린이이기를 바라고 있다.

만약 이 순서가 바뀌면, 설익어서 맛이 없고, 금방 썩어 버리는 과실이 된다.

– J. J. Rousseau

1. 18세기의 사회, 문화적 배경

18세기 계몽주의는 영국의 명예혁명(1688)에서부터 프랑스 혁명(1789)에 이르기까지 대략 100년간의 시기로, 중세로부터의 전통, 사회제도, 인간관 그리고 비과학적인 세계관 등이 유럽의 르네상스와 종교개혁을 거치면서 서서히 근대사회로의 전환의 토대를 마련한 시대이다. 즉, 봉건사회가 해체되고 절대주의 국가들이 성립되는 한편, 근대사회의 정신적 변혁의 원동력인 계몽주의가 대두하였으며, 미국의 독립혁명 및 프랑스 시민혁명이 이루어졌던 시기이다.

18세기는 더욱 진전된 산업화와 경제 발전에 따른 중산층의 확대와 사회적 지위 상승 욕구, 종교개혁으로 인한 평등인권사상의 요구, 시민혁명에 의한 정치적 변화, 과학기술의 발전으로 인한 이성 신뢰와 인식론의 진보 등 사회 변화를 위한 다양한 요인들이 복합적으로 영향을 준 시기로, 오래된 인습과 전통이 인간 이성의 기준에 의해 재조명되고 비판받았던, 합리적인 인간 삶을 추구했던 시기이다.

따라서 18세기에 비판의 대상이 되었던 것은 당시 유럽의 절대주의 정치체제, 억압된 경제조직, 비과학적인 인간관과 세계화 등으로, 이에 대한 불신은 과학의 합리성과 인간 이성으로 극복될 수 있는 것으로 여겼다.

18세기의 시대적 배경

18세기는 17세기의 자연과학의 발달로 인해, 과학적 패러다임의 사고가 더욱 확산되었다. 특히 뉴턴의 '만유인력법칙'에 의해 자연을 연구하려는 경향이 과학자뿐만 아니라 철학자에게도 큰 영향을 주었다. 즉, 신비적 세계관에 대해 전통적인 종교적 사고방식을 부정하고 인간 이성의 세계관을 확립하려고 했다. 이에 인문주의자들에 의한 교육과정이 비현실적이고 비실제적임에 더욱 반발하기 시작했다.

18세기의 시대적 변화는 다양한 분야에서 일어났다. 먼저 사상적 측면에서는 합리주의, 자연주의 그리고 실학주의를 중심으로 자유의 풍조가 고조되고 개인의 권리를 존중하는 자유주의적 사상들이 풍미했으며, 이는 자연과학의 발달, 산업혁명, 모국어의 발달에 큰 영향을 미쳤다. 특히 자연과학의 진보는 전통적 고전을 중시하는 교육과정을 비판하며, 교육에 있어서의 고전주의와 실학주의의 대립이 뚜렷이 나타났다.

정치적 측면에서는 17세기부터 18세기에 걸쳐 나타난 절대주의 정치체제는 중세의 봉건체제에서 근대적 민주체제로의 과도기적 정치 양상을 보였으며, 절대주의 정치체제에 대한 비판으로서 전제 군주정치를 배격하는 시민혁명운동을 통하여 인간 스스로 억압에서부터 탈출하려는 노력이 있었다. 특히 프랑스 시민혁명은 학급 단위에 의한 개혁으로 시민혁명으로 인해 교회로부터 국가가 교육주체를 찾게 되어, 교육이 세속화되고 근대화되었다는 데에 큰 의의를 갖는다.

또한 경제적 측면에서는 과학의 발달과 발명 그리고 대륙 발견이 촉진되고 제조공업의 발달로 생활양식이 풍부해지기 시작했다. 한편, 종교적 측면에서는 특히 이신론(理神論)을 중심으로 이성의 진리만을 신봉하고, 인간의 지성과 이성을 해방하여 인간의 지성적 자율을 수립하려는 경향이 강해졌다.

따라서 인간을 보다 인간답게 그리고 인간을 속박하고 인간성을 억압하고 소외하는 일체에서 해방되어야 한다고 주장했다. 이러한 다양한 측면에서의 변화의 중심에는 인간 중심주의적 사고방식이 있었다. 즉, 인간을 보다 인간답게 보는 것을 중시하고 인간을 속박하고 인간성을 억압하고 소외하는 일체에 저항하고 해방되어야 한다는 것이다.

계몽주의의 일반적 성격

계몽주의란 절대왕정의 구속과 억압을 제거하고 절대주의의 몽매함을 일소해야 한다는 구체제(Ancien Regime)에 대한 정치적, 사회적 그리고 교육적 개혁운동이다. 칸트(Kant)에 의하면 계몽이란 "인간 스스로의 미성년 상태로부터의 탈출 또는 해방" 또는 "자기 자신의 오성을 사용하는 용기를 지녀라" 등으로 요약할 수 있으며, 한마디로 계몽사조는 이성의 시대(the age of reason)이다(Butts, 1955). 이처럼 계몽주의는 전통사회의 모순을 추방하려는 합리적 · 비판적 정신, 즉 인간의 지성적 자율을 수립하려는 사상 및 운동으로, 인간의 기본권을 제한하는 전통사회의 여러 가지 정치적, 사회적, 종교적인 제도상의 구속에서 벗어나려는 운동이다.

특히 계몽주의는 이성에 의한 보편타당한 진리 가치를 추구하는데, 이는 합리적인 사고방식과 그에 따른 행동양식을 추구하는 것으로 계몽주의자들에게 있어서 추리력은 계몽운동의 유일한 수단으로 강조되었다.

계몽주의는 자유주의, 합리주의, 현세주의, 인간중심주의 그리고 반전통주의의 성격을 가지고 있으며, 특히 개인은 독립, 불가침의 권리를 가지는 것으로 보아 반역사주의, 반민족주의, 초국가주의적 성격의 개인주의적 경향이 강했다. 또한 인간 이성의 해방을 강조하는 계몽사조는 특히 교육에서 인간의 내적 자연의 본성을 강조하였으며, 이러한 사고방식은 근대 교육의 지식 발달을 가져온 계기가 된다. 이러한 18세기의 계몽주의 사조로는 합리주의와 자연주의가 있다.

이와 같이 18세기 계몽주의는 현실 사회의 모순점과 부정부패를 시정하고, 봉건 신분사회의 절대왕정 체제를 타파하고, 귀족 중심의 특수층을 위한 교육을 비판하며 무지나 미신을 타파하기 위하여 교육을 통한 인간의 무한한 지적 능력을 발휘하도록 했다. 따라서 문예부흥운동이 자연과 인간의 발견이라고 한다면, 계몽주의는 인간 스스로의 발견이라고 할 수 있다. 또한 18세기는 초국가적이고 반전통적인 경향으로 세계시민적 성격을 띤 범애주의가 대두되기도 했다. 그러나 계몽주의는 극단적 비이성의 설정과 이성주의의 강화로 정의적 가치가 결여된 한계를 갖고 있으며, 이는 19세기 신인문주의 등장의 계기를 마련하게 된다.

2. 18세기 교육의 기본 이해

계몽주의와 교육

계몽주의 운동을 통한 교육의 통제는 정치적, 경제적 그리고 종교적 관습에서 나타난 변화를 반영한 결과이며, 국가가 점차 강력해짐에 따라, 교육의 국가적 통제는 더욱 크게 부각되었다. 반면, 유럽 대륙과는 달리 영국에서의 교육의 통제와 지원은 종교적이고 개인적이었으며, 학교는 영국 국교회(성공회) 소교구들, 교회에 반대하는 사람들에 의한 개인 기부, 그리고 교회의 기부청약(subscription)에 의해 지원되었다(Butts, 1955).

또한 계몽주의 시대 교육은 인간의 타고난 소질과 능력을 발전시키고 이성을 계발시켜 개인의 행복과 합리적 사회로의 개선을 추구하는 데 중점을 두었다. 따라서 계몽주의자들에게 있어서 교육의 가능성은 극대화되었으며, 그들은 교육을 통한 사회개조 및 역사적 진보의 가능성을 믿었다.

계몽주의의 교육목적은 개인의 이성을 발달시켜 생활을 냉정히 비판하게 하고, 이성적으로 사리에 맞게 생활하게 하는 데 있었다. 따라서 교육에 있어서 핵심은 인간의 이성에 따라 판단해 볼 기회를 주는 것이며, 그 경험을 통해 이성을 발달시켜 자각을 추구하도록 하는 데 있다. 특히 이를 위해 계몽주의자들은 추진력을 길러 이성의 자유를 속박하는 종교, 정치제도, 사회구조 등 모든 권리를 제거하도록 하였다. 이와 같이 계몽주의 교육은 이신론에 기초하여 종교의 몽매성과 독재적 전제주의에서 오는 독단, 전통, 편견, 격정, 부정, 특권 등을 배제하여 이성적 판단에 의한 자율적 의지의 삶을 살도록 했다 (Wilds & Lottich, 1942).

계몽주의자들은 합리적인 것만을 구성하고 이치에 맞지 않는 것은 무엇이든지 배제하였기 때문에, 철학과 과학이 가장 가치 있는 교과목으로 인정되었다. 또한 정치, 문학, 예법 등 주로 실용성 있는 교과는 강조된 반면, 종교나 실제 생활의 현실은 등한시했다. 따라서 계몽주의의 교육방법에 있어서 이성의 훈련은 무엇보다도 중요했고 계시, 상상, 감정적인 것은 인정되지 않았으며 냉정한 비판적, 분석적 태도를 기르는 데 중점을 두었다. 특히 볼프(Wolff)의 능력심리학에 기초를 둔 형식도야설이 강조되어, 감각과 훈련의 전이 효과를 중시했다. 계몽주의 교육방법의 주요한 특징은 추리력과 지성을 인간생활과 모든 제도에 적용하도록 했기 때문에, 이성적인 면에만 관심을 갖고 감성적인 면은 등한시하였다.

18세기 계몽주의를 통하여 근대국가로의 발달과 보통교육제도의 정비 그리고 특수교육의 발달 등 학교교육제도가 다양화되었으며, 다른 시기보다 학교에 갈 기회가 많았다(Butts, 1955). 따라서 계몽주의 교육에 있어서 가장 광범위한 의의 중의 하나는 시민을 위한 교육의 발달이다. 그러나 초등교육은 중등교육 이상의 학교와 연계되지 못하고 서민계층의 학교로만 유지되었으며 중등교육은 상류계층의 전유물로 되어 마치 연계성이 없는 평형관계에 있었기 때문에, 서민교육의 자제들은 초등교육만으로 학교교육을 마치는 것에 만족해야 했다. 반면, 중등교육이나 고등교육은 비록 종래의 인문적 교사가 주를 이루었지만, 교과내용에 많은 변화가 있었다. 그러나 종교적 세력이 교육계를 위압하면서 부당한 간섭이 잦아져 결국은 교회가 학교경영과 교사감독 역할을 하였다.

합리주의와 교육

합리주의는 기본적으로 계몽주의적 경향을 취하지만, 모든 사상을 단지 이성 권위에 의해서 판단하는 것이 아니라 인간의 합리적 이성에 의해 판단하려고 한다. 그러나 합리주의는 계몽주의만큼 인간의 이성적 힘을 소수의 지적인 귀족에 국한되어, 인간의 자유의지를 일반 대중에까지 일반화시키는 데에는 한계가 있었다.

합리주의의 교육목적은 인간의 기본 자유를 억압하는 종교, 정치, 사회의 모든 권위에서 벗어나, 지적인 능력을 기르고 인간의 이성을 계발하는 데 있었다. 따라서 합리주의 교육의 핵심은 이성 의지의 함양보다는 오히려 이성의 힘으로 스스로 생각하고 추리하고 해결하는 지적인 능력의 함양에 있었으나 인간을 포함하는 모든 사회적 문제를 적극적으로 해결해 나가는 지성의 수준까지 나아가는 데는 한계가 있었다.

합리주의 교육은 예의, 언어, 사교 등을 포함한 태도 교육도 강조하였으나 어디까지나 형식적인 수준에서 다루어졌으며, 주된 내용은 철학, 자연과학, 정치, 문학, 예법, 수학, 라틴어 등이었다. 따라서 이성적 판단이 아닌 정의적 측면의 윤리나 도덕의 경우는 소홀히 했으며, 종교는 배제되었다. 그러나 합리주의의 교육내용은 그 어느 시대보다 더 포괄적이며 보편적이었다.

합리주의 역시 계몽주의 교육과 마찬가지로 능력심리학에 기초한 형식도 야설에 의한 훈련의 전이효과를 중시하였으며, 수학, 라틴어 등에 의한 일반적 정신능력의 단련에 중점을 두었다. 특히 이성 훈련에 의한 비판적 분석과 추리력 등이 강조되었으며, 감각적 실학주의의 영향으로 감각의 직접 경험 역시 중시되었다.

자연주의와 교육

자연주의는 계몽주의 교육사상의 핵심으로, 인간발달은 자연에 순응해야 한다는 전제하에, 교육은 인간발달을 자연법칙에 일치시키는 것, 즉 자연의 법칙을 발견해서 교육의 과정에도 적용해야 함을 주장하였다. 특히 교사나 교과 중심의 체제에 비판적이었으며, 자발성과 개성을 발휘시키는 것을 중시했다.

자연주의에 있어서 교육은 기본적으로 전인을 전제로 아동의 성장과 발달에 관한 연구에 토대를 두어야 한다고 주장한다. 특히 인간의 선천적인 선과 덕성을 보존하며 본래의 개인 권리를 인정하는 데 기초를 두는 사회를 건설하고자 한다. 자연주의 교육은 교과 중심의 인위적인 사회의 관습과 신념의 주입보다는 아동 자신의 천성에서 나오는 활동과 흥미를 강조하였다. 따라서 학교는 단순히 지식을 획득하는 장소가 아니라 경험하는 활동의 장소여야 하며, 자연이 곧 중요한 교과서이며, 사물의 세계가 생활하고 활동하는 경험 공간의 내용이 되었다.

아동 중심의 자발성을 강조한 자연주의의 교육방법은 기본적으로 개별교수와 직관교수로, 특히 르네상스를 계기로 중시된 자연 및 자연법칙을 교육실제에 적용하려 했다. 즉, 아동의 선천적인 능력을 신장시키기 위해 자연법칙을 관찰하여 따르도록 했다. 또한 엄격한 규칙이나 인위적인 사회 관습의 강요보다는 내적 자연의 명령을 따르도록 했다. 따라서 교사의 임무는 자연의 질서를 통해 아동의 내적 자연을 발현하게 하는 데 있었다.

　이러한 자연주의는 자연 인식의 관점에서 객관적 자연주의와 주관적 자연주의로 구분될 수 있다. 먼저 객관적 자연주의는 '외계의 자연법칙'에 따라 교육하는 것을 강조한 17세기 감각적 실학주의에 기초하였으며, 대표자로 라트케(Ratke), 코메니우스(Comenius)가 있다. 반면, 주관적 자연주의는 '심리적 자연주의'라고도 하는데, 일반적으로 18세기 자연주의는 주관적 자연주의로 불린다. 대표자로는 루소(Rousseau)가 있는데, 그의 '자연으로 돌아가라'는 바로 외적 자연의 세계가 아닌, 내적 본성의 자연으로 돌아가는 의미이다. 따라서 주관적 자연주의에 있어서 아동은 더 이상 성인의 축소판이 될 수 없으며, 고유한 발달단계를 가진 존재로 이해하였다.

　자연주의는 계몽사상이 18세기에 이르러 그 절정을 이루면서 대두되었다. 인간의 정의적 가치의 결여와 실학주의에 대한 반성으로 출발한 자연주의는 18세기 후반부터 19세기 전반에 이르는 교육 전반의 사상에 영향을 주었지만, 자연주의는 이미 16세기의 라블레(Rabelais), 몽테뉴(Montaigne), 17세기의 라트케, 코메니우스, 그리고 18세기의 루소에 이르기까지 오랜 역사를 통해 18세기 말에 그 절정에 이르렀다. 이후 자연주의는 루소 이후 범애주의자들과 페스탈로치(Pestalozzi)의 교육사상으로 이어지는 자발성과 합자연성의 중핵이 되었으며, 새교육운동의 기저 사상이 되었다.

범애주의와 교육

　범애주의는 18세기 루소의 자연주의 교육사상에 직접적인 영향을 받아서 기독교적인 견지에서 적극적으로 루소의 사상을 교육실천으로 전개하려는 운동이다. 즉, 루소가 사상적으로 새로운 교육의 방향을 제시하였다면, 범애주의자들은 이를 교육의 실제에 적용하기 위해 당시의 교육을 개선하려고 노력한 사람들이다. 특히 루소의 인간 경애와 박애정신을 독일에서 교육실천으

로 옮기려 노력한 범애주의는 바제도
(Basedow)가 데사우(Dessau)에 설립
한 범애학교(Philanthropinum)에서 비
롯되었다. 이 운동은 잘츠만(Salzmann)
에 의해 실제적인 학교경영으로 전개
되었으며, 이후 독일 교육에 크게 공헌
하였다.

그림 9-1 **잘츠만 학교**

　범애주의의 교육목적은 인류를 사랑
하고 공익적이며 행복한 인간을 양성(잘츠만)하는 데 있었으며, 교육을 통해
인류애를 실현하고 행복을 증진(바제도)하는 것이었다. 따라서 이들의 교육은
빈부의 차별이나 종파의 구별 없이 모든 개인의 행복을 추구해야 한다는 범
애정신으로 교육실천 운동을 전개해 나갔다.

- 체육: 건강한 신체는 현세적 행복의 기초
- 덕육: 사유와 행동이 합치되도록 하여 도덕적 품성 도야
- 지육: 인생에 유익한 공익적 지식 중시

　범애주의 교육은 생활에 필요하고 유용한 지식과 기능을 갖추게 하는 것을
중시했다. 특히 행복한 생활에 필요한 조건은 '신체의 양육'과 '정신도야'라고
보고, 체육을 중시하고 건강 증진을 위한 실제적 교육내용을 교수했다. 따라
서 범애주의 교육은 자연과학, 지학, 수학, 물리, 박물학, 음악, 무도, 회화 등의
실과 교육을 중시하였으며, 사실적 역사와 일화를 통해서 도덕을 가르치고,
언어교육은 실제적인 대화에 의해서 바른 모국어 능력을 갖추도록 했으며, 고
대어나 외국어는 필요 불가결한 것만 습득하도록 했다.
　이와 같이 범애학교에서는 실물과 그림을 통한 교수가 학교교육에 널리 행
해졌고, 학교 밖 생활과 교실수업이 더욱 밀접하게 결합하는 계기가 되었으

며, 정규 교과에 선반, 판 깎기, 목공 등의 내용을 도입함으로써 그러한 성격의 교육내용의 가치를 처음으로 인정한 의미를 갖고 있다.

범애주의 교육은 기존의 전통적인 교사 중심적 학습을 지양하고, 직관에 의한 교수와 가혹한 강박적 수단 및 체벌을 피하고 다정다감한 인간애로서 즐거운 학습을 하도록 유희에 의한 교수방법을 중시했다. 또한 아동 자신의 발견에 참여하는 문답법을 통하여 아동의 자발성을 강조했다. 그리고 범애주의 교육은 교재를 아동의 이해력에 맞도록 쉬운 것에서 어려운 것으로, 가까운 것에서 먼 것으로 배열하였으며, 아동의 흥미를 중시하고 체벌을 금지했다.

3. 18세기의 초등교육

당시 영국 사회는 급속도로 여러 계층으로 나누어졌다. 상류계층에는 귀족, 상인, 그리고 새로운 사업가와 공장주 등이 포함된다. 그들은 여유 있는 집에서 여가 생활을 누렸다. 하류계층은 적은 임금으로 공장이나 일터 혹은 농장에서 오랜 시간 동안 일을 하면서, 부족하고 단조로우며 고되기까지 한 비참한 생활을 했다. 그래도 지방에 사는 가난한 사람들은 적어도 채소를 기르기 위한 신선한 공기와 공간을 마음껏 누릴 수 있었지만, 도시의 가난한 사람들은 고약한 냄새가 나는 거름 퇴적물과 함께 습하고 더러운 헛간에서 살았다.

이러한 두 집단들에 대한 교육은 그들 자체의 생활방식을 고스란히 반영했다. 상류계층의 아들들은 신사(gentleman)가 되기 위한 교육을 받기 위해 넓은 기숙사제 학교(boarding school)에 다닌 반면, 하류계층의 아동들은 읽기와 쓰기 등 초보적인 것을 배우기는 했지만, 어떠한 학교교육을 전혀 받지 못하는 경우가 많았다(Busher, 1986).

18세기 이원화된 교육제도는 공교육보다는 사교육에 더 호의적이었는데,

사립학교에서 또는 집에서 개인적으로 교육하는 것은 가정의 결정에 달려 있다는 영국의 교육적 전통을 보여 준다(이원호 역, 1998: 477). 특히 유럽사회의 상류계층에게는 라틴어 문법학교가 주를 이룬 반면, 하류계층에게는 다양한 형태로 낮은 수준의 초등교육 단계의 학교들이 제공되었는데, 이러한 두 가지 계층의 학교 형태는 동일한 교육제도하에서의 높고 낮은 단계라기보다는 사회계층의 수준을 조장하는 완전히 다른 형태의 학교였다(이원호 역, 1998: 355).

당시 초등학교는 본질적으로 읽기학교(reading school)가 주를 이루고 있었는데, 초등학교의 기본적인 학업은 읽고 쓰는 능력을 길러 주는 것이라고 인식했다. 그러나 쓰기와 읽기에 대한 관심은 중산계층의 부흥과 함께 점차 커졌으며, 노래, 음악 역시 종교적 신앙의 목적으로 찬송가를 부르게 하고, 애국적인 노래를 가르침으로써 더 높은 관심을 갖게 되었다. 당시 하류계층에게 제공된 초등학교로는 다음과 같은 유형들이 있었다.

- 아줌마학교(dame school): 읽고 쓸 수 있는 마을의 아줌마들이 자신의 집에서 마을 아동들을 모아 읽기와 쓰기를 가르쳤던 학교
- 습자학교(writing school): 주로 아줌마학교에서 읽기와 쓰기를 배운 아동들에게 습자와 계산 등의 초보적 수준의 기능을 가르쳤던 학교
- 일요학교(Sunday school): 주중에는 근로 때문에 학교에 다닐 수 없었던 아동들을 대상으로 기독교적 목적하에 주일에 초보적 내용을 가르쳤던 학교
- 자선학교(charity school): 기부금에 의해 세워진 학교로 빈민의 아동들에게 읽기와 쓰기 등을 가르쳤던 학교
- 노래학교(song school): 간단한 읽기와 쓰기를 가르친 학교지만, 주로 찬송가를 중심으로 가르쳤던 학교

그림 9-2 아줌마학교   그림 9-3 자선학교

특히 17~18세기를 통해 유럽 대부분의 지역에서는 하류계층의 경제적 지위가 매우 낮았으며, 빈곤과 그에 수반되는 아동 양육 및 교육 문제는 심각해져 갔다. 이러한 사회경제적 상황을 극복하기 위해 영국에서는 특권층이나 귀족층들 중에 그들에게 호의를 갖고 자선을 베푸는 경우가 생기면서 아동교육에 관심을 갖게 되었다. 이러한 하류계층의 상황을 다소 해결하기 위한 노력으로 가난 해결의 호의를 가진 사람들과 그들에게 자선을 베풀고자 한 상류계층의 일부 사람들이 자선학교를 설립하였는데, 특히 '기독교리회(Society for Promoting Chiristian Knowledge)'와 그 분과 기구인 '해외복음전도회(Society for the Propagation of the Gospel in Foreign Parts)'는 그러한 형태의 학교를 지원한 주요 기관이었다.

이러한 학교들은 아동이 도제교육을 받을 수 있도록 읽기, 쓰기, 셈하기를 충분히 가르치는 것을 목표로 하였지만, 기본적으로 교리를 가르치며 그릇된 행동을 하지 않게 하고 신을 모독하지 못하게 하는 것이 3R's보다 더욱 중요했다. 또한 아동들이 자활할 수 있도록 바느질, 뜨개질, 실잣기 등과 같은 유용한 것들이 교육과정에 포함될 수 있도록 권고했다(송준식, 사재명, 2006).

18세기 역시 인간의 평등과 자유를 강조하는 계몽주의 시대임에도 불구하고 일부 진보적인 사상을 가진 사람을 제외한 대부분의 사람들은 여성과 남성을 동등하게 보지 않는 경향이 지배적이었고, 여성은 종의 재생산에 종사하고, 어머니이자 딸이며, 가정주부이자 아내로서 존재했다. 따라서 여아 교육은 남아 교육과는 근본적으로 달랐으며 남녀의 역할이 다르듯이 여아 교육은 아내나 어머니로서의 역할을 하도록 준비시키는 '실용적인' 성격의 목적이 강했다(조경원 외, 2005).

18세기 중엽 이후에는 초등교육을 개선하고자 하는 변화의 움직임이 있었다. 특히 개신교의 각 종파가 종파의 대립을 완화시키고자 하는 경향으로 인해 교육의 변화를 야기했으며, 경제적·정치적·국가주의적 요인들로 인해 18세기 말에는 아동교육에 대한 변화의 요구가 강해졌다. 그러나 18세기 당시 초등학교의 주 형태는 독서학교였지만, 교육내용은 여전히 종교에 관한 것이 대부분을 이루었고 공통교과로서 실제의 생활을 준비하기 위한 읽기, 쓰기, 셈하기를 가르쳤으며, 음악과 미술도 가르쳤다. 당시 '프랑케 학원'에서는 초등교육을 실시함에 있어서 역사, 지리, 자연을 부수적으로 가르쳤는데, 프로이센은 1763년의 일반학교령에서 초등학교에 프랑케 학원을 모범으로 인문 및 자연 교과를 가르치도록 규정하였다.

일반적으로 18세기 교사의 지위는 계몽주의 운동이 이루어지는 동안 비교적 낮은 수준이었는데, 초등학교의 교사는 대부분 다른 직업을 함께 가지고 있었고 부업으로 학교에서 가르치는 사람도 많았기 때문에 학교에서 가르치는 것으로만 생계를 유지할 수 없었던 교사는 양복 만들기, 목수, 직물 짜기 등의 일을 병행했다. 반면, 문법학교와 중등학교에서 가르치는 교사는 더 많은 수업료를 받았기 때문에 보다 잘 살았으며, 일부 교회의 교사직은 높은 수준들을 유지하고 있었다(Butts, 1955).

4. 18세기의 아동인식

17세기 말부터 시작해서 18세기부터는 아동에 대한 인식과 아동교육의 방법론에 새로운 변화가 나타났다(Hendrick, 1997). 특히 인간의 본성을 원죄설로 접근했던 전통적인 종교적 인간관을 비판하는 관점이 등장하게 된다. 물론 엄격한 훈련과 규범이 남아 있기는 했지만, 보다 진정한 관심과 아동 중심적인 관점이 나타나기 시작했는데, 이는 18세기뿐 아니라 19세기의 아동교육에도 큰 영향을 주었다(Johnson, Christie, & Wardle, 2005). Ariés(1962)는 17세기 말부터 18세기에 이르러 아동 개념이 풍부하고 중요하게 부각되기 시작했고, 이는 근대적 현상의 하나라고 주장했으며, 근대적 의미에서 아동의 발견을 농업 의존형 사회에서 탈피하여 공업화 사회로 전환하기 시작한 17~18세기의 서구사회에서 찾는 것은 최근 역사학의 정설이라고 주장한다. Postman(1994) 역시 18세기 이후 아동의 의복이 성인의 것과 구분되기 시작했으며, 아동을 위한 도서들이 출판되고 아동을 특별한 계층으로 인정하려는 노력을 통해 근대적 의미의 아동기 개념이 형성되었다고 주장한다. 이와 같이 근대 이후 아동은 성인과는 구별되는 존재로서 인정되기 시작했다.

사실 서양에서 기독교적 전통은 일반적으로 아동의 양육과 교육에 있어서 아동을 구속받아야 하는 존재로 인식하며 아동에 대한 구속과 억압은 사회적 지지를 받았었다. 즉, 하나님은 부모가 자녀의 방종을 없애기를 바란다는 확신을 지니고 아동들이 마음대로 하는 것을 억제하는 것을 양육의 과정에서도 일차적 과제로 삼았다. 따라서 수면 통제, 간식 규제, 식사예절, 규칙적인 가족 예배, 체벌 사용 등을 통한 좋은 습성의 개발과 같은 궁극적인 목적은 교육적 차원에서보다는 종교적 차원에서 이루어졌다. 이러한 관점에서는 특정한 아동만이 비행아가 되는 것이 아니라 모든 아동들이 비행을 저지를 수 있게끔 원죄적으로 태어난다고 했으며, 아동은 어린 시기부터 적절히 통제 내지 훈육하지 않으면 스스로를 파멸시킬 충동을 가지고 있는 존재라고 인식했다.

따라서 아동은 죄의 온상으로 본질적으로 악하고 타락한 존재로 여겨졌고, 사회화, 종교적 훈련이나 교육은 매우 엄격하게 이루어져야 하며, 인간 본성 내부에 숨어 있는 짐승의 본능을 다스리고 나쁜 의지를 갖지 않도록 하

는 것을 목적으로 하였다(Johnson, Christie, & Wardle, 2005). 한 예로 성악
설적 아동관을 가진 18세기 영국의 청교도 복음주의자인 웨슬리(J. Wesley,
1703~1791)는 아동양육의 과정에서 더 늦기 전에 제멋대로 하려는 마음을 꺾
어야 하고, 전혀 말을 시작하기도 전에 그렇게 하는 것이 좋으며, 회초리를 통
해서라도 복종시키지 못하면 아이를 타락시키는 것이 된다고까지 생각했다.
이러한 관점에서 아동의 놀이 역시 '악마의 왼손'으로 여겼으며, 아동은 가족
으로서의 책임이나 집안일, 학업(성경) 등에 관심을 갖도록 놀이로부터 분리
되어 보호되어야 한다고 인식했다(Johnson, Christie, & Wardle, 2005). 결국
어린 아동들에게 자유와 독립을 인정해 주는 것은 위험하고도 무책임한 일이
라고 생각했으며, 학교는 양육의 과정과 마찬가지로 그러한 원죄의 정화를 위
한 수단적 역할을 인간사회로부터 위임받은 것으로 인식했다.

　이러한 전통적인 아동관의 사회에서 18세기경 아동에 대해 호기심과 관심
을 가졌던 많은 철학자들의 주장은 아동기에 대한 새로운 이해와 사회적 변
화를 불러일으켰다. 1680년대 케임브리지 대학에서 신플라톤주의 철학자들
은 아이들의 본성적 선을 주장하기도 했다(Hendrick, 1997). 특히 17세기 말
과 18세기, 아동기에 특별한 의미를 부여하고자 한 진보적 관점의 사상가에
는 로크와 루소가 있다. 이들은 자신들의 저서를 통해 아동기 자체의 이미
지(children in their own image)와 아동을 하나의 인격체(integrity of each
individual child)로 보기 시작했다(Cox, 1996). 즉, 아동기의 의미와 아동기 자
체의 특별함으로 아동기는 성인 세계와 구별되어야 한다는 관점과 아동기 자
체의 중요성은 현대적 의미의 아동인식을 강화하게 했다(Postman, 1994).

　로크는 유명한 백지설을 주장하여, 교육에 의해 인간은 유용하게 혹은 무
용하게 될 수 있다고 주장했으며, 루소는 인간의 본성은 선이며, 아동은 선한
본능을 내재하고 태어나지만, 오히려 아동을 성장과정에서 나쁘게 만드는 것
은 사회의 여러 제도와 인습이라고 주장하였다. 물론 이들의 생각은 서로 상
이했지만, 아동을 정적인 존재로 보는 것에 반대하고 변화하고 훈련시킬 수

있는 존재로 볼 것을 강조했다. 또한 아동이 단지 성인의 권위에 좌우되는 수동적인 존재라는 가정에 반박하여 아동을 이성과 존경으로 대해야 한다는 생각을 발전시켰다. 결과적으로 18세기는 아동기의 개념이 서양사에 실질적으로 출현하고 발견된 시기라고 볼 수 있다.

그러나 아동들이 받는 신체적 · 심리적 억압이나 강요는 20세기 후반에 와서야 상당히 많은 사람들에 의해 비판을 받았기 때문에, 당시로서는 아직도 전통적인 아동인식의 관점이 강했으며, 실생활에 있어서 실질적인 큰 변화는 없었다.

로크: 백지상태의 아동

로크는 1690년에 발표된 그의 유명한 논문인 「인간 이해에 관한 에세이(An Essay Concerning Human Understanding)」에서 인간이 지식을 획득하는 방법에 관한 자신의 신념을 제시하며, 기존의 '생득관념론'을 강하게 비판했다. 그는 처음 인간으로 존재하기 시작할 때부터 아동의 마음에 일차적인 개념 및 원리가 각인되어 있다는 견해는 증명될 수 없다고 전제하고, 아동을 'tabula rasa' 'blank slate' 'white piece of paper'와 같은 마음을 지니고 출생하는 존재라고 하면서 원래부터 악한 존재가 아니라고 생각했다. 즉, 사람은 태어날 때 어떠한 정보도 지니지 않고 있으며, 아동의 마음은 '깨끗한 백지'와 같다는 것이다. 따라서 로크는 아동을 성장해 가는 동안 겪는 모든 경험에 의해 자신의 성격이 형성되어 나가는 존재로 본 것이다.

특히 로크는 아동의 마음에 있는 내용 내지 지식은 경험으로부터 비롯된 것으로, 지식의 기원으로서의 경험(experience)은 감각(sensation)과 반성(reflection)으로 구분된다고 보았다. 즉, 전자는 감각을 통해 획득한 경험으로 '단순관념(simple ideas)'(예컨대, 노란색이나 부드러움)을 구성하며, 후자는 우리 스스로가 자신의 정신작용(예컨대, 생각이나 의지)을 지각하는 경험 자원이

라는 것이다. 그러나 모든 관념이 단순히 감각과 반성에서 직접 온 것은 아니
며, 비교하거나 적용하는 등의 '복합관념(complex ideas)'을 통해 형성된다고
보았다. 이와 같이 로크의 백지설은 환경론적 아동관으로, 아동은 동일한 잠
재력을 가지고 삶을 출발할 수 있다는 점에서 '평균적 아동(average child)'의
개념을 전제할 수 있지만, 양육받은 환경의 차이나 결핍에 따라서는 달라질
수 있다는 '사회적 실조(social deprivation)' 역시 가정하는 것이다.

그러나 로크의 백지설은 기본적으로 아동은 본래 어떤 성향도 갖고 태어나
지 않는다고 보며, 그들이 어떻게 변하는지는 전적으로 세상에서 겪는 경험에
달려 있다고 보는 관점이기 때문에, 아동을 수동적인 역할자로 보고 있다. 이
러한 관점은 그의 두 번째 저작인 『교육에 관한 몇 가지 생각(*Some Thoughts
Concerning Education*)』(1693)에 기술된 아동양육의 철학을 통해 확인할 수
있다.

루소: 천진무구한 아동

성선설의 아동관을 주장한 루소는 『에밀』(1762)에서 "신은 만물을 선하게
만든다. 그러나 인간의 손에 닿으면 타락한다. 인간은 이쪽 땅에서 저쪽 땅의
산물을 거두려 한다. 인간은 자연이 만든 그대로에 만족하지 않는다. 인간은
정원에 있는 나무와 같이 주인의 취향에 따라 다듬어야 직성이 풀린다."라고
주장하며, 인간을 향해 '자연으로 돌아가라'고 주장하였다.

프랑스 사상가인 루소가 강조한 '자연'은 인간이 본능적으로 갖고 태어나
는 내적 본성의 의지를 의미한다. 즉, 루소에게 있어서의 자연은 선한 본성의
의지를 갖는 내적 자연을 의미한다. 따라서 선한 본성의 의지를 갖고 태어나
는 아동들은 성인들과는 달리 취급되어야 하며, 인위적 교육은 오히려 아동
본성에 부정적일 수 있다는 것이다. 아이들은 옳고 그름에 대한 직관력을 갖
고 태어나는데 이것을 사회가 타락시킨다고 보았다. 이러한 성선설과 아동 본

성의 의미에 대한 루소의 주장은 교육의 중요한 원리를 강조하는 것이다.

루소에 의하면 아동은 충동에 따라 행동하려는 경향성을 지니고 태어나지만, 이것이 항상 나쁜 행동을 하는 것으로 귀결되지 않으며, 오히려 아동은 자연적인 충동과 경향성을 자연의 원리에 따라 발휘할 수 있도록 선한 본성을 보호할 필요가 있다고 주장하였다. 또한 아동의 발달과정에서 중요한 점은 개인적인 성향과 더 큰 사회로부터의 요구 사이에서 일어날 수 있는 갈등을 해소하는 것이지 아동의 자연적인 발달과 기운을 억압하고 방해해서는 안 된다는 것이다.

이러한 루소의 기본 관점은 아동을 독특한 발달적 잠재력(내재적 성장력)을 갖고 태어나는 존재로 인식하게 하였으며, 이러한 내재적 성장력은 환경이나 교육에 의해 의도적으로 통제되지 않으면 자연스럽게 최상의 발달로 이어질 수 있다는 점에서, 자연주의 교육관의 핵심 사상이 되었다. 이후 19세기 초에는 페스탈로치, 프뢰벨(Fröbel), 피아제(Piaget) 등이 루소의 사상적 영향을 일부 받아 광범위한 아동문학이 발전하였는데, 이는 『에밀』로부터 직접적인 영향을 받은 결과라고 볼 수 있다(송준식, 사재명, 2006).

로크
(J. Locke, 1632~1704)

1. 교육사상

- 감각적 실학주의자, 형식도야설의 대표자
- 실학주의 사상에 입각한 전인교육 주장

1) 교육목적

- 체, 덕, 지의 교양 있는 신사의 양성
- 극기적 단련주의에 의해 체, 덕, 지의 조화로운 발달

2) 교육내용

- 모든 신사가 자녀에게 남겨 주는 재산 이외에 자녀에게 바람직하다고 생각하는 것에는 덕성, 지혜, 훈육, 지식의 네 가지가 포함되어 있다.
- 체육 – 건강한 신체에 건강한 정신
- 덕육 – 이성에 의한 욕망의 지배로 미덕을 형성
- 지육 – 수학 및 라틴어 과목을 중시

3) 교육방법

- 신체적 건강을 가장 우위에 두고 덕육의 함양을 위한 훈육 중시
- 흥미, 유희 중시 – 아동의 자연적 기질에 따라 교수
- 학습동기 유발 – 명예심을 자극하되, 체벌은 금지
- 직관주의 – 경험적 방법 사용
- 가정교육 중시
- 순수한 놀이 중시

2. 공헌

- 근대 체육교육의 선구자
- 복선형 학제에서 단선형 학제로의 전환에 기여
- 범애주의자들의 교육사상에 많은 영향을 줌

루소
(J. J. Rousseau, 1712~1778)

1. 교육사상

- 계몽사상의 대표자 또는 이단자
- 주관적 자연주의와 자유주의
- 교육의 필요성 강조
- 합자연의 원리(20세기 학습의 본격적인 발달의 계기)
- 교육의 3요소: 자연, 사물, 인간
  - 자연: 인간의 자연성
  - 사물: 인간의 주위에 있는 환경 전체
  - 인간: 인간에 의한 인간교육
- 아동중심교육
- 생활중심교육
- 국민교육론: 국민의 사상 통일을 위해 초등교육이 필요

1) 교육목표

- 자연인, 도덕적 자유인의 양성(전인 양성)
- '진정한 자유인은 자기가 하고 싶고 할 수 있는 것만을 원한다.'

2) 교육내용

- 덕육교육(지육론과 훈련론)
- 지육론: 아동의 경험 중시, 자연적 순서 강조, 언어보다 사물을 통한 교육
- 훈련론: 아동의 성선설 강조, 특히 경험에 의해서 자연의 힘을 느끼도록 함

3) 교육방법

- 초기 교육은 가능한 한 방임적이고 소극적으로 함
- 자발성의 원리, 개성 존중의 원리 강조
- 직관주의, 실물 관찰교육 강조
- 체벌 반대: 아동의 잘못된 행동에 대한 벌은 자연의 벌(질병 등)로 충분

2. 공헌

- 페스탈로치에게 주관적 자연주의, 실학주의, 직관주의 등의 사상적 영향
- 범애주의 교육에 영향
- 교육방법의 진보적 변화에 영향
- 새교육운동에 영향을 줌으로써 현대의 아동중심교육에 영향

바제도
(J. B. Basedow, 1723~1790)

1. 교육사상

- 범애주의 교육사상의 대표자
- 루소의 『에밀』의 영향을 받음
- 1774년 데사우에 범애학교를 창설하여 경영
- 인간애에 대한 사랑, 애호, 행복을 주기 위한 교육
- 교육목적: 현세에 대한 행복 추구
- 교육내용: 덕육교육
- 교육방법: 아동 존중, 직관교수, 유희 중시, 체벌 금지
- 학습은 강제하지 말며, 학습은 자연의 순서에 따라서 쉬운 것에서부터 어려운 것으로, 가까운 곳에서 먼 곳으로 배열
- 초등교본(18세기의 『세계도회』): 직관교육 중시
  - 유익하고 재미있는 것만을 가르쳐라.
  - 아동이 흥미를 느끼는 것을 가르쳐라.
  - 아동이 생활할 수 있는 것을 가르쳐라.
  - 많이 가르치지 말고 유쾌하게 배울 수 있도록 가르쳐라.
  - 학습은 많이 가르치지 말고 참으로 유익한 지식만 가르쳐라.
  - 학습은 초보적으로 학습에 적당한 순서로 배우도록 하라.

2. 공헌

- 범애학교의 창설
- 교수방법의 실용주의적 접근 시도
- 교육의 국가 관리 강조

잘츠만
(C. G. Salzmann, 1744~1811)

1. 교육사상

- 목사직을 그만두고 범애학교의 종교교사 활동
- 모든 학생, 모든 교사는 전원 기숙사 생활
- 교사가 지켜야 할 11가지 원칙
  - 언제나 건강하여야 한다.
  - 언제나 쾌활하여야 한다.
  - 아동과 화목하게 사귀는 것을 배워야 한다.
  - 아동에 관한 사항에 따를 것을 배워야 한다.
  - 자연의 생산물에 대한 명료한 지식을 얻는 데 노력하여야 한다.
  - 근면이 일의 성취를 가지고 온다는 것을 배워야 한다.
  - 손의 사용을 배워야 한다.
  - 시간을 절약하는 습성을 길러야 한다.
  - 교사는 가족과 교육기관에 관계하여야 한다.
  - 아동으로 하여금 자기의 의무를 확신하게 하는 기능을 갖도록 하기 위한 노력을 하여야 한다.
  - 아동에게 행하게 할 것을 먼저 스스로가 행하여야 한다.
- 이상적인 범애주의를 달성하기 위한 학교의 조건
  - 학교는 도시에서 적당한 거리에 있어야 한다.
  - 교육은 교장 아래에서 통일적으로 감독이 이루어져야 한다.
  - 교육은 가능한 한 가족처럼 이루어져야 한다.

2. 공헌

- 국민교육에 많은 영향을 줌
- 체육발전에 관심을 기울여 공동 생활을 위한 훈련 강조

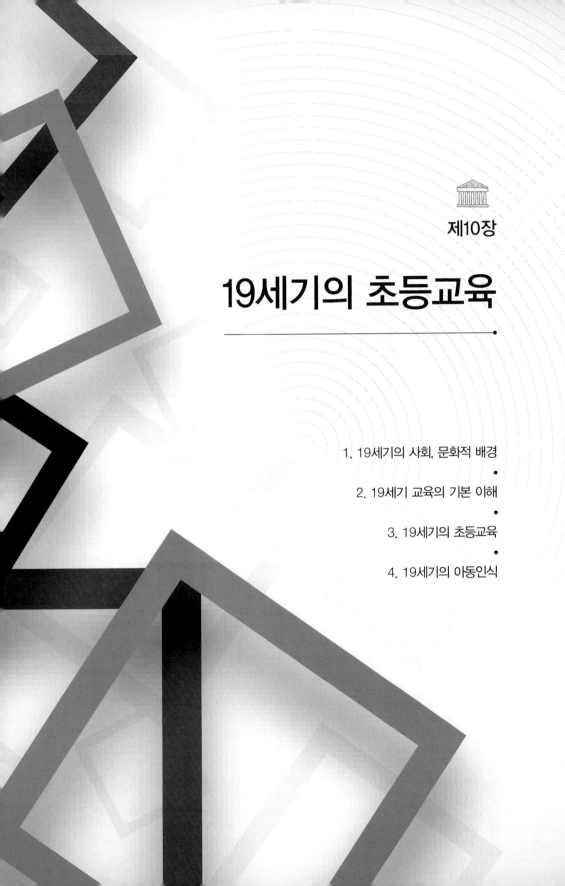

제10장

19세기의 초등교육

아이들은 그들만의 경험으로 성장한다.

- J. H. Pestalozzi

1. 19세기의 사회, 문화적 배경

근대사회로서의 19세기는 종교의 권위가 위축되고 세속국가의 권위가 크게 확대된 시기로, 18세기 말엽 이후의 영국의 산업혁명, 프랑스의 대혁명, 미국의 독립혁명 등을 통하여 정치적으로 자유주의와 민주주의 그리고 사회주의 사회로의 길을 연 시대이다. 또한 나폴레옹의 제국주의적 침공에 대응하여 유럽 각국이 자국의 이익을 위해 국가발전을 위한 국가주의가 출현한 시대이기도 하였다. 19세기 후반부터 20세기 초에 걸친 이러한 사회의 변화는 당시의 사회적, 정치적, 경제적 측면뿐만 아니라 교육 측면에도 심대한 영향을 끼쳤다.

특히 19세기의 산업혁명과 시민혁명의 영향으로 사회는 한층 더 복잡한 구조와 양상을 보이기 시작했으며, 과학기술의 발달에 힘입어 자본주의의 발달과 잉여자본의 축적으로 독점자본이 형성되기 시작하였으며, 사회적 갈등의 심화는 제국주의 정책을 촉진시켜 국가들 간의 경쟁적인 해외 진출이 시작되었다. 산업혁명의 결과로 공장제도가 발달함으로써 자본주의 경제체제가 확립되었고, 이로 인해 개인적 자유주의하에서의 사유재산이 극대화되기도 하였으며, 자연과학의 발달로 기술 혁신과 산업 발달이 촉진되었으며, 교통 · 통신기관의 발달로 국가 간 문화의 상호교류가 더욱 증대되었다.

19세기의 새로운 변화는 이미 18세기 중반에 나타난 산업혁명(Industrial Revolution)과 프랑스 혁명(French Revolution)을 기점으로 하여 급변했다. 유럽 대륙에서 프랑스 혁명과 나폴레옹 전쟁이 전개될 무렵, 영국은 이미 18세기 전반기부터 증기기계와 방직기계의 발명으로 산업혁명이 일어나 큰 변화가 있었다. 특히 프랑스 혁명(1789)은 중요한 전환기적 변화의 상징으로서, 본격적인 산업화와 맞물려 국내외적으로는 민중세력과 보수 기득권층의 갈등 심화와 제국주의화로 인해 불안정한 시기였다. 이러한 근대사회로의 발전은 근대 국민국가의 성립과 더불어 새로운 이데올로기를 필요로 했으며, 근대 자본주의 사회에서의 국민 또는 민족 차원의 권력이 대두되었다. 근대화 과정에서의 인구 증가는 의식주 해결을 위한 경제적 문제로 국가 간의 경쟁과 적의로 나타났으며, 한정된 자원으로 인한 원재료의 확보와 생산물의 판매를 위한 시장의 확보 그리고 새로운 영토 경쟁은 식민지 확장으로 발전되었다.

따라서 산업혁명과 프랑스 대혁명 이후 각 나라들이 자국의 번영과 발전을 위하여 부국강병 정책을 추구하면서 국가주의가 고조되었다. 이러한 국가별 경쟁에서 자국의 유력한 단결력은 언어, 종교, 민족성 혹은 역사성을 강조하는 애국심이었다. 이는 유럽의 각국이 국가발전의 수단으로 국가주의를 강조하며 식민지 획득을 위한 제국주의를 촉진시키는 계기를 마련하게 했다.

한편, 현실적인 혁명을 경험하지 못한 독일에서는 다양한 형태의 철학이 등장하여 19세기의 사상적 흐름을 주도하기도 하였다. 당시 주변국들과는 달리 독일은 봉건제도의 지배하에서 프로테스탄트 교회가 절대주의 권력과 결탁하여 이성 중시 사상을 비판하고 있었으며, 고대 희랍 문화를 동경하고, 그 문화를 자신들의 규범으로 삼고자 하였다. 따라서 독일은 이성의 독단적 편중을 경계하고, 인간의 능력의 조화로운 발달하에 새로운 미의 표준을 찾으려 했다. 또한 계몽주의가 경시한 인간성의 진실성과 심미성을 강조하고자 했으며, 이는 18세기 말에서 19세기 초의 독일을 중심으로 해서 일어난 신인문주의 운동으로 전개되었다.

신인문주의의 기본 이해

신인문주의(Neo-Humanism)는 18세기 말엽부터 19세기 초엽에 걸쳐 독일을 중심으로 일어난 새로운 관점의 인문주의 운동이다. 18세기 후반의 계몽주의는 인간의 의미를 합리적 이성을 통하여 탐구한 반면, 그러한 이성적 판단에 위반되는 모든 관습과 권위를 배척하였다. 따라서 인간의 이성적 측면만을 추상적으로 강조한 나머지 인간의 다른 정의적이고 심미적인 측면을 무시하는 한계를 가지고 있었다. 이러한 18세기의 계몽주의를 비판하고 등장한 것이 19세기 신인문주의이다.

원래 신인문주의는 프랑스 혁명 이후 1806년 나폴레옹이 베를린을 함락시키자 국가의 독립과 재건을 추구한 독일의 국가주의를 배경으로 독일의 문인과 지식인들 사이에서 일어났던 운동으로, 19세기 초 독일교육개혁운동의 사상적 토대이기도 하다(김인회, 2002). 특히 신인문주의는 범애주의의 뒤를 이어 18세기 후반에서 19세기에 걸쳐 독일에서 일어난 교육운동으로, 16세기의 인문주의가 키케로주의로 타락했던 문제를 지적하고 17세기의 실학주의의 공리성을 비판하는 동시에 18세기의 계몽사상의 이성 지상주의에 대항하는 운동이다. 따라서 19세기 신인문주의는 주지주의, 합리주의, 실리주의, 개인주의적인 18세기의 계몽사조에 반대하고, 고대 그리스의 문학, 사상, 인생관, 세계관을 부활시켜 고전을 정서적 · 심미적으로 다루고 감성적 태도를 중시했다. 결국 신인문주의는 인간의 이성만을 강조했던 계몽주의를 비판하며, 고대 그리스 세계를 동경하여 또다시 그 이상적 생활을 전인을 통해 실현해 보자는 교육사조이다.

신인문주의는 단순히 고전의 모방이 아닌 고전의 참정신의 습득을 통해 고대 그리스의 인생관이나 세계관을 부활시키고자 했다. 즉, 고대 희랍 문화의 단순한 모방이나 찬양이 아니라 희랍 문화가 포함하고 있는 그리스인들의 인생관, 세계관, 사상 등을 토대로 하여 자국의 역사와 민족성을 바탕으로 한 국민적 자각을 촉구하였다는 점에서 신인문주의에서는 국민적, 역사적, 민족적 색채가 강하게 나타난다(한명희, 1997). 또한 철학적 그리고 문학적 낭만주의가 교육적 관점에서 대두된 19세기의 신인문주의는 이성 또는 지성으로 해명할 수 없는 인간의 의미와 삶의 비밀을 감성적이고 심미적인 태도로 탐구하고자 하였다.

결국 합리주의가 주지주의, 이성주의, 개인주의, 현실주의적이었던 18세기와는 달리, 신인문주의는 정의주의, 감성주의, 민족주의, 역사주의 성격을 띠고 있었으며, 이러한 사상적 특징은 19세기 국가주의 교육의 사상적 배경이 되기도 하였다.

〈표 10-1〉 구인문주의와 신인문주의의 비교

구인문주의(16세기)	신인문주의(19세기)
로마 문화의 전통과 부활 강조	희랍 문화의 전통과 부활 강조
라틴 고전 중시	그리스의 문화 존중
고전을 모방	고전을 수단으로 하여 당대의 문화를 발전
문장, 문법, 언어 등의 중시	문학, 예술성, 인간의 내면적 특성 중시
지적인 측면이 주 대상	정서적, 심미적 고취 관심
귀족 중심	시민 중심
모방성, 실용성이 강함	자주 독자성 추구
실학 등장의 계기	20세기 자유주의, 진보주의에 영향
완전한 고전주의	반(半)고전주의

국가주의의 기본 이해

국가주의는 산업혁명의 발전과 더불어 자국의 번영과 영광을 위해 국가 교육의 이념으로 국민을 국가적 차원의 자원으로 일원화함으로써 대두되었다. 유럽에서는 시민혁명을 거치면서 근대적 민족국가가 성립(17, 18세기)하고, 산업혁명(18~19세기)의 결과로 민족국가 간에 군사적, 경제적 경쟁이 치열해졌다.

그러나 국가주의는 경제적, 군사적으로만 자국의 국가적 번영과 발전을 추구하는 데 한계가 있었으므로, 자국민의 안녕과 국가발전을 도모할 수 있는 근본 대책은 교육의 강조였다. 즉, 점차 유럽에서 민족 단위의 국가가 성립되면서 유럽의 국가주의가 더욱 구체화되었고, 모든 국가에서 직접 학교를 설립하여 자국민으로 하여금 국가에 충성할 수 있도록 양성하고자 했으며, 이들 학교를 국가의 목적과 이상 실현의 수단으로 삼게 되었다. 따라서 당시 유럽 각국은 자국의 교육적 과제를 매우 중요하게 인식했다.

특히 19세기에 국가주의 교육이 발전하게 된 결정적 계기는 나폴레옹의 침략적 제국주의에 대해 독일이 침략당하자 국민의 자각적 단결을 위해 국가 개념과 이념이 과열된 것이다. 결국 19세기 이후의 세계 각국은 국가와 관련된 공교육기관을 갖게 되었으며, 국가주의는 국가의 교육 통제를 통해 국가의 보존과 발전에 기여할 수 있는 국민교육에 관심을 갖고 국가 공교육제도를 확립하는 데 영향을 주기도 하였다.

따라서 19세기의 급격한 시대적 변화는 18세기 이후의 정치적, 경제적, 문화적인 변혁의 연속이었으며, 특히 국가주의는 교육제도의 외부적 체제의 확립에, 신인문주의를 통한 계발주의는 학교교육의 내부적 제 여건에 큰 영향을 미쳤다(Wilds & Lottich, 1942). 이러한 국가주의에는 국가의 존속과 국가의 번영을 목적으로 하는 적극적인 강국주의 형태인 자연적 국가주의와, 국가의 존속과 함께 문화국가로서의 발전을 동시에 목적으로 하는 문화적 국가주의 형태가 있다.

국가주의의 대표적 사상가들은 슐라이어마허(Schleiermacher), 호러스 맨(Horace Mann), 버나드(Barnard), 피히테(Fichte), 훔볼트(Humbolt), 그룬트비히(Grundtvig) 등으로, 당시 독일 철학자들은 특히 국가주의적 사상을 지녔는데, 이는 마치 우리나라의 일제 식민지하에서 안창호, 이승훈, 남궁억 등의 민족주의적 사상 형성과도 유사하다고 볼 수 있다.

〈표 10-2〉 18세기 범애주의와 19세기 국가주의의 비교

	범애주의	국가주의
특징	루소의 자연주의 교육사상 실천	국가라는 조직사회의 존속, 발전
목표	인류애의 실현, 민족적 · 종교적 차별을 초월	애국심, 조국의 영광, 국민의 단결, 현명한 시민성 배양
내용	3R's, 실과, 국어, 체육	3R's, 자국어, 역사, 지리, 체육훈련, 국가 정체성
방법	직관과 경험 중시	직관 자기활동, 보호, 억제, 조성
학자	바제도, 잘츠만	피히테: 국민교육 보급

과학적 실리주의의 기본 이해

19세기 후반기에 들어서서 대두된 과학적 실리주의는 자연과학이 발전하면서 실증적 연구방법과 다윈의 진화론에 영향을 받은 것이다. 과학적 실리주의는 신인문주의의 철학적 · 낭만적 경향을 비판하고 과학적으로 증명될 수 있는 실제적 사실을 강조한 것으로, 세계관이나 인생관을 확립하는 데 있어서도 현실세계의 경험과 법칙을 중요시하였다. 따라서 19세기는 자연과학이 발달함에 따라 과학적 지식을 통한 실생활 준비교육론이 대두되었으며, 천문학 · 생물학 · 생리학 · 물리학 · 화학 등 순수과학과, 농업 · 공업 기타 실제 생활의 거의 모든 면에 과학을 응용한 것이 특징이다. 이러한 과학주의는 자연과학주의, 실증적 방법, 주지적 기계주의, 자연주의(현실주의)적 성격을 갖고 있다.

따라서 과학적 실리주의자들은 정확한 실험과 조사에 의해서 발견될 수 있는 보편적 자연법칙과 일치하는 세계와 사회의 질서를 강조했기 때문에, 그들

에게 있어서 이상적인 사회 질서는 과학으로 형성된 원리와 법칙에 의해 설명될 수 있어야 하며, 과학을 유일한 사회 발전의 수단으로 보았다.

과학적 방법은 처음에는 정신활동에 관한 구체적 사실을 결정하기 위해 심리학 분야에 응용되었다. 1879년에 독일의 분트(Wundt)는 라이프니츠 대학에 최초의 심리학 연구소를 설치하였다. 분트는 감각작용과 감지과정에 관하여 실험과학적 방법으로 연구하였다. 영국에서는 갈톤(Galton)과 피어슨(Pearson)이 생물학, 유전학, 우생학, 사회학, 심리학 방면의 연구와 측정에 통계학적 방법을 발전시켰다. 비록 교육가는 아니었지만 그들이 사용한 통계학적 방법은 교육연구에서도 통계학적 원리와 명칭을 사용하게 되었다. 또한 비네(Binet)의 지능검사와 손다이크(Thorndike)의 과학적 측정도 교육의 양적 연구방법으로 사용되었다. 과거 고대와 중세에는 대화법, 문답법 등으로 추구되었지만, 근대에 오면서 지필검사를 통한 객관식 측정방법에 의해서 추구되었다. 이러한 풍조는 16, 17세기의 실학주의, 경험주의, 자연주의의 계통을 이어 보다 정밀한 과학적 방법을 토대로 발전한 것이다.

2. 19세기 교육의 기본 이해

19세기의 이러한 사회문화적 배경을 중심으로 19세기의 사상은 초합리주의, 역사주의, 국가주의, 실리주의, 실증주의 등으로 요약될 수 있는데, 특히 19세기 교육은 신인문주의, 국가주의 그리고 과학적 실리주의의 특징을 가지고 있다.

신인문주의와 교육

인성(지적, 정의적, 도덕적)의 조화로운 발달을 중시한 19세기 신인문주의 교육은 르네상스 이후 교육사조에 대해 전반적으로 비판의 입장을 취했다. 먼저 16세기 르네상스 인문주의가 언어 형식주의에 빠진 키케로주의로 타락했던 점, 17세기 실학주의가 지나친 공리주의로 치우친 점, 그리고 18세기 계몽사조가 비이성적 요소의 타파를 통한 극단적 이성 지상주의로 흐른 점 등을 비판하며 등장하였다. 따라서 신인문주의는 철학이나 문학에서의 낭만주의와 교육에서의 신인문주의로 나타난 교육사상적 체계를 총칭하는 말로, 계몽사상이 인간을 기계적이고 형식적으로 해석하는 데 대한 반발로서 인간의 정의적인 측면을 무시하지 않으며 인간성의 조화로운 발달을 추구하는 경향으로 나타났다.

- 심미주의, 문예주의 교육: 신인문주의에 기초를 두고 주정적 측면을 가미한 교육사조
- 이성적 도덕주의 교육: 칸트와 헤르바르트(Herbart)에 의한 도덕적 교육사상
- 사회적 인문주의 교육: 페스탈로치(Pestalozzi)와 그의 학파에 의한 사회적 교육사상
- 국가주의 교육: 피히테의 '독일 국민에게 고함'
- 과학적 실리주의 교육: 스펜서(Spencer)의 과학적 교육사상

물론 16세기 르네상스 시기에 등장하였던 인문주의와 기본적인 특징은 같으나, 주정주의적 관점에서 고전 문화를 해석하는 자세에 차이가 있다. 특히 16세기의 인문주의와 달리 신인문주의로 불리는 이유는 고전 문화에 대한 동경과 그 속에 반영된 인간성 추구라는 점에서 르네상스 인문주의와 그 출발을 같이한다고 할 수 있지만, 고전에 포함된 정신 속에서 스스로의 인격을 조화롭게 발달시킬 수 있는 전인적 자발성과 계몽주의에 의해 왜곡된 인간의 감정이나 정서를 회복시키는 것을 교육의 이상으로 삼았기 때문이다. 따라서

르네상스 인문주의가 라틴 문화의 언어 형식만을 모방하여 형식적 언어주의와 키케로주의에 빠지게 되었던 것과 달리, 신인문주의에서는 희랍 문화의 정신과 내용 속에 깃들어 있는 고전의 참정신을 올바로 인식하고, 그것을 통해 참된 인간성의 실현을 추구하고자 했다.

따라서 신인문주의 교육내용은 인성의 조화로운 발달, 심미적이고 예술적인 발달의 추구 그리고 감정과 정서의 가치를 중시하는 비합리주의 등을 핵심으로 하였다. 또한 신인문주의 교육은 인간성의 발휘를 목적으로 하는 주정주의적 사상인 동시에 자유주의 사상을 통한 인성의 발달을 중시했으며, 미적이고 예술적인 발달을 위한 도덕적 선을 강조하며, 자연성을 존중하고 인생관을 강조하였다.

신인문주의는 16세기의 모방적이고 이상적인 인문주의와는 달리 비판적이고 현실 지향적이었다. 특히 신인문주의는 아동의 흥미 중심의 자발성 교육과 자연적 발달과정을 중시함으로써 루소 이후의 자연주의 교육원리를 명료화하면서 근대 초등교육의 발전에 영향을 미쳤다. 또한 신인문주의는 인간의 개성뿐 아니라 역사성과 민족성 등을 강조하였다.

이러한 조화로운 인성 발달을 통한 새로운 인간성을 추구하는 데 있어서 신인문주의 교육내용은 심미적이며 예술적인 것을 포함했다. 왜냐하면 예술적인 미는 단순한 외적 아름다움만이 아니라 도덕적 선을 내포하고 있으며, 이러한 가치 역시 조화로운 인성 발달에 큰 도움이 되는 것으로 여겼기 때문이다. 따라서 인간의 조화로운 발달에 있어서 심미적이고 예술적인 내용 요소는 매우 중요한 것이었다. 특히 18세기 계몽사상의 합리주의에 대한 반동으로 나타난 신인문주의에 있어서의 비합리주의적 요소는 인생관이나 인간관에 있어서 자연성을 존중하고 인간의 감성이나 정서를 중시하는 것으로, 이는 교육 실천에서 사랑으로 구현될 것을 강조하였다. 즉, 인간을 단지 이성적 존재로만 보는 것이 아닌, 내면에 내재된 양심, 감성, 정서, 욕구 등의 요소 등을 시적이고 예술적으로 표현하려는 것이었다.

한편, 신인문주의 교육은 인간의 심리적 특성에 대한 과학적인 연구를 중시하였다. 즉, 아동의 심리와 정신 상태를 연구하여 과학적인 방법에 따라 인간을 이해하려 했으며, 새로운 교육방법의 대안을 찾고자 노력했고, 자연주의 교육의 원리에 따르는 교육을 실천하고자 했다. 이는 교육의 이론과 실제에서 심리학적 연구결과의 교육적 활용을 중요시했으며, 심리학의 발달은 교육의 학문적 기초에 중요한 기여를 하게 되었다. 이는 중등교육이나 고등교육에 주로 관심을 두었던 종래의 교육에서 초등교육에 새로운 관심을 집중하게 되는 계기를 마련하였다.

19세기 신인문주의 교육에서 나타난 자연주의 교육은 지식을 주입시키는 강제적 과정이 아닌, 인간성 내부에 잠재되어 있는 다양한 능력을 계발하는 것으로 보았다. 이러한 노력은 교사의 일방적인 전통적 교육에서 탈피하여, 아동의 흥미와 과학적인 방법을 통해 교육하고자 하는 새로운 교육운동이 전개되었으며, 여러 방면에 영향을 미쳤다. 특히 전통적 교실의 분위기와 교수방법을 개선시키고 교육의 본질을 새롭게 인식하는 계기가 되었으며, 기존 사회에서 간과되었던 아동에 대한 새로운 이해와 연구를 통해 교육에 실제적인 자료를 제공하였다.

이상과 같이 신인문주의에 있어서 인성의 조화로운 발달은 개인 완성주의, 주관주의, 자유주의 등을 의미하는 것으로 인간의 자연성과 이성을 통합적으로 발달시키려는 것인데, 신인문주의가 목적으로 삼는 인간상을 고대 그리스의 이상적인 인간상에서 찾으려고 하였다.

한편, 19세기에는 인간발달의 법칙에 따라서 교육과정을 개선하고자 하는 일련의 움직임이 일어났는데, 다윈의 진화론에 영향을 받은 것으로 인간의 본성과 그 작용에 대해 관심을 가진 심리학적 운동이 일어난다. 이는 루소의 자연주의 교육사상에 근거한 것으로 아동중심교육관에 기초하여 인간의 자연성을 강조하는 교육방법과 교수방법에 많은 영향을 주었다. 이러한 운동의 대표적 인물들인 페스탈로치, 프뢰벨, 헤르바르트 등은 교육의 실제와 이론의 발달에 크게 공헌하였다.

과학적 실리주의와 교육

18세기 루소의 자연주의 교육관 이후, 인간 이해에 대한 과학적 접근의 필요성이 대두되었다. 특히 19세기는 이러한 인간 이해의 과학화를 위해 많은 노력이 있었던 시기로, 교육의 과정이 인간의 성장 발달의 기본 원리에 따라 이루어져야 한다는 인식하에, 인간 심리의 특성과 그 원리에 대한 학문적 탐구의 필요성이 높았다. Wilds와 Lottich(1942)는 특히 이러한 심리적 교육운동, 즉 심리적 원리와 방법을 교육의 과정 및 방법에 적용하려는 운동을 계발주의 또는 발달주의(Developmentalism)라고 불렀다.

아동의 발달 특성에 맞춘 교육방법을 적용하려 한 19세기의 계발주의 경향은 심리학이 철학으로부터 독립되어 과학적 심리학이 발달하는 계기가 되었다. 이후 독일의 분트는 1879년 실험심리학을 독립된 학문으로 발달시켰으며, 프랑스의 비네와 시몽(Simon), 홀(Hall) 등에 의해 아동발달에 관한 심리학적 연구가 활발히 전개되었다(조경원 외, 2005). 이러한 인간 심리의 성장 발달과 교육과정의 과학화를 추구했던 과학적 실리주의자들은 인간발달의 문제를 교육을 통한 자연의 성장 원리와 일치시키려 노력했으며, 자연의 성장 과정으로서의 교육과 인간에 대한 이해의 접근을 보다 과학적인 심리학적 방법에 의존하려 했다. 이들은 인간의 행동을 직접 관찰하고 정확히 측정할 수 있으며, 심리적인 외적 환경의 조건으로 통제할 수도 있다고 보고, 인간 행동의 이해와 통제를 위한 다양한 측정 도구들을 개발하게 된다.

이처럼 과학적 실리주의자들은 교육 성취의 측정과 기본적인 인간의 성취 능력의 측정에 관심이 있었기 때문에, 교육의 궁극적 이념과 목적에는 별로 주의를 기울이지 않았다. 즉, 과학적 실리주의는 지식을 보는 관점이 객관적이기 때문에, 형이상학적 측면을 상대적으로 등한시했으며, 이념이나 목적의 추상성보다는 목표의 구체성을 추구한다. 이러한 점에서 과학적 실리주의자들은 교육 자체를 과학의 대상으로 보고 교육에 과학적 방법을 응용하는 것에 관심이 높았다.

과학적 실리주의자들의 교육 형태는 실리적이며 실용적이어야 하며, 지식교육이 실제적으로 무엇에 쓸모가 있는가 하는 실질적 척도를 마련하려고 노력하였다. 이러한 실용성이 교육으로 반영되지 않거나 교육의 결과가 과학적으로 판단되지 않으면 교육의 능률이나 효과도 판단할 수 없다는 것이다.

국가주의와 교육

18세기 이후 유럽 대륙에서 민족 단위의 국가가 형성되고 발달함에 따라 각국이 군사적 및 경제적으로 치열한 경쟁을 벌이게 되었다. 이에 자국의 이익을 위해 학교를 통해 국민의 단결, 애국심, 국민도덕과 국민의식, 시민성 등을 길러 국가에 충성하고 봉사할 수 있는 국민을 양성하고자 노력하였으며, 학교교육을 국가의 목적과 이상을 실현하기 위한 중요한 수단으로 강조하게 되었다.

이러한 관점에서 국가주의는 19세기에 강력한 영향을 준 교육이념이라고도 할 수 있는데, 그만큼 국가 관리, 국가 보조로 운영하는 공립학교체제의 발달에 큰 영향을 미쳤다. 즉, 국가주의 교육은 국가의 존속, 발전을 교육의 목적으로 삼으면서 공교육과 의무교육을 강조하는 교육사상으로, 국가적 통제교육을 강조하고, 교육의 국가 관리 또는 공교육제도를 발전시켰다. 이러한 관점에서 국가주의 교육은 국가가 교육을 지원하고 관리하는 공교육제도와 의무교육제도의 발달을 이루는 데 큰 영향을 주었다.

국가주의 교육은 강력한 국가주의적 정신을 기반으로 학교교육의 기능을 국가의 보존과 영광을 위한 국가 존속 자체에 두었다. 따라서 국가주의 교육은 국가가 행정을 독점하는 강력한 중앙집권적 제도를 통하여 학교교육을 계층식 군대 형식으로 통제하는 것이 필요했다.

국가주의 교육은 학교를 경영하는 것 자체가 국가에 대한 애국적 행위이자 의무였으며, 국가의 이상과 전통 그리고 민족성을 유지하고, 국민의 통일을 이루는 데 국민정신교육을 강력한 수단으로 여겼다. 즉, 국가주의가 형성되는 과정에서 문화적 공통성과 자국민으로서의 동질성이 크게 향상되었다. 따라서 국가주의 교육에 있어서 무엇보다도 중요한 것은 국민성을 통일시키는 것이었으며, 이는 단일의 민족성과 단일의 문화성을 확보하기 위한 국민교육으로서의 공교육체제를 확립하는 것이었다.

따라서 모든 국민으로 하여금 공통적인 국어를 사용할 수 있도록 했으며, 자국의 문화교육뿐 아니라 역사나 지리교육을 강화했다. 독일의 경우 독일어교육과 독일문학교육이 초등학교에서부터 대학교육에 이르기까지 교과목으로 강조되었으며, 교사 양성 기관에서도 중요하게 다루어졌다. 프랑스나 영국 심지어 미국의 경우에도 자국어와 자국 문화에 대한 교육 역시 예외는 아니었다. 또한 국가주의 교육은 애국가나 군가 등의 음악, 그리고 국민의 건강과 체력을 강화하는 체육 훈련을 강조하였으며, 심지어 종교교육도 전통적인 교리문답이나 교회교육보다는 도덕성과 정부에 대한 복종과 헌신을 강조하는 종교교육으로 변질되었다.

이상과 같이 19세기에 들어 프랑스, 영국, 독일 그리고 미국 등 서구 각국은 국가주의적 접근의 정도에는 차이가 있으나 공교육으로서 학교교육제도를 운영하였으며, 그러한 국가적 수준의 교육제도를 통해서 자국의 독자성과 민족성을 강조하고 애국심이 높은 국민을 양성하고자 하였다.

3. 19세기의 초등교육

초등교육은 중등교육이나 고등교육과 대비되는 용어로, 19세기 후반부터 비롯된 근대 공교육체제하의 교육의 기회 균등 사상에 입각하여 실현되었고, 교육에의 국가 개입으로 상류계층의 학교와는 별개로 서민의 학교로 발달하였다. 즉, 18세기만 하더라도 초등교육을 중등교육을 포함한 그 이상의 학교교육과 직접 연결되지 못하여 연계성이 없었으며, 일반 서민계층의 아동들은 단지 읽기 중심의 학교교육만으로 만족해야만 했다. Parker(1970)에 의하면 19세기에 일어난 초등교육의 실제적인 변화는 과거의 역사에 비하면 대단한 것으로 인식할 수도 있는데, 1500년에서 1800년 동안에 초등교육은 거의 변화가 없었으며, 교육과정은 제한되어 있었고 시설은 미약했으며, 교사들은 준비가 되지 않았으며, 교수법 역시 낭비적 요소가 많았다고 한다.

그러나 산업혁명은 경제적 생산체제나 사회구조뿐 아니라 교육에 있어서도 근본적인 변화를 주기에 충분했다. 빈민자들의 증가에 따른 교육의 문제, 비숙련공에 대한 교육의 문제, 아동 및 청소년들에 대한 직업 훈련의 문제 등이 사회 문제로 대두되었으며, 결과적으로 이러한 교육의 문제해결에 대해 사회적 관심을 끌게 하는 계기가 되었다. 이러한 변화 속에 기존에 있었던 자선학교(charity school) 외에 19세기 초에 나타난 학교형태로는 빈민학교(ragged school), 고아학교(orphan school), 유아학교(infant school), 직공학교(industrial school), 감화원(reformatory) 그리고 급식소(soup kitchen) 등의 다양한 형태들이 있었다.

또한 산업혁명은 새로운 학교교육의 운영방식을 가져왔는데, 영국의 랭커스터(Joseph Lancaster, 1778~1838)와 벨(Andrew Bell, 1753~1832)이 제안한 조교제 학교(monitorial school)가 대표적이다. 조교제 학교는 커다란 교실에서 200~1,000여 명의 학생을 한 교사가 가르칠 수 있도록, 많은 학생들을 10명씩 그룹으로 나누어 각 집단마다 한 사람의 조교를 두는 것을 특징으로 하고 있다. 따라서 교사에게 지침을 받은 조교들이 자기가 직접 맡아 가르치는 10여 명의 학생들에게 수업내용을 전달하는 방식이었다. 결국 이러한 조교제 수업은 단순히 암기과목 위주의 교과를 가르치는 데에 치중할 수밖에 없었지만, 적은 비용으로 많은 학생들을 가르칠 수 있다는 효율성 때문에, 영국과 미국의 박애주의자들에게 큰 호감을 주었다(이원호 역, 1998). 그러나 조교제 학교는 교수방법으로서보다는 수업의 운영방식에 있어서의 접근으로 새로운 교육방법에의 요구에 지속적으로 부응하지는 못했다. 즉, 당시 페스탈로치의 실물교수(object lessons)를 통한 아동의 본성에 대한 직관력의 새로운 교수법(Pestalozzian method)만큼 지속적인 영향을 주지는 못했다.

페스탈로치의 실물교수는 19세기 후반 초등학교 교육과정에 자연과목을 도입하는 데 영향을 미쳤다. 또한 과학 교과뿐 아니라 미술과 음악 그리고 체육 교과 역시 초등학교 교육과정에 새로이 첨가되었다. 특히 19세기는 어린이로 대표되는 학습자에 대한 과학적 탐구와 교육적 배려가 동시에 이루어진 시대로, 교육의 원리를 인간 정신의 제 활동과 인간발달에 관한 지식 가운데서 구하기 시작하였고, 교육에서 나타난 심리학적 경향은 자연주의 교육의 원리를 분명하게 발전시켰다(송준식, 사재명, 2006).

물론 19세기 역시 초등학교의 주요 교육내용은 3R's였다. 특히 읽기는 쓰기와 셈하기보다 강조되었는데, 이러한 강조는 모국어 문법의 연구로 이어졌으며, 중등교육에도 영향을 주었다. 교육의 도덕적 목적은 문학공부를 통해서 실현될 수 있다는 헤르바르트학파의 주장은 독서의 신장을 확산시켰으며, 이후 구술에서 묵독으로의 전환은 이러한 추세를 반영한 것이다. 반면 다른 두 R's, 즉 쓰기와 셈하기는 상대적으로 강조되지는 않았다. '펜맨십(penmanship)'이라는 서법이 있었으나 기본적인 글쓰기의 기술로서 남아 있었다. 점차 개인의 글쓰기 기술에 대한 사회적 요구가 증가하여 철자의 중요성이 점차 대두되면서 쓰기 역시 읽기만큼 중요하게 되었다. 또한 초등학교 교육과정에서부터 부기(bookkeeping)가 상당히 주목을 받았고, 19세기 말에는 여아들에게는 바느질과 요리, 남아들에게는 수공예 훈련을 교육과정에 포함시키기까지 했다. 이러한 내용을 가르치는 것은 직업적 측면에서보다는 교육적 측면에서 의미가 있었다(이원호 역, 1998).

한편, 경제적 및 종교적 측면에서 초등교육은 18, 19세기에 국가주의를 통해 정치적 영향을 받는다. 특히 1789년 프랑스 혁명 이후 국가주의 의식은 오랜 전통의 상류계층 교육이 아닌 국민들을 위한 새로운 체제의 교육을 필요로 했다. 따라서 이러한 새로운 체제의 교육에 대한 정치적 요인은 시민계층의 초등학교의 중요성을 인식하게 했다. 즉, 시민혁명 이후 새로운 자유를 위해서 국민들은 애국적 열망뿐만 아니라 이 자유를 어떻게 행사해야 하는가를 배워야 했고, 인간의 권리뿐만 아니라 그에 부합하는 정치적 의무도 배워야만 했다(송준식, 사재명, 2006).

　전통적인 상류계층의 교육이 아닌 국민들을 위한 새로운 형태의 교육은 정치적 영향을 받게 되었으며, 초등학교에 대한 새로운 인식을 하게 만들었다. 국가주의 역시 모국어 수업을 강조하였으며, 이로 인해 민중 계층의 학교인 초등학교에 새로운 중요성을 부여하게 되었다(이원호 역, 1998: 349-352). 여아 교육 역시 19세기에 보통교육제도와 함께 공교육이 확대 실시되면서 정부 차원에서도 소녀들의 학교교육에 관심을 갖기 시작했다(조경원 외, 2005). 그러나 당시 초등학교 출석이 결코 중등교육의 준비가 될 수는 없었으며, 실제로 상류계층의 학생들은 가정교사를 통해 개인적으로 혹은 중등학교의 저학년 단계에서 기본적인 것들을 함께 배웠다(이원호 역, 1998: 347-348).

　한편, 18세기 말부터 19세기에 이르는 기간 동안 유럽 대부분의 나라는 국민교육제도를 형성하는 데 큰 관심을 가졌다. 따라서 19세기 시민교육을 위해서는 애국주의를 바탕으로 하는 국가주의적 교육체제가 필요했으며, 모국어 중심의 초등학교교육을 중요한 수단으로 접근하지 않을 수 없었다. 특히 독일에서는 초등학교를 민중학교라고 불렀을 만큼, 국가주의적 교육의 주요 수단으로 강조되었다. 따라서 민중음악이 애국심을 위한 교수의 자료로 활용되었으며, 국가적 자부심을 부각시키기 위해 지리와 역사가 초등학교 교육과정에 도입되어 강조되기도 했다. 결국 19세기 초등교육의 발전은 국가주의의 교육체제와 밀접한 관련을 가질 수밖에 없었으며, 국가주의는 초등교육에 중요한 영향을 끼친 정치적 배경이기도 했다.

4. 19세기의 아동인식

19세기는 산업혁명의 영향으로 아동교육에 많은 변화를 가져왔다. 산업혁명 이전 아동은 장시간 노동을 하며 가정의 생계를 부모와 함께 유지했기 때문에, 성인이 되어서도 문맹의 경우가 많았다. 그러나 산업화를 통해 생활수준이 향상되면서 아동을 위한 대중교육이 이루어지기 시작했으며, 아동은 자연히 성인과 같은 존재라는 인식으로부터 벗어나게 되었다. 결국 아동들은 점차 상당한 시간을 가정에서 보내거나 성인으로부터 분리시켜 아동을 보살피거나 교육하기 위해 고안된 시설에서 보내게 되었다(Hendrick, 1997).

특히 산업혁명 기간 중, 많은 경우 직장에 다니는 어머니는 자신들의 신생아를 간호원들에게 맡기곤 하였다(이경우 역, 1986: 21). 간호원은 영아처리를 위해 고용되었으며, 당시에는 이러한 제도를 아기 농사(baby-farming)로 부르고, 간호원들을 살인 간호원 혹은 천사 제조자라고도 불렀다. 특히 영아살해를 막기 위한 방법으로 유럽의 큰 도시에서는 고아원들이 생기기 시작했다(이경우 역, 1986: 20). 러시아의 상트페테르부르크에서는 25,000명의 고아를 수용했으며, 런던 병원의 경우 4년간에 걸쳐 수용된 고아 수가 15,000명에 달했다. 그러나 이러한 사회적 노력에도 불구하고 사망률은 30~40%로 매우 높았다.

이후 1872년에는 신생아 생존보호법(Infant Life Protection Act)이 통과되었으며, 1963년에는 아동학대에 대한 강력한 법이 콜로라도 주에서 승인되었지만, 아동 유기의 관행은 그대로였다. 당시 사회는 아동을 유기하는 부모의 입장을 고려할 정도였는데, 나폴레옹은 어린이를 병원에 놓고 가는 일을 더 쉽게 하기 위해 프랑스의 모든 병원에 회전 테이블을 설치하도록 법령을 포고

할 정도였다(이경우 역, 1986: 20). 이는 어머니가 자기 아이를 한쪽에 올려놓고 종을 올리면 간호원이 회전 테이블을 돌려 그 아이를 데려갔는데, 이런 식으로 어머니는 그의 아이가 누구인지 알지 못한 채 그 아이에게서 떠날 수 있었다.

한편 19세기가 끝날 무렵, 서양에서는 어린이의 옷을 어른과 다르게 하는 복식양식에 변화를 보임으로써 어린이의 세계를 어른의 세계와 분리하려는 움직임이 중류와 상류 사회를 중심으로 일어났는데, 이러한 움직임은 20세기에 들어와서 나머지 모든 계층으로 확산되었다.

19세기 중엽과 말에 자연과학, 특히 새롭게 나타난 생물학에서는 어린이에 관한 연구를 통해, 인간의 기원과 생리적 과정의 역동성에 관한 이론을 지지하는 증거를 찾는 것이 가능하리라는 생각을 가졌다. 이런 가능성을 기반으로 아동기를 과학적으로 연구하였는데, 주요 학자들로 찰스 다윈(Charles Darwin)과 빌헬름 프라이어(Wilhelm Preyer), 또는 여러 아동 전기 작가들이 있다.

그러나 발달이 아기가 기는 행동에서부터 걷기 시작하는 점진적인 신체의 성장과 충동적인 행동에서 점진적인 자기통제(self-control)를 할 수 있게 되는 인간 정신의 성장이라는 개념은 19세기까지만 해도 나타나지는 않았다. 발달심리학, 특히 어린이에 대한 체계적인 연구의 시작은 20세기의 산물이다.

특히 체계적인 아동 연구의 첫 번째 시도는 19세기 후반 다윈의 육아일기(baby biographics)를 통해 수행되었는데, 19세기 중엽 이전까지만 해도 어린이들이 어른들과 다르며, 그 자체로서 연구 가치가 있다는 인식이 일반적이지 않았다. 그러나 19세기 후반의 산업화된 서구사회는 처음으로 아동기가 인생의 독특하고 중요한 시기라는 것을 공식적으로 인정하였으며, 어린이에 대해 이전에는 없었던 법적-사회적 지위를 부여하게 되었다. 이는 아동이 국가 미래의 투자 가치로서 중요하게 인식되기 시작했으며, 단지 사회에 입문하기 위해 준비되는 미성숙자로 인식되기보다는 점차 성인과는 독특하게 구분되는 시기의 아동으로 이해되고 있음을 의미한다.

이러한 사회적 변화와 더불어 아이의 각 연령별 차이에 관한 모든 정보를 모으려는 아동연구운동(child-study movement)이라는 새로운 과학연구의 움직임이 미국에서 일어났다. 이후 아동발달에 관해 이론적 설명을 하고 이를 검증하고자 하는 노력이 주를 이루었으며 환경론자들이 주류를 이루어 환경의 영향에 관심을 가지게 되었다. 물론 당시 아동은 특별한 의미를 부여받기 시작했지만, 그들의 처우에 관해서는 여러 가지 의문이 제기되고 있었다. 이는 아동인식에 대한 사회적 합의가 형성되지 않은 결과이기도 하다. 이러한 시대적 상황에 기존 사회 전체를 동요시키며 충격을 준 것은 '진화론'의 출현이다. 즉, 인간은 신의 형상대로 빚어진 존재가 아니라 모든 생물의 진화의 최종 단계로서 자연도태, 적자생존을 되풀이하면서 현존한다는 것이다(구수진 역, 2002).

• • • • •

찰스 다윈(Charles Darwin, 1809~1882)

찰스 다윈

찰스 다윈은 개인의 발달 자체를 이해하기 위해 아이들을 연구하였다기보다는, 자신의 진화론을 지지할 수 있는 증거들을 발견하기 위해 아이들의 발달과정을 연구하였다. 즉, 다윈은 인간의 행동과 다른 종의 행동 사이에서 나타나는 유사성은 진화적으로 동일한 조상을 가진 결과라고 가정하고, 인류의 기원에 관한 중요한 단서를 발견하려는 목적에서 자신의 어린 아들의 생후 3년 간의 행동을 아주 자세하게 기록하였고, 다윈은 자율적인 근육운동과 언어, 그리고 두려움이나 화 또는 애정의 표현과 같은 정서반응의 출현뿐 아니라 빨기와 같은 초기 반사행동을 기록하였다. 비슷한 점이 나타날 때면 어린아이의 행동을 다른 동물의 행동과 연결하였다.

빌헬름 프라이어(William Thierry Preyer, 1841~1897)

빌헬름 프라이어

또 다른 생물학자인 빌헬름 프라이어는 태내 발달의 생리과정에 관심을 가졌으나, 곧 자신의 연구를 생후 행동에 관한 연구로 확장하였다. 프라이어는 1882년에 출간한 『아이의 마음(*The Mind of the Child*)』이라는 저서에서 자신의 아들인 '아젤(Axel)'의 생후 3년간의 발달을 자세하게 기술하였다. 특히 그는 자아(self) 개념의 출현에 관해 언급하면서 아들의 감각발달, 운동발달, 언어 그리고 기억에 관해 아주 자세하게 기록하였다. 비록 프라이어는 다윈을 포함한 이전의 아동 전기학자들처럼 관찰방식에서 문제가 있기는 했지만, 어린이에 대한 관찰이 체계적으로 그리고 과학적으로 수행되어야 한다고 주장한 최초의 관찰자였다. 프라이어는 또한 현재까지 계속되는 논쟁 중의 하나인 유전과 환경의 영향에 관해서도 언급하였다. 프라이어는 어린이의 연구에 과학적 기법의 적용을 주장함으로써 나중에 미국에서 일어난 '아동연구운동(child study movement)'의 시발점이 되었다.

스탠리 홀(Granville Stanley Hall, 1844~1924)

최초의 발달심리학 분야를 확립한 사람으로, 아동의 마음을 주제로 연구 논문을 출간함으로써 최초로 객관적이고 기술적인 연구를 하였다. 이는 아동의 일상의 지식들을 질문지를 통하여 찾아내고 체계적으로 정리한 논문으로, 다윈의 진화론을 적용하여 아동발달은 발생적 심리학(genetic psychology), 즉 생물학적 입장에서의 접근이어야 한다고 주장하였다. 그의 발생학적 모델

스탠리 홀

은 게젤(Gesell, 1880~1961)에 의해 발전되었으며, 의학과 심리학을 발달에 접목하여 태내 배아의 성장과정, 출생 후 초기 신체기능의 발달과정을 면밀히 관찰하고, 신체발달은 '머리에서 발끝으로' '중심에서 말초로' '대근육 운동에서 소근육 운동으로'의 원리를 설정하였다.

이러한 관점에서 보면, 다음 세대의 사람들은 현존하고 있는 당대의 인간보다 훨씬 진화된 상태로 출현한다. 즉, 인간이라는 존재는 과거에서 미래를 향해 계속 진보해 왔으며, 결과적으로 보다 우수한 사회가 출현할 것은 정해진 이치이기에, 이러한 진화론이 아동관과 교육관에 영향을 미치는 것이다. 따라서 다음 세대의 인간에게 한층 더 진화가 기대된다고 한다면, 아동은 어른보다 훨씬 가치 있는 존재가 되며, 단지 어른과의 이질성에서 주목받는 것이 아니라 어른보다 높은 그 가치에 의해 부각되는 것이었다. 결국 이러한 진화론의 출현은 아동-어른의 관계에 커다란 파급효과를 가지고 왔다.

📖 **참고 자료** 주요 교육사상가

페스탈로치
(J. H. Pestalozzi, 1746~1827)

1. 교육사상

- 교육은 사회개혁의 수단
- 교육의 본질 – 인간의 자연성 본질 계발
- 초등교육, 가정교육 중시

1) 교육목적

- 전인교육 – 지적, 신체적, 도덕적 능력의 조화로운 발달

  3H의 조화로운 발달(Head, heart, hand)

- 인간개혁을 통한 사회개혁

2) 교육원리

- 합자연의 원리(주관적 자연주의)
- 자발성의 원리
- 방법의 원리(아동발달의 심리적 원리 적용)
- 직관의 원리
- 사회의 원리(개인교육은 사회생활을 통해서만 가능하며, 사회 진전은 개인의 향상에 의해서만 이루어짐)
- 노작의 원리
- 성장 발달의 원리

3) 교육방법

- 활동주의, 자연주의, 계발주의
- 실사물과 경험에 의한 직관교육(數, 形, 語의 3요소)

- 노작교육에 의한 기능의 훈련

2. 공헌

- 나토르프(Natorp)의 사회주의 학설과 교육심리학 연구에 영향
- 직관주의 교육학설이 여러 나라로 전파되고, 보통교육에 영향
- 최초의 국민학교 설립: 초등교육 발전
- 고아교육의 선구자: 최초의 고아학교 설립

헤르바르트
(J. F. Herbart, 1776~1841)

1. 교육사상

- 칸트, 피히테의 이상주의 철학에 영향을 받음
- 교육을 최초로 독립된 과학적 학문으로 성립
- 교육목적은 윤리학에, 교육방법은 심리학에 근거
- 표상심리학에 기초: 아동의 활동은 내적인 의지
  에 의해 발생하는 것이 아니라, 외계의 대상에 의

해서 유발됨
- 도덕적 품성의 도야
- 교육방법(교수 3작용)
  - 관리(습관화): 교수의 예비적 단계로서 아동이 질서를 지켜 학습을 준비
  - 교수: 지식과 기능을 전달하고 아동의 도덕과 심성 도야와 의지력의 형성
    권을 확장하는 교육방법
  - 훈련(도덕성 도야): 직접적으로 아동의 심성에 영향을 주어 도덕성을 도야
    하는 방법

- 헤르바르트가 제시하는 여섯 가지 흥미
  - 경험적 흥미: 다양한 사물을 경험하는 흥미
  - 사변적 흥미: 사물과의 관계 및 법칙을 추구하는 흥미
  - 심미적 흥미: 사물의 선악 및 미추(美醜)를 평가하는 흥미
  - 동정적 흥미: 타인의 쾌락 · 고통을 공감하는 흥미
  - 사회적 흥미: 사회의 행 · 불행을 공감하는 흥미
  - 종교적 흥미: 신을 신앙하는 흥미

- 교수 4단계설
  - 명료: 대상 하나만을 순수하게 보아 개별적 요소로 명료하게 파악하는 일
  - 연합: 하나의 표상 명료화에 이어 하나의 심화에서 또 다른 심화로 이행하는 활동이 일어나 새로운 표상과 낡은 표상과의 관계성이 이루어지 는 것
  - 계통: 심화의 결과가 다시 숙고되고 수집되어 하나의 체계를 이루는 것으로 연합된 관념을 질서 있게 체계적으로 조직하는 것
  - 방법: 체계화된 지식을 활용하고 응용하여 일반화시키는 것

2. 공헌

- 최초의 체계적인 교육학 집필(일반교육학)
- 교사 훈련과 교수법의 실험을 위한 '실습학교' 설립(사범대학부속학교의 효시)

프뢰벨
(F. W. A. Fröbel, 1782~1852)

1. 교육사상

- 독일 낭만주의적 이상주의 철학의 영향을 받음
- 페스탈로치로부터 직접 사사, 유치원의 창시자
- 만유신론(범신론): 상징주의, 이상주의 교육사상
- 아동의 자발성을 인정한 상태에서 교사 중심의 주형으로서의 교육

1) 교육목적
- 신성(잠재력)을 계발
- 교육원리
  - 통일의 원리
  - 연속적 발달의 원리
  - 자기활동의 원리, 노작의 원리(창조적 자기발달의 원리)
  - 놀이 및 노작의 원리(10은물)

2) 교육내용
- 자기활동을 할 수 있는 유희, 수공, 노래, 언어, 율동, 도화

3) 교육방법
- 활동: 모든 활동이 놀이 또는 작업이며, 그 재료가 교구
- 은물(恩物)을 통한 유희의 원리(은물, Gaben – 신이 준 선물, 장난감 교육)
- 행동의 원리(행함으로써 학습하는 것을 강조)

2. 공헌

- 부모교육을 중시
- 놀이와 게임의 중요성을 인식
- 내부적인 계발을 중시
- 여교사의 양성, 보모 양성을 위한 교육기관의 발달

피히테
(J. G. Fichte, 1762~1814)

1. 교육사상

- 독일 관념론의 대표적 철학자
- 문화적 국가주의, 민족주의, 주정주의, 역사주의적 성격
- 국가는 국민정신생활의 보호자이며, 교육은 이러한 조국을 섬기는 인간을 양성
- 이상적 자유주의 교육(도덕교육 강조)
- 국민교육제도 주장: 계층별(복선제) 교육은 국민을 분열시키는 것
- 국가권력에 의한 강제적 국민취학
- 국민교육의 기초적 부분 공통화
- 남녀공학의 시행

2. 공헌

- 국가주의 교육사상의 토대 마련
- 당시 프로이센 교육개혁에 커다란 기여
- 주요국의 공교육제도 설립에 기여

슐라이어마허

(F. E. D. Schleiermacher, 1768~1834)

1. 교육사상

- 문화적 국가주의 사상가로 교육을 문화철학, 사회학, 정치학 등과 관련지어서 종합적으로 고찰
- 교육이란 국가문화를 전달하고 창조하는 작용
- 국가적 국민육성에 두고 개성 존중 및 자기 활동력 조성
- 교육방법: 보호와 억제, 조성을 사용

2. 공헌

- 교육학의 과학적 접근을 통한 종합 학문 제시
- 훔볼트와 함께 근대적 대학의 성격과 이념 정립

스펜서

(H. Spencer, 1820~1903)

1. 교육사상

- 과학적 실리론자로서 과학적 내용과 방법을 교육에 적용
- 교육목적: 개인의 완벽한 생활의 실현
- 교육방법: 감각적, 경험적 방법 중시
- 도덕교육: 자연주의, 자유주의적인 도덕교육 주장
- 지식을 습득하는 방법(실증적 실리주의 교육 주장)

- 단순한 것에서 복잡한 것으로
- 막연한 지식에서 명확한 지식으로
- 구체적인 것에서 추상적인 것으로
- 경험에서부터 이론으로
- 아동의 자기활동과 흥미를 중시

2. 공헌

- 36년 동안 『종합 철학 체계』 10권 저술
- 현대 교육과정의 논의 계기 마련

오웬
(R. Owen, 1771~1858)

1. 교육사상

- 교육을 통한 사회개혁과 이상사회 건설 지향
- 대중사회의 극한적인 빈곤과 악덕 그리고 불행에서 해방되어야 한다는 사상 강조
- 성격형성학원 설립: 인간의 성격이란 사회적 환경에 의해 형성
- 초등학교, 유아학교의 설립: 밝은 교실, 넓은 운동장 등
- 공교육제도 주장: 국가가 교육제도를 마련하여 바람직한 사회적 환경을 조성하여야 하며, 이를 사회개혁의 수단으로 삼아야 함

2. 공헌

- 영국의 성인교육과 국민교육에 크게 기여
- 유아학교의 창시자(유아를 위한 세계 최초의 제도적 접근)

호러스 맨
(Horace Mann, 1796~1859)

1. 교육사상

- 미국 공교육의 아버지
- 미국 최초의 주립 사범학교 설립
- 매사추세츠 주의 초대 교육감
- 의무교육 실시(1852)의 기반을 조성
- 주 예산으로 다수의 공립소학교 설립
- 공립 중등학교를 설립, 보급
- 12년보 발행: 당시의 중요한 교육문제를 취급하고, 이에 대한 자료를 제공

2. 공헌

- 미국 공립학교 조직의 기초 마련
- 주 교육위원회를 설치하고 민주적인 학교 감독제도의 기초 마련
- 공립학교 교사의 지위와 대우 개선
- 학교 건축과 학교 위생에 대한 인식 변화 계기 마련

헨리 버나드
(H. Barnard, 1811~1900)

1. 교육사상

- 호러스 맨과 더불어 미국 공교육제도를 확립하는 데 있어서 미국 교육사상 2대 공헌자 중의 한 사람
- 미국 연방정부의 초대 교육부장관
- 교원 양성기관과 학교도서관의 설립에 앞장섬
- 아메리카 교육잡지 발행

2. 공헌

- 최초의 교사연수회 설립
- 교육기회의 평등화를 위해 노력

파커
(F. W. Parker, 1837~1902)

1. 교육사상

- 교육개혁가(미국 신교육의 아버지)
- 시카고 대학의 사범대학 초대 학장
- 퀸시 운동의 주도(파커학교 설립)
- 페스탈로치의 교육사상을 실천하자는 운동
- 아동의 자기실현과 자기표현의 원리 강조
- 학교는 아동의 즐거운 장소이자 천국
- 학교가 개성 신장의 장이 될 것을 강조

2. 공헌

- 과학, 예술, 공예 등을 교육과정에 포함
- 초등학교 교육과정 개정에 큰 공헌
- 진보주의 교육운동의 창시자로 평가받음

근대 초등교육의 태동과 발전

어린이들은 활동하는 순간 스스로를 개성화한다.

– J. Dewey

1. 근대 초등교육의 형성

근대 초등교육의 형성 배경

주요 국가의 초등교육은 근대 공교육의 발달과 그 궤를 같이하고 있다. 서양의 경우 근대의 초등교육 개혁의 실마리를 제공한 것은 19세기 영국 초등교육이다(Dearden, 1968). 당시 영국 초등교육의 특징은 다음과 같다 (Mannheim & Stewart, 1962). 첫째, 초등학교 교육과정에서의 공리적 관점의 확대는 기초 기능인 3R's를 필요로 했는데, 당시 19세기의 초등학교 교육체제는 공리적 관점 외에 다른 어떤 문화적 가치를 갖고 있지는 않았다.

둘째, 당시 수업은 집단 체제의 수업(mass instruction)이 유행이 되고 있었는데, 50여 명 이상의 학생들을 집단적으로 수업할 만큼 보다 효율적이어야 했다. 특히 이러한 집단 수업은 학습내용을 전달하고 반복 연습하게 하고 교리문답을 중심으로 시험을 보고 수정하는 것이 일반적이었다. 따라서 당시에는 모든 아동들에게 동일한 표준을 적용하여 충분히 반복 연습을 시켜 암기하게 하는 것이 확실한 교육의 성공을 보장할 수 있는 방식이라고 인식했다.

셋째, 초등학교는 기본적으로 권위주의적 풍토를 보여 주었다. 교사는 아동들과 동떨어져 높은 교단이나 의자에 앉아서 학급 전체를 내려다보면서 수업을 했으며, 아동들로부터 존경을 받을 수 있는 다양한 의식을 실시했다. 예를 들어, 권위적 교사가 교실에 들어오면 일제히 일어나 '~님'(sir 또는 miss)에 강한 발음을 하며 인사를 했으며, 사전 허락을 받고 움직이거나 교사의 주의를 끄는 절차 등을 허락받아야 했다. 수업은 일반적으로 교사의 설명을 먼저 듣고, 성실하게 반복 연습하고, 다 끝내면 교사의 다음 지시를 기다려야만 하는 식으로 이루어졌다.

넷째, 교사의 권위주의는 여러 방식으로 유지되고 더욱 강화되었다. 아동들이 배울 내용은 교사나 교과서와 같은 적절한 권위로부터 나왔으며, 아동들은 잘 모르거나 의심스러운 모든 상황을 교사에게 묻고 그 말을 듣고 행동했다. 교사들은 아동들의 학습동기를 유지하기 위해 교사의 징표를 경쟁적으로 획득하도록 했으며, 특권적인 지위나 물질적 보상 등을 통하여 아동들에게 상과 벌을 주기도 했다.

다섯째, 교장과 교사들은 상급 기관의 권위적 결정에 대해 복종적이고 수용적이었으며, 상급 기관들은 공리적 목적들이 성취되어야 함을 강조하면서 학교교육의 과정에서 가능한 한 시간과 돈을 절약할 것을 요구했다. 이는 당시 상급 기관이 초등학교 현장 교사들은 매우 부족한 사람들이라는 부정적 관점에서 비롯된 것으로 그로 인해 권위적 명령이 만연되어 있었음을 시사하고 있다.

이와 같은 19세기 권위주의적이고 침울한 초등학교교육에 변화를 준 요인으로 사회·경제적 측면에서 야기된 사회구조의 요인이 있었다(Dearden, 1968). 첫째, 당시 초등학교에서의 교육 과정이나 내용은 기본적으로 노동자 계층의 아동들에게 사회에서 필요한 기초 기능, 제한된 지식, 복종과 같은 태도 등을 길러 주는 데 초점이 맞추어져 있었다. 그러나 좁은 의미의 기능들(narrow skills)을 단순 반복적인 훈련을 통해 습득하도록 하는 당시의 교육은 점차 발달하는 노동 시장에서는 적절하지 않았으며, 심지어는 필요하지도 않았다. 왜냐하면 노동자 계층의 아동들이 하는 낮은 수준의 작업들은 점차 기계화되고 있었으며, 점차적으로 기업들은 자신들이 필요로 하는 특정의 작업을 위한 훈련을 교육시킬 필요가 있었기 때문이다. 따라서 학교에서 낮은 수준의 기능들만을 갖춘 아동들은 기업에서 별도로 재훈련시켜야 했기 때문에, 초등학교교육의 사회적 효율성에 대하여 의문을 제기하게 되었으며, 고용주들은 학교가 일반교육을 시켜 기업의 여러 상황에서 적응적이고 융통적인 능력을 가진 학생들을 배출해 주길 원했다.

둘째, 현대 교육의 가장 큰 특징은 '교육의 민주화와 대중화'로, 이는 교육의 기회 균등을 가져와 교육의 대중화를 이루게 되었음을 의미하는데, 이러한 교육운동과 함께, 전통적 교육에서 근대화 교육의 변화를 의미하는 신교육운동(New Education Movement)이 일어났다. 즉, 민주적 시민사회에 상응하는 자유스러운 자주적 인간을 양성하기 위하여 종래의 주입식, 권위주의적 교육방법에서 탈피하여 교사, 아동의 인간적 결합으로 정의적 순화 및 경험적 방법에 의한 학습을 지향하는 신교육운동은 자유롭게 자기의 운명을 개척하는 인간을 양성하려는 학교교육의 내용 및 방법 차원의 교육운동이라고 할 수 있다.

신교육운동은 루소(Rousseau) 사상의 영향으로 박애주의 교육사상의 영향을 많이 받았으며, 특히 헤르바르트(Herbart)의 주지주의적 교육사상이 형성된 이후 그의 사상에 따라 100여 년간 학교교육이 지속되었지만, 과학발달과 같은 사회적인 변화 때문에 헤르바르트의 주지주의적 사상은 점차 비판받게 되었다. 결국 1900년대 엘렌 케이(Ellen Key), 듀이(Dewey) 등이 중심이 되어 루소(Rousseau)에게로 돌아가려는 새로운 교육운동이 일기 시작했으며, 새롭게 교육에 변화를 주려 했던 사람들은 인간의 지(知)보다는 정(情)을 강조하면서 자유로운 활동을 강조하게 되었는데, 이러한 사상은 결국 진보적 교육의 중심이 되었다.

이러한 신교육운동을 통하여 교육에 대한 과학적 탐구는 여러 방면에 영향을 미쳤지만, 특히 교실의 분위기와 교수방법, 교사 훈련 등을 개선시키고 교육의 본질에 관한 폭넓은 이해를 형성하는 데 기여하였다. 특히 교육에서의 주된 관심은 종래의 구교육이 가졌던 중등교육이나 고등교육과는 전혀 다른 교육 영역인 초등교육에 집중되었다(송준식, 사재명, 2006).

　　이러한 신교육운동은 루소의 사상을 이어받은 몬테소리(Montessori), 듀이(Dewey), 엘렌 케이 등에 의해 활발해졌으며, 이들의 활약은 리이츠(Lietz)의 전원학교, 케류센슈타이너(Kerschensteiner)의 노작학교, 듀이의 실험학교, 올슨(Olsen)의 '학교와 지역사회' 등으로 발전해 나갔으며, 새로운 학습지도법과 심리학이 발달하여 아동의 이해를 과학화하고, 교육과정 및 교육방법 개선의 기초를 제공하는 등 아동에 대한 새로운 발견으로 인해 아동중심교육관의 전환을 가져온 계기를 마련했다.

현대 초등교육에 영향을 준 두 보고서

　　영국 초등교육과정이 중등교육과정과 그 내용 및 개념에서 상이한 교육과정으로 탄생하는 데 영향을 준 것은 진보주의의 아동중심교육운동과 발달심리학자들의 영향이었다(Dearden, 1968). 진보주의와 발달심리학자들의 주장들이 영국에서 발전할 수 있도록 그리고 영국의 진보적 교육운동이 영국 사회에서 정착할 수 있도록 합법적인 근거를 마련한 두 보고서인 'Hadow Report on Primary Education'(1931)과 'Plowden Report on Primary Education'(1967)은 영국 현대 초등학교의 성격에 영향을 미친 보고서들로, 초등교육의 의미를 초등교육과정의 관점에서 접근하고 있는 보고서들이다(Blenkin & Kelly, 1981). 이와 관련하여 Dearden(1968)은 초등교육과정의 기초와 발달 개념을 영국 초등교육에서의 elementary school 전통과 primary school 전통으로 구분하는데, 발달의 관점에서 초등교육과정에 대한 인식이 형성된 것은, 즉 발달의 관점이 초등교육과정에 고려되기 시작한 시기는 1931년 초등학교에 대한 두 번째 보고서인 Hadow 보고서의 출현 시점이다.

Hadow 보고서(1931)는 기존의 전통적인 종적 제도를 폐지하고 새로운 횡적 제도를 통해 모든 국민에 대한 11세까지의 교육을 초등교육(primary education)이라고 하고, 그 위로 제2단계로서의 중등교육(post-primary education)을 실시하는 제도를 수립하였다. 또한 Hadow 보고서는 초등교육의 개념을 후속하는 교육의 준비로 보는 elementary의 개념에서, 초등교육이 그 자체로서 하나의 중요한 과정이라는 primary의 개념으로 바꾸어 놓았다. 즉, 초등교육의 개념을 elementary education에서 primary education으로 바꾸어 놓은 공식적 진술(official statements)로 볼 수 있다.

Hadow 보고서에 의하면, 교육과정은 성취해야 할 단원뿐만 아니라 탐구할 새로운 경험을 제공하고, 아동의 복종을 요하는 것보다 사회적 정신과 상상력 등을 길러야 하며, 개인 및 소집단 활동을 격려해야 한다. 또한 교육과정은 아동의 경험에 기초해서 설계되어야 하고, 지식은 과정으로 습득된 경험, 호기심, 아동 자신의 각성과 흥미 등을 통해 아동에게 있어 근본적으로 인간의 능력을 발달시키고 문명화된 사회에서 삶에 대한 근본적인 흥미를 일깨우도록 해야 한다는 것이다. 결국 primary 관점은 과정중심의 교육이 강조된 진보주의 교육의 관점을 반영한 교육과정의 과정모델(a process model of curriculum)로서 공식적인 진술로 간주된다.

또한 Plowden 보고서(1967) 역시 초등교육에 대한 진보주의 철학을 제시하고 있다. 보고서에 의하면, 학교는 아동이 그들의 삶을 처음으로 그리고 우선적으로 배워야 하는 지역사회이지 미래의 성인을 준비시키는 곳이 아니며, 학교는 의도적으로 아동을 위한 적절한 환경을 구안하고, 아동들이 자기 자신들이 되도록 하고, 자신에게 적절한 속도로 성장하도록 해야 한다는 것이다. 또한 초등교육은 아동을 아동으로 대하고, 경험과 발견학습을 통한 교육을 해야 하며, 아동의 발달을 고려한 과정중심의 교육과정이 되어야 한다. 물론 Plowden 보고서에 나타난 초등교육의 지나친 진보주의적인 신념에 대한 비판이 제기되고 있지만(Marriott, 1985), 진보주의적 아이디어들이 교육적으로 타당하다는 점과 수많은 학교에 실제로 존재한다는 점은 인정되고 있다(Marriott, 1985).

이러한 Hadow 보고서와 Plowden 보고서는 당시 진보적 교육운동이 초등교육에 영향을 주고 있음을 보여 주고 있는데, 그 주된 이유는 중등교육과는 달리 초등교육에는 공리적 요구, 어떤 단계를 위한 준비, 수단-목적의 도구적 차원의 교육과정 등의 외적 제약이 적거나 거의 없었기 때문이다(Blenkin & Kelly, 1981). Hadow 보고서와 Plowden 보고서는 결국 초등교육의 개념을 도구로서의 교육(education as instrument)의 전통적 관점에서 과정으로서의 교육(education as process)의 현대적 관점으로의 중요한 변화의 계기를 마련한 보고서이다(Blenkin & Kelly, 1981).

2. 주요국의 근대 초등교육의 역사

독일

독일(프로이센)의 절대군주제하에서의 교육체제의 기초를 마련한 왕은 프리드리히 빌헬름 1세(Friedrich Wilhelm I)이다. 프리드리히 빌헬름 1세는 국민교육의 진흥을 위해 1717년 9월 28일에 '의무취학령'을 발표하여 5세에서 12세까지의 아동을 대상으로 겨울에는 매일, 여름에는 1주일에 한두 번 정도 등교하도록 의무적으로 취학하게 하였으며, 가난한 아동의 수업료 면제와 학교

프리드리히 빌헬름 1세

시설이나 교사의 봉급을 국고에서 지원할 것을 규정하였다. 그리고 1736년 9월 29일에는 '일반학교령'을 발표하여 만 5세부터 12세까지의 일반 민중들의 자제를 대상으로 의무취학을 하도록 명했는데 이것이 보통학교규정 (General School Order)의 시초가 된다. 특히 프리드리히 빌헬름은 재임 중 많은 학교를 짓게 함으로써 독일의 의무교육제도의 기반을 마련하였다.

1794년에는 프리드리히 빌헬름 2세에 의해 제정된 '일반지방법'을 통해 교육에 대한 종교적 통제를 지양하고 국가의 감독하에 교육이 이루어져야 한다고 했다. 그는 다양한 방면에서 독일에 많은 영향을 주었는데, 특히 민중의 교육에 노력하였다. 특히 헤커(Hecker, 1707~1768)로 하여금 18세기 독일의 대표적인 초등교육 시행령인 1763년의 '프로이센의 학교규정'을 성립시켰으며, 교사 양성체제에서는 베를린 교원양성소에서 소정의 과정을 이수한 자에 한해서만 교사가 될 수 있도록 했다. '일반지방법'은 독일의 보통교육체제의 기초를 마련한 유럽 최초의 초등교육령이라는 의의가 있는데, 5세에서 14세까지의 취학의무, 학교의 설치 및 학기, 교재 및 교육내용, 수업료, 학비면제 조항, 학교 감독 그리고 교사 자질 및 봉급 등의 항목으로 되어 있었다(윤완, 2003). 물론 이러한 법령은 정치적, 경제적 및 사회적 여러 원인으로 인해 실제적으로 실현되지는 못했지만, 이후 보통교육체제의 마련에 중요한 방향을 제시해 주었다. 특히 학교는 종교적인 감독에서 벗어나 국가의 통제를 받게 되는 계기가 되었다.

프리드리히 빌헬름 3세는 교육을 사회개혁의 기능으로 보지 않고 인민으로 하여금 자기 임무를 다하고 왕에 충성을 다하게 하는 수단으로 보았다. 1830년에 복선형 교육제도가 확고하게 수립되었으며, 초등학교는 서민을 위한 것으로 인구의 90퍼센트가 취학했다(Butts, 1955). 이와 같이 19세기 독일은 당시 프러시아가 유럽의 주도권을 장악하고 공교육제도를 발달시켰기 때문에 유럽의 강국으로 성장하게 되었다. 당시 독일에서는 초등학교 교육과정을 확대하여 도구적 교과와 활동 교과를 부가하면서 광범위한 독일문화의 계승과 국가주의적 이상 실현에 교육의 궁극적인 목적을 두었다. 당시 대표적인 교육사상가로는 국가주의 사상가인 피히테(Johann Gottlieb Fichte)와 슐라이어마허(Friedrich Daniel Ernst Schleiermacher) 등이 있다.

프랑스

17세기 이후 프랑스 혁명이 일어나기 전까지 프랑스는 전형적인 절대주의 국가였다. 특히 루이 14세라는 절대군주하에서의 프랑스는 전 유럽에 막강한 영향을 끼치고 있었다. 따라서 프랑스의 시민교육은 매우 침체되어 있었으며, 절대왕정은 민주주의 교육에 큰 관심을 가지고 있지 않았기 때문에, 대부분의 프랑스 민중들은 교육의 혜택을 받지 못했다.

당시 침체되어 있던 민중교육에 대해 공헌한 기관은 라 살(La Salle, 1651~1719)에 의해 1684년에 설립된 그리스도 형제단으로, 가톨릭 교리에 의해 민중들을 대상으로 보통교육을 장려하며, 능력별제 학급편성을 통해 일제 학습을 실시한 특색을 가지고 있다. 이는 프랑스 혁명으로 인해 한동안 해산되기도 했지만, 1805년 이후 다시 설립되어 당시 초등교육에 큰 영향을 주었다.

라 살

이후 18세기 프랑스는 종교단체나 자선단체에 의해 가난한 사람과 교육을 필요로 하는 자들에게 자선 수단으로 교육기관을 설립한 영국과 달리, 모든 사람들의 복지를 개선하기 위해 모든 아동에 대한 국가교육제도를 수립하였다. 따라서 프랑스는 18세기 중엽에 이르러 국민교육제도의 구상이 대두되었다(윤완, 2003). 결과적으로 18세기의 프랑스 계몽주의자들에 의한 프랑스 혁명은 단순히 정치적 혁명뿐 아니라 교육의 근본 제도를 바꾸게 하는 결과를 초래한 교육혁명이기도 했다. 이 당시 프랑스 교육의 대표자로는 생 피에르(Charles lrénée Castel de Saint Piérre, 1658~1743), 라 샬로테(Louis-René de La Chalotais, 1701~1785), 롤랑(Jean-Marie Roland de Caradeuc la Platière, 1734~1793) 그리고 탈레랑(Charles-Maurice de Talleyrand, 1754~1838) 등이 있다. 당시의 교육학자들은 특히 구교의 예수회 교육방식을 비판하고 일련의 교육개혁 노력을 통해 프랑스의 교육체제를 새롭게 확립하는 데 기여했다.

　생 피에르가 주장하는 교육개혁안에 의하면, 교육은 국민 전체의 복지 향상을 위한 것이어야 하며, 아동에게 훌륭한 교육을 실시하는 것이 정치의 가장 중요한 요소이며 정치가의 가장 숭고한 사명이라고 강조하였다(윤완, 2003). 특히 프랑스의 교육 근대화에 기여한 라 샬로테는 예수회 교단의 교육체제가 무너지자, 교황 지상주의 교육에서 새로운 국가를 위한 국민의 교육이 이루어져야 한다는 내용의 새로운 교육계획인 국민교육론(청소년을 위한 교육계획, 1763)을 제안함으로써 국가주의 공교육의 수립을 강조하였다. 당시 라 샬로테는 렌(Rennes)의 고등법원 법관으로서 예수회 교단의 교육방법을 검토할 기회를 가졌으며, 두 차례의 결과 보고서를 통해 "예수회 교단의 사람들은 국가에 소속되지 않고 국가의 수장보다 오히려 종교적 수장을, 모국보다도 그들 단체를, 국가의 법률보다도 그들의 교리 규정을 더욱 중시하도록 훈련받은 사람들이다. 이들이 어찌 국왕에게 봉사할 청년들을 교육할 수 있다고 믿을 수 있겠는가?"라고 예수회 교단의 교육방침의 부당성을 지적하고 1762년 예수회 교단을 추방하게 된다. 이는 결과적으로 중등교육을 중심으로 유지되던 프랑스 교육체제에 일대 변화를 주기에 충분했다(윤완, 2003). 비록 라 샬로테는 비종교인은 아니었기 때문에 성직자(ecclesiastics) 중심의 교육을 배제하지는 않았지만, 속세를 떠난 성직자들이 세속적인 일반인만큼 활력 있게 시민교육을 시킬 수 있는가에 회의적이었으며, 국가교육은 세속적이어야 한다고 주장하였다. 또한 라 샬로테는 모든 국가는 구성원인 국민을 가르쳐야 한다는 양도할 수도 파기할 수도 없는 권리를 가지고 있으며, 결국 국가의 자녀들은 국가의 구성원이 되도록 교육받아야 하기 때문에, 국가에 의한 교육을 시행할 것을 역설했다. 그러나 라 샬로테는 민중에 대한 교육은 일반 직업과 관련된 최소한의 교육으로 충분하다고 생각해서 특권층의 교육과 민중교육을 분리하여 접근했기 때문에, 그의 교육계획은 특권 계층의 교육이며 일반 민중을 위한 교육계획으로는 한계가 있었다.

라 샬로테가 제안한 공교육 개념의 국민교육론에 영향을 받아 예수회 추방에 동참한 롤랑은 교육재건안(1768)을 통해 교육체제를 더욱 발전시키는 교육의 평등성을 주장하였다. 특히 롤랑은 어떠한 계층의 시민이라도 교육의 혜택을 받을 수 있도록 교육이 더욱 확대되어야 한다는 의미에서 대학, 칼리지(Colleges), 반 칼리지(Semi Colleges), 그리고 초등학교로 구성되는 통일학교제도를 제안하였다. 또한 모든 사람이 적당한 교육을 받을 수 있도록 지원해야 한다는 교육의 기회 균등의 원칙을 강조하였다. 그리고 탈레랑은 1791년에 3회에 걸쳐 '공교육에 관한 보고 및 법안'을 의회에 제출하였지만, 이 법안은 자유주의 성격을 띤 것으로 초등교육의 무상 실시를 주장하였으나, 의무제의 주장은 없었다. 비록 교육의 목표를 신체, 지력, 품성의 발달로 천명하고 초등학교는 남녀 동등한 것으로 적용하였으나, 부모나 국가에 대해 아동취학의 의무를 규정하지는 않았다.

콩도르세

특히 19세기 프랑스의 근대 공교육제도의 수립에 많은 영향을 미친 사람은 콩도르세(M. Condorcet, 1743~1794)이다. 콩도르세는 18세기 말 공교육의 본질과 목적, 아동교육론, 성인교육론, 직업교육론, 그리고 과학교육론의 5편으로 되어 있는 '공교육에 관한 5개의 각서'(1790~1791)를 혁명의회에 제출했다. 여기서 콩도르세는 공교육이 민중에 대한 사회의 의무라고 강조했는데, 이는 자유와 평등의 원리인 공교육의 원리로 구성되어 있다. 콩도르세는 공교육조직에 관한 계획안에서 학교체제의 불합리성을 지적하고, 학제의 단선형을 제안하였는데, 콩도르세의 계획안은 1792년 프랑스 혁명의회에서 제안한 '공교육의 일반 조직에 관한 보고 및 법안'의 기반이 되었으며, 초등에서 고등까지의 단선형 학제, 국민교육의 국가의 의무, 취학의 자유, 정치 권력에서의 중립 유지, 교육의 기회 균등 등의 내용은 근대 공교육제도의 이론적 근거가 되었다. 비록 이 안은 혁명 실패로 실천되지 못하고, 이후 독일과 같은 전체주의 국가에서는 직접적으로 도입하지는 않았지만, 미국에서는 도입하여 다른 시각에서 접근하였다.

프랑스는 시민 대혁명 이후 인권선언의 정신에 입각하여 공포된 프랑스 헌법(1791)에 의해 모든 시민에게 공통적인 공교육제도, 더욱이 모든 시민이 필요로 하는 교육기관에 대해서는 무상의 공교육제도를 조직한다(제1장)고 명문화함으로써 초종파적이고 무상의 공립 보통교육제도를 수립하였다(윤완, 2003). 이후 프랑스는 중세의 교육제도를 무너뜨리고 19세기 중엽까지 근대적 국민교육제도를 수립, 발전시킬 수 있도록 강력한 중앙집권화된 교육제도를 수립했는데, 나폴레옹이 정권을 잡자 프랑스는 프랑스 혁명 중 민주적 국가통일체를 이룩하기 위하여 국가에 의한 학교제도를 수립했다. 1801년 로마 가톨릭교회와 나폴레옹과의 계약을 통해 1802년 법률로 초등학교를 교회의 통제에 두게 했다. 사실 나폴레옹은 그리스도 형제단의 사업에 감명받아 초등학교보다는 중등학교에 많은 관심을 가졌는데, 그 이유는 정부를 도와줄 수 있는 유능하고 충성스런 관리들을 훈련시킬 수 있는 것은 중등학교를 통해서라고 생각했기 때문이었다(Butts, 1955).

특히 프랑스에서 근대 교육제도를 확립하기 위해 계몽군주인 나폴레옹은 19세기 초 자신의 통치하에서 국가주의적이고 중앙집권적인 국민교육제도인 나폴레옹 학제를 수립하였다. 1806년과 1808년의 법령에 의해 전국을 제국대학의 이름 아래 17개의 대학구로 나누고 교육행정체제의 기반을 마련하였으며, 교육에 관한 모든 기능을 수행하기 위한 기관을 설립하였다. 따라서 나폴레옹 학제는 이후 프랑스 학제의 기초가 되었으며, 근대국가에 의한 통일된 학교교육제도의 시초가 되었다.

이후 프랑스는 전 국민을 대상으로 하는 보통교육체제의 수립을 실현할 수 있는 기반을 마련하였으며, 프랑스의 국민교육제도는 1830년 7월 혁명을 거쳐 이룩된 1833년의 초등교육법과 1848년 2월 혁명 이후에 마련된 제2공화국 시대의 교육법을 통해, 1882년 3월 28일 실질적인 의무교육제도의 교육법을 개정함으로써 처음으로 공립 무상 의무 보통교육제도를 확립하게 된다 (Good & Teller, 1969). 물론 당시 프랑스에서는 상류계층을 위한 학교의 교육내용이 명백히 구별되어 있었지만, 제1차 세계대전 이후에 통일학교운동이 강력히 전개되어 초등학교 교과과정을 하나로 통합하면서 프랑스의 교육민주화는 크게 진전되었다.

영국

영국의 절대주의 왕정은 유럽의 다른 나라들보다 앞서 시작되었는데, 15세기 말인 헨리 7세(Henry Ⅶ, 1457~1509) 때 비롯되어, 16세기 말인 엘리자베스 여왕(Elizabeth, 1533~1603) 때에 확립된다. 그러나 영국에서 초등교육을 위한 공교육제도는 프랑스와 독일과 같은 유럽의 다른 지역보다는 비교적 늦게 확립되었다. 영국에서 합법적인 공립학교 설립이 지연된 이유는, 교육은 일차적으로 가정과 교회의 일로 국가는 교육에 대한 책임이 없다는 인식과 국교의 세력을 유지하려는 상원의 보수적인 영향으로 인해 빈민계층은 사회적으로 무시되고 있었으며, 기득권을 가지고 사적 이익을 조성한 자선적 종교교육기관이 공립학교의 설립을 반대했기 때문이다(Parker, 1912: 227). 특히 아버지는 그의 자녀에게 지위에 적합한 교육을 제공해야 하는 사회적 의무가 있지만, 이를 법원에서 강제할 수 없다는 1795년 법정 판결에서도 알 수 있듯이 교육문제는 국가가 개입할 사안이 아니라는 것이다(Montmorency, 1903:

181).

　　그러나 영국의 경우 18세기 말 일어난 산업혁명은 경제체제의 변화뿐 아니라 사회 전반적인 구조의 변화에까지 영향을 줌으로써 교육에도 큰 변화가 일어났다. 산업혁명으로 인해 부녀자와 어린 아동들이 취업의 기회가 늘어나는 반면, 점차 비숙련공에 대한 훈련과 어린 노동자들에 대한 취업교육 그리고 취업한 부녀자의 육아 및 교육 등의 문제가 사회문제로 부각되었다. 이러한 이유로 영국에서는 점차 빈민구제를 위한 개인적 그리고 자발적 자선단체에 의한 교육이 확대되었다. 따라서 자선단체에 의해 무료로 교육을 실시함으로써, 빈민을 위한 초등교육이 크게 발전하였다. 사실 중류, 상류 계층의 기부금으로 교회를 경영하고 무료로 교육을 시켜 주는 이러한 자선교육은 신의 복음을 널리 보급시킴으로써 기독교 종파의 세를 확대하고자 하는 의도 역시 있었다.

　　이러한 빈민구제를 위한 자선단체 기관으로는 17세기부터 있었던 자선학교(charity school)에서부터 19세기 초에 생긴 빈민학교(ragged school), 고아학교(orphan school), 직공학교(industrial school), 감화원(reformatory), 급식소(soup kitchen) 등 그 형태가 다양했다. 그러나 당시 가장 중요한 기관은 일요일이 아닌 주중에는 일하는 아동을 지도하기 위한 일요학교(Sunday schools), 대량생산에 기저를 둔 교육을 하는 조교제 학교(monitorial system schools), 어머니가 공장에 나가서 일하고 있는 3, 4, 5세의 어린이를 맡아 주는 유아학교(infant schools) 등이었다.

　　그러나 18세기 영국의 초등교육기관은 종교단체나 자선단체에 의해 다양한 형태로 설립되었던 반면, 영국 정부는 일체 관여하지 않았다. 영국 국회 사상 처음으로 공교육제도에 대한 교육법이 제안된 것은 1807년 화이트브레드(S. Whitebread)에 의한 화이트브레드 법인데, 이는 각 학구를 단위로 공립 초등학교를 설치할 것을 규정하는 법이었으나, 다시 보수당의 반대로 폐기되었다(윤완, 2003). 한편, 18세기 말엽 스미스(A. Smith)와 맬서스(Malthus)는 국가 주도의 보통교육을 주장했으나, 이는 공교육을 통하여 빈민계층에게 일정한 직업을 주고 재산이 있는 계층의 경제적 이익을 보호하기 위해서 주장한 것이다. 결국 그 주장은 미취학의 문맹한 대중을 교육시킴으로써 프랑스 시민혁명으로 자칫 그릇된 사상의 영향을 받아 사회적 범죄를 저지르지 않도록 함으로써 상류계층을 보호하고자 한 것이다. 이는 프랑스 혁명 이후의 프랑스 국가교육제도의 변화와는 대조적인 것이다.

산업혁명 이후에는 초기 아동 노동법의 부재로 아동들이 주일에 교회에 오도록 하여 교육을 받도록 한 일요학교가 있었다. 특히 산업혁명 시기에 알맞게 보다 효율적인 학교의 필요성으로 조교제 학교를 통해 적은 비용으로 많은 학생들을 가르칠 수 있다는 효율성이 인기를 얻었다. 그러나 이러한 학교의 운영은 단순한 기초 능력을 습득하는 데 있으며, 보다 중요하게 고려된 것은 종교와 도덕 교육으로 당시 상류계층의 교육 형태와는 그 취지와 목적이 달랐다. 따라서 당시 초등교육에 대한 다양한 형태의 학교 제공은 종교적인 측면과 경제적인 측면이 함께 고려된 것이다.

당시 레이크스(R. Raikes)에 의한 일요학교(Sunday school)와 오웬(R. Owen, 1771~1858)의 유아학교(infant school)가 1780년에 설립되었다. 일요학교는 공장 노동자의 자제들을 위한 학교로서, 자비로 교사를 채용하여 꼭 필요한 지식을 가르쳤고, 종교적 그리고 도덕적 교육을 병행하였지만, 상당히 세속적인 내용을 다루었다는 것에 의미를 부여할 수 있으며, 이후 여러 나라에 영향을 끼칠 정도로 성공적이었다. 그리고 인간의 성격이란 그가 속해 있는 사회 환경에 의해 형성되고 성장하는 것이라고 주장한 오웬은 당시 도제를 통해 혹사당하는 아동들을 위해 3세 정도의 아동이 다닐 수 있는 성격형성학원의 부속학교인 유아학교를 설립하였다. 오웬은 교과에 의한 형식교육보다는 아동의 건강과 신체 단련을 강조하는 비형식적 교육을 강조하였다.

한편, 18세기 말엽에는 벨(A. Bell)과 랭커스터(J. Lancaster, 1778~1838)가 산업혁명이 진행됨에 따라 보호가 필요한 아동들을 대상으로 조교제도에 의

랭커스터

해 수업을 하는 조교제 학교를 각각 설립하는 등 영국에서의 다양한 초등교육 관련 기관이 보급되었다.

영국의 초등교육은 산업혁명의 결과, 전통적인 사교육이나 도제제도가 붕괴되고 빈민 자제를 위한 자선학교가 설립되었는데, 널리 호응을 받아 1833년에는 이와 같은 학교의 설립에 국가의 보조금이 지급되면서 국가가 교육에 관여하는 계기가 되었다. 그러나 1833년 국가가 교육에 보조금을 지원했지만, 1870년 이전까지는 아동들의 교육을 제공해야 한다는 의무에 대해 주정부는 일반적으로 무시했으며 그 의무는 부모에게 있다(Greenough, 1999). 교회에 의해 설립·운영된 기부학교(voluntary school)와 교육위원회에서 운영한 공립학교(State School)가 공존하고 있었으며 이후 두 형태의 학교로 발전했다.

산업혁명은 19세기 동안 더욱 발전하기 시작했기 때문에, 영국 산업이 프랑스와 독일과의 경쟁에서 우위를 지키기 위해, 읽고 쓸 수 있는 숙련된 기술공들에 대한 수요가 높아졌다. 외국 산업이 영국 산업을 따라잡았던 1867년의 현실은 정부로 하여금 적어도, 1870년에 기부학교를 운영하던 교회 단체들에 그러한 문제를 떠맡기는 대신에, 자국 시민들의 기초교육(basic education)에 직접적으로 관여하도록 박차를 가하게 했다(Busher, 1986). 특히 노동자 계층의 교육열과 사회 여론은 더욱 확산되어 1838년부터 1848년까지의 노동자 계층의 정치 운동과 1867년의 제2차 선거법의 개정으로 노동자의 발언권이 강해짐에 따라 1870년 초등교육법(Foster Act)이 의회를 통과하게 된다(윤완, 2003). 1870년 의무교육세, 대표적인 지역 당국의 강화, 아동의 의무적 학교 출석 등을 원칙으로 하는 초등교육법(Elementary Education Act)이 공포됨에 따라 전국이 많은 학구로 나누어지고 각 학구에 학교위원회(School Boards)

들을 두어 처음으로 공립 초등학교를 세우게 되었는데, 현재 영국에서 모든 아동들을 학교에서 가르치게 되는 공립 초등학교체제는 1870년부터 시작되었다고 볼 수 있다(Greenough, 1999).

특히 1870년과 1902년 사이에, 초등교육은 무상의무교육이 되었으며, 초등 및 중등학교들이 설립되고 교육에 대한 중앙 정부의 통제는 점차 높아졌다(Stephens, 1998). 1902년 법률 공포로 공립학교와 기부학교에 대해 지방 정부가 재정적 책임을 지게 되고, 교육위원회에 의해 장학지도를 받게 되지만, 자율권이 많은 영국 교육에 있어서 사학의 비중은 다른 나라보다 컸으며, 기존의 자선 종교단체가 설립한 자선학교도 그대로 존속되었다. 1918년의 피셔 법(Fisher Act)에 의하여 14세까지의 의무교육제 및 공립 초등학교의 수업료 폐지로 인한 완전무상제가 도입되었다.

1920년 밸푸어 교육법(Balfour Education Act)에 의하여 종래의 교육위원회가 폐지되고 공교육의 책임은 지방 정부의 새로운 기관으로 옮겨졌다. 당시 위원회의 공립학교는 약 5,800개교, 종교단체의 사립학교는 약 14,000개교 정도였으나 지방교육당국은 공립학교의 설치와 더불어 사립학교에도 재정보조와 감독을 하게 되어 교육의 공공 관리원칙이 확립되었고 공립학교는 그 후 증가했지만, 19세기의 초등학교체제는 근본적으로 어떠한 문화적 가치를 갖고 의도된 것이 아니었고 실용주의적(utilitarian)이었다(Mannheim & Stewart, 1962). 이후 1931년 Hadow 보고서에서 초등교육을 중등교육과 독립적인 위치와 특성을 지닌 단계로 보고 초등교육 단계를 elementary에서 primary로 용어를 규정하게 되었고, 1944년 교육법인 버틀러(Butler) 법에 의하여 제도교육의 기틀이 마련되었다. 초등학교인 primary school과 중등학교인 secondary school로 분리되며, 1870년에는 5~10세, 1918년에는 14세, 1944년에는 15세, 그리고 1973년경에는 16세로 점차 의무교육의 교육연한이 연장되었다. 이처럼 모든 아동이 중등교육의 혜택을 받게 되었으며, 교육부(Ministry of Education)의 설립 이후 국가는 교육정책을 통해 책임을 맡고 지방 정부는 제도의 집행에 대한 책임을 지게 되었다.

미국

미국은 1600년대부터 1783년까지 영국의 식민지였다. 초기 미국 교육은
기본적으로 영국의 교육을 충실히 따르는 것이었다. 미국 교육은 유럽에 비해
상대적으로 늦었지만 급속도로 발전하였으며, 17세기 이후부터는 미국의 사
회적, 경제적, 정치적 여건을 고려한 미국 자체의 교육적 특징들을 갖기 시작
했다. 특히 초기 미국의 공립학교 재원 조달의 일차적인 책임은 학교를 설립
하여 운영하는 각 지역사회에 주어졌다(고선, 2012). 물론 사회적 혹은 정치적
요소보다 미국 사회에 큰 영향을 준 것은 종교적 요소였으며, 비국교파인 청
교도에 의해 이루어진 민주적, 자유주의적 혁명정신은 미국 문화의 기반이 되
었다.

미국 식민지 초기의 교육은 공교육 이념의 확립에 있어서 여러 가지 사회
적 요인의 배경이 있지만, 기독교의 영향하에 있었으며 종교적 한계를 벗어나
기 힘들었다. 유럽과 마찬가지로 초기 미국의 경우 종교교육을 중요한 교육내
용으로 강조했지만 가톨릭교의 억압적이고 형식적인 교육을 강요받는 영국
과는 달리 청교도적 이념을 추구하였으며, 영국식 교육만으로는 다양한 계층
의 요구와 필요를 충족시킬 수가 없었다(장덕삼, 2000). 또한 당시 미국에 이
주한 주민은 유럽 여러 나라의 다양한 문화, 종교, 풍속, 사상 등을 가지고 있
었기 때문에, 초기 미국에서의 공립학교들은 정규 초등교육을 제공했으며, 읽
기, 쓰기 교육과 시민정신의 배양에 집중하였다(유재덕 역, 1992). 그러나 소
수의 마을에 학교가 설립되었지만 청교도 교리에 의해 요구되는 보편적 교육
을 보장하기에는 충분하지 못했다(Parker, 1912). 그 결과, 1642년에는 최초로
세금에 의해서 운영되는 교육제도를 마련하는 계기가 된 매사추세츠 교육령
(Massachusetts School Law)이 제정되었으나, 철저하게 계획적으로 이행되지

는 않았다. 청교도인들에게 있어서 교육의 근본적인 목적은 일반 신도들이 종교적인 원리와 사회적인 규율을 읽고 이해할 수 있게 하는 것이었는데, 이는 이후 미국의 교육에 크게 공헌하였다(정상준 외 역, 1996).

프랭클린

당시 미국에는 동부 연안을 중심으로 초등교육 관련 기관들이 많이 설립되었다. 구체적으로는 개척교회가 운영한 교구학교(parochial school), 영어 읽기를 가르치는 읽기학교(reading school), 읽기를 배운 학생들에게 쓰기와 산술을 가르친 습자학교(writing school), 빈민아동을 무상으로 가르친 자선학교 그리고 아줌마학교(dame school) 등의 다양한 학교들이 설립되었다. 이들 학교들은 식민지 시대 초기에 영국으로부터 영향을 많이 받았다.

반면, 미국 식민지 초기에 중등학교는 뉴잉글랜드 지방의 각 도시에 설립된 대학진학을 위한 라틴어 문법학교가 대부분이었으며, 이후 1751년 직업준비를 위한 실용적 과정으로서의 아카데미가 설립되었다. 프랭클린(B. Franklin, 1706~1790)이 필라델피아에 설립한 아카데미는 주로 라틴어 문법학교를 대신하여 영어와 같은 실용 교과들을 가르쳤는데, 기존의 중등교육의 결점을 보완하고, 근대적인 교과를 가르쳤으며, 대학진학뿐 아니라 직업준비를 위한 실용적 교육을 병행했다.

이러한 학교의 운영은 독지가의 기부금이나 주민들의 세금에 의존하였을 뿐만 아니라 교육의 내용과 방법을 교사의 재량에 맡겼으며 교사의 자율성이 보장되었다(장덕삼, 2000). 또한 당시의 미국 대학들은 하버드 대학이 1636년 매사추세츠 주에 설립된 이후, 예일 대학(1701)은 조합파가, 프린스턴 대학(1746)은 장로교파가, 컬럼비아 대학(1754)은 영국국교회가, 브라운 대학(1764)은 침례교파가 설립할 정도로 주로 종교기관에 의해 설립되었으며, 오랫동안 통제를 받았다.

　한편, 미국에서는 식민지 시대부터 교육과 종교의 분리 문제가 논란의 대상이 되었는데, 1751년 프랭클린이 필라델피아에 아카데미(중등학교)를 설립하고 교육과 종교의 분리를 처음으로 시도한 이후, 40여 년이 지난 1790년에는 뉴햄프셔 주 헌법을 통해 종교와 교육의 분리의 문제가 어느 정도 정리되었다. 이후 19세기 중반 교육과 종교를 둘러싼 논쟁은 완전히 해결되었다. 따라서 1850년 이후 미합중국에 가입하는 모든 주는 그 주의 최초의 헌법에서 교육과 종교의 분리를 밝히는 규정을 설정하였기 때문에, 무상의 비종파 보통교육제도를 성립시킨 미국은 취학의 의무화를 본격적으로 추진할 수 있었다. 이로 인해 1870년부터 1900년에 이르는 약 30년간의 미국 교육에 내적 충실을 기할 수 있었다.

　미국의 교육제도가 실질적으로 확립되기 시작한 것은 미국 독립 이후이다. 비록 독립전쟁으로 인하여 교육의 발전이 어려웠고, 교사의 부족과 시설의 미비가 심한 상황이었지만, 1776년 독립 이후 미국은 주 정부 단위로 교육체제를 재정비했으며, 각 주 정부들은 헌법을 제정하고 국민을 위한 교육의 중요성과 의무적으로 공립학교를 설치할 것을 명기하는 교육에 관한 규정 등을 제정하였다. 미국 헌법(1787)이 채택되기까지의 10여 년 동안 본격적으로 국가 형성을 위한 교과서 및 주 교육제도가 계획되어 지금과 같은 독립국가로서의 교육체제를 갖추게 되었다(장덕삼, 2000). 특히 매사추세츠 주에서는 일찍부터 공교육체제를 도입하여 초등학교와 중등학교를 설립하고 시의 재정적 지원으로 운영하도록 했는데, 이러한 공교육 이념의 확립에 있어서는 여러 가지 사회적 요인의 영향이 컸다. 독립 초기에는 주로 도시에서 각종 종교단체에 의해서 대중적인 초등교육이 이루어졌다. 주로 일요학교, 조교제 학교, 빈민학교, 그리고 유아학교 등이 있었는데, 자선 형태의 학교들은 소액의 비용으로 다수의 아동을 교육할 수 있어 당시로서는 환영받았다. 특히 도시에 많이 설립되어 미국의 초등교육 발전에 크게 공헌하였는데, 이와 같은 학교의 혜택을 받은 것은 대부분 빈민의 아동들이었으며, 당시 부유층의 자제들은 가정교사나 사립학교에 의하여 교육받았다.

독립 이후, 19세기에 미국은 교육의 여러 분야에서 상당한 제도적 체제를 갖추게 되었다. 특히 1830년대에 미국에서의 산업혁명의 영향은 영국에서와 마찬가지로 학령기 아동의 노동문제, 사회복지 문제 등의 사회문제가 복잡하게 얽혀 있었으며, 무상 및 의무교육에 대한 요구가 사회적으로 제기되었다. 1825년경부터 노동조합이 결성되기 시작했으며, 1829년 뉴욕에서 열린 노동자대회(General Meeting of Mechanics and Workingmen)에서 사회에서 생활하고 자유를 누리는 데 있어서 교육이라는 것이 인류에게 주어진 최대의 은혜와 행복이고 모든 사람이 성인에 이르기 전에 충분하게 교육받을 수 있는 기회가 보장될 수 있는 교육제도를 위해 공공기금을 적립해야 한다고 결의하였으며(Cubberley, 1920), 1839년 필라델피아 노동자 대의회의 회의에서도 모든 아동들이 평등하고, 그들이 사회의 일원, 즉 자유로운 국가의 구성원이 될 수 있도록 준비하는 것이 민주적 교육이라고 선언하였다(Farrand, 1918).

이러한 노동자 계층의 요구와 사회문제의 해결을 위해 잭슨(A. Jackson) 대통령 시기에 새로운 교육제도의 개혁을 추진했는데, 공립 무상의 초등교육 보급을 주요 특징으로 하고 있다. 특히 미국에서는 초등학교의 목적에 있어서, 미국 독립전쟁은 국가주의적 관점보다 더 큰 의미가 있었다. 각 개인의 책임과 의무를 위해서는 자신의 행동뿐만 아니라 타인의 행동을 평가할 수 있는 능력을 개발시킬 필요가 있었으며, 표현과 양심의 자유를 일관성 있게 지키기 위해서 자신의 재능을 훈련시킬 교육이 필요했다. 따라서 초기 국가주의 시대의 초등학교 교육과정에 포함된 웅변술은 근대 민주주의의 출발을 자극하는 개혁에 참여하고자 하는 사람들의 열망을 표현하였다(이원호 역, 1998: 371).

공립무상 교육제도가 가시화되기 시작한 지역은 1834년 '무상학교법(free school law)'에 따라 공립무상학교를 통한 전 주민의 취학 교육제도를 시행한 펜실베이니아 주였다. 미국의 경우 교육 기회 균등의 원칙에 기초한 교육제도의 구상을 실천해 옮기는 데 있어서는 많은 어려움이 뒤따랐지만, 1820년 이후 공교육의 점진적 발달과 함께 1830년대에 시작된 보통학교 개혁운동이 성공하였다. 특히 미국에서 근대적 의무교육제도는 1852년 매사추세츠 주의 교육법에서부터 출발하는데, 이에 공헌을 한 사람이 호러스 맨(Horace Mann)이다. 그는 1837년 미국 최초로 설립된 매사추세츠 주에 교육위원회(state board of education)의 초대 교육장으로 미성년자의 노동제한 운동을 통해 미성년자의 취학 의무를 교육제도로 도입할 것을 추진하였으며, 그 노력의 성과로 매사추세츠 주에서 의무교육제가 시작될 수 있도록 공헌했다. 이 법에 따르면 8~14세까지의 아동은 매년 12주 이상(그중 6주는 연속적으로)을 의무적으로 취학하도록 했다.

이후 각 주에서 교육의 무상주의를 주 교육법에 규정하였는데, 1889년에는 전국에서 25개 주가 의무교육을 실시했으며, 1920년까지는 모든 주에서 의무교육이 실시되어 무상으로 하는 초등학교 제도를 운영하게 되었다(De Young, 1960). 그러나 이 당시 미국의 의무교육제도는 연간 12주간의 의무교육제를 규정하는 것이 보통이었지만, 오늘날의 초·중등학교까지의 완전 무상 의무교육제도가 확립된 것은 20세기 초가 되어서야 가능했다(권동택, 2009).

3. 아동기 인식과 연구 동향

아동기 인식의 논쟁

아동기에 대한 성인사회의 인식은 아동을 바라보는 관점에 따라 그리고 사회 변화 요인에 따라 다양한 의미로 접근되어 왔다. 과거 전통적인 관점에서 아동들은 태생적으로 악하다고 보는 관점이 강해 아동들의 자발적인 충동(spontaneous impulses)은 믿을 수 없었으며, 스스로는 무엇이 선하고 참인 것인지 가려낼 수 없다고 보았기 때문에, 아동들은 구제가 필요하며 실제적으로 성인의 권위(authority)에 복종함으로서만 성취될 수 있다고 보았다. 이와 같이 아동기에 대한 인식이 성인들로부터 어떤 요인에 의해 부여되어 왔는지 그 논의 과정을 살펴보는 것은 현대사회의 아동기에 대한 인식 논의에 단초를 제공하게 된다.

아동기 인식의 역사에 있어 아동을 성인과 구별되는 독특한 존재로 보는 관점은 근대적 가치관과 사회적 변인의 다양한 요인에 의해 형성되어 왔으며, 많은 연구자들에 의해 아동기 발견(discovery)의 관점으로 논의를 전개하게 했다. 먼저 아동기 인식의 논쟁에서 중요한 인식의 전환을 가지게 한 연구는 사실 Ariés로부터 시작된다. Ariés에 의하면, 아동기 개념은 15세기 부르주아 계층에서 나타나기 시작했는데, 중세사회는 유아기와 성인기 사이의 아동기에 대해 무관심했으며 아동을 성인과 구분할 특별한 인식이나 개념이 존재하지 않았고 아동기 인식의 발견은 중세 이후부터라고 주장하고 있다. 그에 의하면, 아동기는 점차 산업화에 따른 사회 변화에 의해 성장과정의 특별한 단계로 인식되기 시작했는데, 특히 핵가족의 발달과 학교교육제도는 아동을 성인사회로부터 분리시켜 인위적으로 고안된 획기적인 사회적 제도로 발전되었다고 한다(Ariés, 1962). 물론 이러한 Ariés의 주장에 대해 일부 학자들은 공감하기도 하고 다른 관점에서 해석하며 반대의 주장을 취하기도 하지만, 근대적 아동기 개념에 대한 인식의 논의는 Ariés에서부터 촉발되었다고 볼 수 있다 (이시재, 1998).

Ariés(1962)의 주장과 같이 아동기에 대한 인식의 역사는 변화한다는 진보적 관점의 학자들로는 deMause(1974)와 Suransky(1992) 등이 있는데, 이들은 성인사회로부터의 아동기 인식이 과거에서 현재로 오면서 점차 진전되어 왔으며, 아동 보호의 관점에서 변화되어 왔다고 주장하고 있다.

아동기 역사에 대한 deMause(1974)의 관점은 아동기는 보편적으로 발견되는 것보다는 많은 세대를 거쳐 양육방식이 구조적으로 변화되는 방식에 의해 개념화되어 왔다고 전제하고, 과거의 아동기 인식은 마치 하나의 악몽 (nightmare)으로 비유하며, 우리가 아동기 역사에 대해 조금만 이해한다면, 아동이 쉽게 살해되고 유기되고 성적으로 학대당해 왔다는 것을 알 수 있다고 주장하고 있다(deMause, 1974).

특히 deMause는 이러한 변화과정에서 자식이 잘되기를 바라는 부모의 마음은 자기 자신의 어린 시절에 대한 회상에서 비롯된 심리발생이론으로 아동살해 방식(infanticidal modes), 아동유기 방식(abandoning modes), 수용과 거부 양립 방식(ambivalent modes), 강제 방식(intrusive modes), 사회화 방식 (socializing modes), 조력 방식(helping modes)의 여섯 가지 방식으로 도출된다고 보았다(deMause, 1982).

반면, Ariés(1962)의 주장과는 달리 Pollock(1983)은 아동기 인식에 대한 성인의 관점은 크게 달라진 것이 없다는 전제하에 특별히 과거의 아동기에 대한 인식이 지금보다 부정적이거나 관심의 대상이 되었다는 근거는 없으며, 기본적으로 성인사회는 아동기에 대해 근본적인 변화 없이 지속되었다고 주

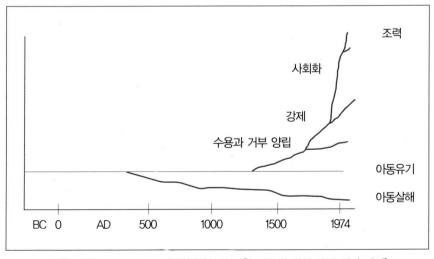

그림 11-1 deMause가 제안한 '자녀에 대한 부모의 여섯 가지 심리 방식'

장하고 있다. Pollock(1983)은 과거의 아동일기와 자서전, 법원 판결 등을 근 거로 하여 역사적으로 과거의 부모들 역시 아동에게 친절했고 호감을 가지고 있었으며, 오히려 현대의 아동기 인식보다 과거의 아동기 인식이 더 긍정적이 었다고 주장하며, 현재가 과거보다 아동기 인식에 있어서 더 나은 환경이라고 뒷받침할 증거가 없다고 주장하고 있다. 그러나 대다수의 아동기 인식에 대한 연구들은 성인사회로부터의 아동기 인식이 역사적으로 점차 긍정적인 방향으 로 변화되어 온 것으로 이해하고 있다.

이상과 같이 아동기 인식에 대한 접근은 사회문화적 맥락 속에서 하나 의 사회적 제도로서 특별한 의미로 형성되어 왔으며, 현대사회에서 아동 기 인식의 방향에 대한 통찰을 제공하고 있다. 그러나 근대 아동기 발견 이 후, 현대사회에서 아동기 인식은 아동기 위기라는 우려를 갖게 한다. 예를 들어, 현대사회에서 바쁜 아동기를 보내는 Elkind(1981)의 '쫓기는 아동', Cunningham(1991)과 Suransky(1992) 그리고 Postman(1994)의 '아동기 의 실종', 또한 현대사회에서의 폭력과 분열로 인한 아동의 희생 등 아동기는 현대사회에서 다시 암흑기로 접어들고 있다는 비판이 높아지고 있다(Winn, 1983). 따라서 다양한 관점을 통해서 현대사회에서 아동기가 우리에게 어떤 의미로 받아들여지는지 아동기에 대한 새로운 개념 설정과 해석이 필요하다.

아동기 연구의 동향

아동기 연구는 1960년대 Ariés(1962)의 연구에서부터 다양한 영역과 관점 접근 왔다. 특히 아동기 인식이나 개념에 대한 연구들은 전문 영역에서 다양 하게 접근하며 아동기 개념을 재해석하려는 노력을 하고 있다. 이와 관련하여 James와 Prout(1990: 8-9)는 아동기 연구가 새로운 패러다임에 따라 다음과 같이 여섯 가지 관점으로 재해석되어야 한다고 강조한다.

- 아동기는 하나의 사회적 구성체로서 이해해야 한다는 점
- 아동기 연구는 다양한 사회문화적 배경하에 비교학적 시각으로 접근되어야 한다는 점
- 아동의 사회적 관계와 문화는 성인의 관점으로부터 구분되어야 하며, 아동 권리의 존중하에 접근해야 한다는 점
- 아동은 자신의 사회적 삶을 적극적으로 구성하고 결정할 수 있어야 한다는 점
- 아동 연구에 있어서 인종학과 민속학은 특히 유용한 방법으로 아동기에 대한 새로운 연구 접근에서 중요한 역할을 갖고 있다는 점
- 아동기 연구는 성찰적 의미에서의 이중 해석학(double hermeneutic)의 특징을 가지고 있다는 점

이러한 아동기 인식의 연구에 대한 새로운 패러다임의 변화는 아동기 개념 이해에 많은 시사점을 제공한다. 즉, 아동기에 대한 단순한 발달심리학적 접근에서 보다 다양한 영역과 관점에서의 접근으로 확대되고 있으며, 아동을 하나의 사회적 구성물로서 이해하고 있으며, 아동 존중 내지 아동권리 차원에서 아동을 독특한 존재로서 이해하고 있다.

따라서 아동기 개념화 논의와 인식 연구는 보다 다양한 학문영역으로 확대되면서 새로운 연구 동향으로 이어지고 있으며, 아동기 인식이나 개념 형성에 대한 사회 전반적인 측면의 연구로 확대되고 있다.

☕ **참고 자료** 주요 교육사상가

엘렌 케이
(Ellen Key, 1849~1926)

1. 교육사상

- 개인주의적, 자유주의적 교육사상가로서 루소의 자연주의에 큰 영향을 받음
- 아동중심교육 주장:『아동의 세기』저술
- 교육은 아동의 생명에 대하여 자유롭고 자연적인 발전을 조성하는 활동
- 교육의 비결은 교육하지 않는 데 있으며, 주지주의 교육을 정신적 살인에 비유
- 자발성, 개성 있는 교육
- 체벌 금지

2. 공헌

- 사회적 자유주의와 개인의 해방 강조
- 여성과 아동의 해방 강조

나토르프

(P. Natorp, 1854~1924)

1. 교육사상

- 이상주의 철학자, 신칸트학파
- 주지주의적·개인주의적인 헤르바르트 교육이론에 대립하여 의지적·사회적 교육학을 주장
- 윤리적인 실천을 목표로 한 윤리 논리, 미를 강조하여 인간형성학 주장
- 사회적 교육학 성립: 개인과 사회를 일원적으로 파악
- 규범적 교육학: 교육은 경험적 소재를 규범적으로 습득하는 것

2. 공헌

- 종합적 교육학의 기초 마련(논리학, 미학, 윤리학, 심리학)

케르셴슈타이너

(G. M. Kerschensteiner, 1854~1932)

1. 교육사상

- 노작교육 사상가이며 통일학교 사상의 대표자
- 독일의 국가시민교육, 즉 공민교육을 강력히 주장
- 교육은 문화 전달과 갱신의 과정
- 교육목적: 국민교육론

- 교육방법: 노작교육
- 노작학교 설립: 공동 작업을 통하여 협동심과 책임감을 생활화할 수 있으며 노작을 전 교과의 방법으로 도입하는 것만이 종래 지적 교육의 폐단을 극복할 수 있음

2. 공헌

- 독일 직업교육 발전에 기여
- 뮌헨의 직업학교 제도 개발
- 초 · 중등교육에 대한 실용적 접근 계기 마련

듀이
(J. Dewey, 1859~1952)

1. 교육사상

- 미국 진보주의 교육의 제1인자
- 아동중심교육을 강조
- 실용주의 교육철학(도구주의, 기능주의, 실험주의)
- 변화를 근본사상으로 하는 프래그머티즘에 입각

1) 교육목적

- 교육은 경험의 계속적인 개조
- 교육의 과정과 목표는 별개의 것이 아니라 같은 것
- 교육은 생활의 과정이지 성인생활의 준비 또는 장래를 위한 준비가 아님
- 아동들의 보다 활발한 성장이 교육목표

2) 교육방법

- 행함을 통한 배움(learing by doing)
- 흥미를 중시
- 교육은 아동의 능력, 흥미, 습관의 심리학적 통찰부터 시작
- 자기 훈련을 강조: 자신의 능력을 자유롭게 발휘해서 자기 발전의 결과를 확인하고 정비함
- 반성적 사고(문제해결 과정) 강조
- 교육방법과 교재는 경험에서 분류되는 것이므로 일회적
- 아동중심교육: 학교는 아동의 능력과 흥미가 조화적으로 발견되는 사회적 생활의 장이 되어야 함

2. 공헌

- 시카고 실험학교 창립
- 실용주의 교육철학으로 초등학교 교육에 많은 공헌을 함
- 진보주의 교육사상의 체계화 기여
- 20세기 교육사상을 지배한 신교육의 지도자

킬패트릭
(W. H. Kilpatrick, 1871~1965)

1. 교육사상

- 진보주의 교육사상가
- 듀이의 교육사상을 계승하여 구체화하고 대중화하는 데 공헌(진보주의 교육의 8년 연구, 1933~1940)
- 교육이 곧 생활이고 생활이 곧 교육임을 주장

- 교육목적: 듀이와 같이 전인교육을 목적으로 함
- 교육방법: 구안법을 적용
- 아동 중심의 자율성 교육
- 흥미를 학습심리의 기초로 삼고 학습이론을 전개

2. 공헌

- 1918년 진보주의 교육협회를 조직하여 주도적인 역할을 함
- 진보주의 교육이론을 보다 쉽게 체계화하는 데 기여
- 경험주의 교육의 토대를 마련

강무홍 역(1996). 어린이 책의 역사 I. 서울: 시공사.

고선(2012). 19세기 미국 초등교육의 확산. 경제사학, 52, 193-215.

구수진 역(2002). 20세기는 어린이를 어떻게 보았는가. 서울: 한림토이북.

권동택(2007). 서양 초등교육사적 맥락에서 primary와 elementary 의미 분석. 학습자중심교육연구, 7(2), 29-47.

권동택(2009). 영미 근대이후 초등교육 형성과정에서의 청교도 역할 연구. 학습자중심교과교육연구, 9(3), 43-61.

권동택(2010). 다학문적 접근을 통한 아동기 개념화 모형 연구. 한국교육논단, 9(2), 139-156.

김동섭 역(1999). 서양 중세의 삶과 생활. 서울: 새미.

김복희(2002). 스파르타 시대 여성체육의 정치·사회적 의미. 한국체육교육학회지, 7(2), 1-11.

김봉수(1985). 서양교육사. 서울: 학문사.

김안중 역(1989). 플라톤의 교육론. 서울: 서광사.

김옥연(1994). 유아교육사. 서울: 정민사.

김옥진 역(2004). 기사도의 시대. 서울: 가람기획.

김응종(2008). 서양사 개념어 사전. 서울: (주)살림출판사.

김인회(2002). 교육사·교육철학 강의. 서울: 문음사.

김정환, 심성보 역(1990). 세계교육사. 서울: 풀빛.

김훈 역(2004). 나일 강의 사람들. 서울: 가람기획.

남윤호 역(2010). 16세기 문화혁명. 서울: 동아시아.

동문선편집부 역(1994). 성의 역사. 서울: 동문선.

류재화(2003). 고대 로마의 일상생활. 서울: 우물이 있는 집.

문계석 역(1989). 아리스토텔레스의 철학. 서울: 서광사.

문정복(1990). 소크라테스의 생애와 사상. 서울: 형설출판사.

민석홍(1985). 서양사 개론(중판). 서울: 삼영사.

박성식 역(2000). 역사는 수메르에서 시작되었다. 서울: 가람기획.

박재욱(2003). 스파르타 아고게(공교육제도)의 전통과 역사적 변화. 서양사연구, 31, 73-
        111.

박지향(2008). 영국적인, 너무나 영국적인. 서울: 기파랑.

서양중세사학회(2003). 서양 중세사 강의. 서울: 느티나무.

송준식, 사재명(2006). 유아교육의 역사와 사상. 서울: 학지사.

신현승 역(2004). 그리스 인 이야기. 서울: 가람기획.

심현정 역(2004). 고대 그리스의 일상 생활. 서울: 우물이 있는 집.

안건훈(1999). 거시분석과 미시분석에 의한 교육사 서술. 교육학연구, 37(3), 1-17.

유재덕 역(1992). 기독교교육사. 서울: 기독교문서선교회.

윤영호 역(2004). 로마, 세계의 정복자. 서울: 가람기획.

윤완(2003). 교육의 역사와 철학. 서울: 원미사.

윤종희, 이재연 역(2001). 아동기의 실종. 서울: 교보문고.

이경우 역(1986). 유아교육의 역사적 고찰. 서울: 정민사.

이병진(1999). 초등교육학개론(개정). 서울: 문음사.

이시재(1998). 필립 아리에스의 심성사 연구. 성심여자대학교 교수논총, 54-77.

이원호 역(1998). 교육문제사. 서울: 문음사.

이종인 역(2010). 중세의 여인들. 서울: 즐거운 상상.

이홍우, 박재문, 유한구 역(1994). 서양교육사. 서울: 교육과학사.

임창복(1989). 히브리 및 유대교육에 관한 연구. 장신논단, 5, 280-304.

장덕삼(2000). 미국 교육의 개혁동향. 한국교사교육, 17(3), 191-221.

정상준, 황혜성, 전수용 역(1996). 미국문화의 이해. 서울: 대한교과서주식회사.

정영근 역(2012). 서양교육사. 서울: 문음사.

정재철(1996). 교육론과 시론. 서울: 하우

정확실 외 공역(1991). 현대 초등교육의 역사. 서울: 교육과학사.

조경원, 김미환, 최양미, 장선희, 정광희(2005). 서양교육의 이해. 서울: 교육과학사.

조형근(2000). 어린이(기): 순수한 자기를 꿈꾸는 우리들의 초자아. 문화과학, 21.

주영흠(2007). 아우구스티누스 교육사상. 서울: 학지사.

진원숙(1999). 르네상스의 여성관과 여성교육. 대구사학, 58, 155-178.

차하순 편(1986). 사관이란 무엇인가. 서울: 청람.

최기숙(2001). 어린이 이야기, 그 거세된 꿈. 서울: 책세상.

최애리 역(2003). 중세에 살기. 서울: 동문선.

팽영일(1993). 유아교육사상사. 서울: 서원.

한규원, 이항재(1996). 서양교육사. 서울: 교육과학사.

한기언(1980). 교육사학. 서울: 세광공사.

한명희(1997). 서양교육사 신론. 서울: 아름다운 세상.

허승일(1985). 로마공화정연구. 서울: 서울대학교출판부.

허승일(1998). 스파르타 교육과 시민생활. 서울: 삼영사.

홍신기(2012). 영국의 Hadow, Plowden, Cambridge 초등교육관련 보고서 분석에 따른 초등교육의 본질적 함의. 한국교원대학교대학원. 박사학위논문.

Aldred, C. (1998). *The Egyptians*. London: Thames and Hudson Ltd.

Alexander, R. (1995). *Versions of primary education*. London: Routledge.

Archard, D. (1993). *Children: Right and childhood*. NY: Routlege.

Ariés, P. (1962). *Centuries of childhood: A social history of family life*. NY: Random House.

Bell, D. A. (2006). *Beyond liberal democracy: Political thinking for an East Asian context*. UK: Princeton University Press.

Blenkin, G. M., & Kelly, A. V. (1981). *The primary curriculum*. London: Harper & Row, Publishers.

Blyth, W. A. (1967a). *English primary education, part I schools*. London: Routledge.

Blyth, W. A. (1967b). *English primary education, part II background*. London: Routledge.

Bowen, J. (1972). *A History of Western Education: The Ancient World: Orient and Mediterranean 2000 BC–AD 1054, Vol. 1.* London: Methuen & Co.

Brighouse, T. (1989). *Primary education: A reinterpretation.* UK: University College of Swansea.

Busher, H. (1986). *Education since 1800.* London: Macmillan Education Ltd.

Butts, R. F. (1955). *A cultural history of western education.* NY: McGraw-Hill Co.

Campbell, R. J. (1988). *The routledge compendium of primary education.* London & NY: Routledge.

Carr, E. H. (1961). *What is history?* NY: Random House.

Colón, A. R., & Colón, P. A. (2001). *A history of children: A socio-cultural survey across millennia.* London: Greenwood Press.

Corner, C., & Lofthouse, B. (1990). *The study of primary education: A source book(1).* London: The Falmer Press.

Cottrell, L. (1965). *The Quest for Sumer.* New York: G. P. Putnam.

Cox, R. (1996). *Shaping Childhood.* London: Routledge.

Cubberley, E. P. (1920). *Readings in the history of education.* Cambridge: The Riverside Press Cambridge.

Cubberley, E. P. (1922). *A brief history of education.* Boston: Houghton Mifflin Company.

Cunningham, H. (1991). *The children of the poor: Representations of childhood since the seventeenth century.* Oxford: Blackwell.

De Young, C. A. (1960). *American education.* NY: McGraw-Hill Co.

Dearden, R. F. (1968). *The philosophy of primary education.* London: Routledge & Kegan Paul.

deMause, L. (1974). *The history of childhood.* NY: The Psychohistory Press.

deMause, L. (1982). *Foundations of psychohistory.* NY: Creative Roots, Inc.

Dod, J., & Cleaver, J. (1995). A godly form of household government (pp. 79–82). In K., Aughterson. *Renaissance women: A sourcebook.* London: Routledge.

Elkind, D. (1981). *The hurried child: Growing up too fast soon.* MA: Addison Wesley.

Farrand, M. (1918). *The development of the United States*. NY: McGraw-Hill Co.

Good, C. V. (1973). *Dictionary of education*. NY: McGraw-Hill Book Company.

Good, H. G., & Teller, J. D. (1969). *A history of western education*. NY: Macmillian Co.

Greenough, J. C. (1999). *The evolution of the elementary schools of great britain*. NY: Thoemmes Press.

Grendler, P. F. (1989). *Schooling in Renaissance Italy: Literacy and Learning 1300-1600*. The Johns Hopkins University Press.

Hadow, H. (1931). *The primary school*. London: HM Stationary Office.

Harper, R. F. (1904). *The Code of Hammurabi, King of Babylon*. Chicago: University of Chicago Press.

Hendrick, H. (1997). *Children, childhood and english society, 1880-1990*. London: Falmer Press.

Hill, C. (1964). *Society and puritanism in pre-revolutionary england*. London: Secker & Warburg.

James, A., & Prout, A. (1990). *Constructing and reconstructing: Contemporary issues in the sociological study of childhood*. Basingstoke: Falmer Press.

Johnson, J. E., Christie, J. F., & Wardle, F. (2005). *Play, development, and early education*. Boston, MA: Allyn and Bacon.

Knight, E. W. (1940). *Twenty Centuries of Education*. Ginn and Co.

Kramer, S. N. (1956). *History begins at Sumer*. Philadelphia: University of Pennsylvania Press.

Kramer, S. N. (1963). *The sumerians: Their history, culture, and character*. Chicago: The University of Chicago Press.

Leinster-Mackay, D. (1984). *The rise of the english prep school*. London: The Falmer Press.

Mannheim, K., & Stewart, W. A. C. (1962). *An introduction to the sociology of education*. London: Routledge and Kegan Paul.

Marriott, S. (1985). *Primary education and society*. London: The Falmer Press.

Marrou, H. I. (1956). *A history of education in antiquity*. Wisconsin: The

University of Wisconsin Press.

Monroe, P. (1907). *A brief course in the history of education*. London: The MacMillan Co.

Monroe, P. (1930). *A textbook in the history of education*. NY: Macmillian Co.

Montmorency, J. E. G. (1903). *State intervention in english education, a short history from the earliest times down to 1833*. Cambridge: Cambridge University Press.

Otto, H. J., Floyd, H., & Rouse, M. (1969). *Principles of elementary education*. NY: Greenwood Press.

Parker, S. C. (1912). *A textbook in the history of modern elementary education*. Boston: Ginn and Company.

Parker, S. C. (1970). *The history of modern elementary education*. N.J.: Littlefield, Adams & Co. 정확실 외 공역(1991). 현대 초등교육의 역사. 서울: 교육 과학사.

Payne, G. H. (1916). *The child in human progress*. NY: The Knickerbocker Press.

Plowden, B. (1967). *Children and their primary schools*. London: HM Stationary Office.

Pollock, L. (1983). *Forgotten children: Parent-child relations from 1500 to 1900*. Cambridge: Cambridge University Press.

Postman, N. (1994). *The disappearance of childhood*. NY: Vintage Books.

Power, E. J. (1962). *Main currents in the history of education*. NY: McGraw-Hill.

Richards, C. (1982). *New directions in primary education*. London: The Falmer Press.

Richards, C. (1999). *Primary education-at a hinge of history?* NY: Falmer Press.

Russell, B. (1945). *A history of western philosophy*. NY: Simon & Schuster.

Shahar, S. (1990). *Childhood in the middle ages*. London: Routledge.

Sharpes, D. K. (2002). *Advanced educational foundations for teachers*. London Routledge Falmer.

Stephens, W. B. (1998). *Education in britain, 1750-1914*. London: Macmillan Press, Ltd.

Stone, L. (1977). *The family, sex and marriage in england: 1500-1800*. London:
Weidenfeld & Nicolson.

Suransky, V. P. (1992). *The erosion of childhood*. 윤종희, 이재연 역(2001). 아동기의
실종. 서울: 교보문고.

Thompson, M. M. (1951). *The history of education*. Barnes and Noble.

Wilds, E. H., & Lottich, K. V. (1942). *Foundation of modern education*. NY: Holt,
Rinehart and Winston, Inc.

Winn, M. (1983). *Children without childhood*. NY: Pantheon Books.

찾아보기

내용

저자 소개

권동택(Kwon Dongtaik)
한국교원대학교 초등교육과 교육학 석사 및 박사
전 국가교육과학기술자문회의 전문위원
현 한국교원대학교 초등교육과 부교수
　　한국비교교육학회 총무이사
　　한국초등교육학회 이사
　　학습자중심교과교육학회 편집위원장

이주영(Yi Juyeong)
현 부강초등학교 교사
　　한국교원대학교 강사

장진희(Jang Jinhee)
현 안성비룡초등학교 교사
　　한국교원대학교 강사

정자선(Jeong Jisun)
현 송정초등학교 교사
　　한국교원대학교 강사

홍신기(Hong Sinki)
한국교원대학교 초등교육과 교육학 석사 및 박사
현 남광초등학교 교사
　　제주대학교 강사

서양초등교육사
The History of Western Elementary Education

2014년 7월 21일 1판 1쇄 인쇄
2014년 7월 28일 1판 1쇄 발행

지은이 • 권동택 · 이주영 · 장진희 · 정지선 · 홍신기
펴낸이 • 김진환
펴낸곳 • ㈜ **학지사**

121-838 서울특별시 마포구 양화로 15길 20 마인드월드빌딩
대표전화 • 02)330-5114   팩스 • 02)324-2345
등록번호 • 제313-2006-000265호

홈페이지 • http://www.hakjisa.co.kr
커뮤니티 • http://cafe.naver.com/hakjisa

ISBN 978-89-997-0422-2 93370

Copyright ⓒ 2014 by Hakjisa Publisher, Inc.

정가 18,000원

인터넷 학술논문 원문 서비스 **뉴논문** www.newnonmun.com

이 도서의 국립중앙도서관 출판시도서목록(CIP)은 서지정보유통지
원시스템 홈페이지(http://seoji.nl.go.kr)와 국가자료공동목록시스템
(http://www.nl.go.kr/kolisnet)에서 이용하실 수 있습니다.
(CIP제어번호: CIP2014017917)